LA FIN DES ÉTIAGES

GAUTHIER GUILLEMIN

LA FIN DES ÉTIAGES

Rivages – Tome 2

roman

ALBIN MICHEL

Les cartes pages 8 et 291 ont été réalisées par Philippe Gady.

À celle qui fit toujours tout pour me maintenir
dans la lumière,
À celle qui s'est tant débattue pour y rester,
Aux étincelles de vie,
À nos enfants.

MANTICORE
SCORPION
CAPRICORNE
CRABE-FER
AIGLE
ANTARÈS
PETIT CHEVAL
FLAMME
OPHIUCHUS
ALTAÏR
SIRÈNE
FLÈCHE
LYRE
L'AGENOUILLÉ
CYGNE
BALANCE
SERPENT
VÉGA
DÉNEB
COURONNE BORÉALE
SCULPTEUR
DRAGON
LÉZARD
ARCTURUS
DAGUE
VIERGE
BOUVIER
PÉGASE
POISSONS
CHIEN DE CHASSE
PETITE OURSE
GIRAFE
ANDROMÈDE
TRIANGLE
HYDRE
GRANDE OURSE
PETIT LION
BÉLIER
BALEINE
CORBEAU
SANGLIER
LYNX
PLÉIADES
LION
COCHER
COUPE
GÉMEAUX
TAUREAU
CANCER
ALDÉBARAN
ARCHER
DRÉE
BÉTELGEUSE
HYDRE
PETIT CHIEN
LICORNE
SIRIUS
GRAND CHIEN
LIÈVRE
AIGUILLE
COLOMBE
POUPE

1.

Point de révolte

> « Point de révolte : honorons les âges dans leurs chutes successives et le temps dans sa voracité. »
>
> *Victor Segalen*

Lakmir'Tell aimait par-dessus tout laisser les autres Fomoires, et partir seul en éclaireur. Il se confrontait alors à l'unique réalité de la survie en forêt, il se mesurait à ses propres limites et relevait les défis que la nature lui opposait. Il laissait derrière lui les préoccupations propres à son peuple déchu, leur humeur maussade, leur errance, leur malédiction. Il avait choisi pour nom le Briseur de Rêves, car à chaque fois qu'il prenait une vie, il emportait avec lui les lambeaux d'un bonheur désiré, les espoirs d'une meilleure existence, les projets, les aspirations, les attentes, les désirs. Tout.

Jusqu'aux rêves.

Ce jour-là, il effectuait une large boucle de reconnaissance de plusieurs jours de marche autour de leur campement. En fonction de ce qu'il découvrirait, leur Guide, conseillé par les quatre Gardiens, déciderait ensuite quel itinéraire prendre. Peut-être iraient-ils dans la bonne direction et déboucheraient-ils enfin sur les étendues salées de l'océan. En attendant ces jours heureux, leur exode s'éternisait.

La forêt qu'il parcourait ondulait au rythme doux de petites collines, lorsqu'au travers du rideau des troncs, des lianes et des buissons, une luminosité inhabituelle attira son attention. Il se dirigea vers ce qu'il avait pris pour une clairière aux dimensions peu communes. En règle générale, les percées en forêt devaient leur existence à la chute d'un géant qui entraînait avec lui d'autres arbres et couchait arbustes et buissons sous sa ramure. Mais plus il avançait vers ce large puits de lumière, plus sa curiosité s'aiguisait. Il comprit très vite qu'il n'avait pas affaire à n'importe quelle sommière sylvestre, et lorsqu'il déboucha du couvert des arbres, il s'arrêta, saisi par la surprise. Devant lui se dressait un haut mur arrondi constitué de blocs de roche empilés. Il prit le temps de caresser les rocs, croyant avoir découvert les pierres entassées d'un cromlech. Mais, tout en faisant le tour de la muraille, il ressentit l'énergie qui en émanait, augurant de l'importance de l'ensemble. Soudain, il parvint devant un large dolmen, sans doute le portique de l'entrée principale. Un chemin circulaire courait à l'intérieur de la structure, le long d'une seconde rangée de pierres : des peulvens monumentaux qui soutenaient les dalles d'une allée couverte. Lakmir'Tell décida alors d'escalader la muraille extérieure, afin d'avoir une vue d'ensemble. Une fois en hauteur, il découvrit un étonnant labyrinthe mégalithique.

Sur plus d'un hectare, les roches basaltiques s'agençaient en quatre cercles concentriques. Le premier, le mur sur lequel il se tenait, constitué de blocs entassés sur près de trois mètres de hauteur, délimitait un large couloir extérieur. Les deux autres cercles formaient une allée couverte monumentale où des orthostates de plus de deux mètres de haut, accolés les uns aux autres, supportaient des tables basaltiques. Un espace à ciel ouvert séparait ensuite cette allée d'un vaste tumulus à moitié enseveli, et entouré d'un dernier cercle de pierres. Une terrasse de dalles épaisses ceignait le tout.

Fasciné, il explora le dédale, pour s'apercevoir qu'il ne parcourait pas les allées d'une nécropole ou d'un quelconque observatoire astronomique ; il y avait là autre chose de bien plus grand et de plus mystérieux. Ainsi, dans l'allée couverte, chaque trilithe portait de profondes gravures, des sortes de schémas : des traits reliant des creux parfaitement ronds. Tout ceci n'avait aucun sens pour le Fomoire qui poursuivit son exploration.

Dans l'espace creusé en profondeur sous le tumulus regnait une obscurité impénétrable qui ne permit pas à Lakmir'Tell de s'y aventurer. Il soupira : son escapade en solitaire se terminait là et il devait maintenant retourner auprès des siens pour prévenir le Guide et les Gardiens.

Leur décision ne tarda pas et les Fomoires commencèrent à ranger leur campement pour se rendre vers les cercles de pierres. Mais, bien trop impatients, l'astrologue de la tribu et un mage précédèrent le reste des Fomoires pour suivre Lakmir'Tell, et sitôt qu'ils débouchèrent sur l'immense clairière, ils s'arrêtèrent, ébahis.

« Gilgal Refaim ! s'exclama Grander'Tyl, le Saccageur de Runes.

– Le Cercle des Géants », ajouta Berse'Ktir, le Dénombreur d'Étoiles.

Comme le Briseur de Rêves, ils posèrent longuement les mains sur les pierres, sondant la force et la profondeur des énergies lithiques qui y circulaient. Puis ils pénétrèrent sous l'allée couverte et inspectèrent toutes les gravures, une à une, jusqu'à parvenir à un orthostate différent. Les rainures étaient d'une teinte sombre et des pierres bleu-noir remplissaient les creux qui avaient intrigué Lakmir'Tell.

« C'est le seul sillage encore actif, constata Grander'Tyl.

– Ce n'est pas étonnant, c'est celui d'Aldébaran », lui répondit le Dénombreur d'Étoiles.

Lakmir'Tell ne se risqua pas à les questionner. Un silence étrange s'installa. Les deux mages s'entre-regardèrent longuement, puis le Saccageur de Runes posa une main sur la pierre et disparut.

Lakmir'Tell resta muet de stupeur. Il s'apprêta à parler, mais le Dénombreur d'Étoiles lui fit signe de se taire. Ils attendirent quelques minutes, osant à peine respirer, lorsque des bruits de pas se firent entendre de l'autre côté du mur. Ils sortirent précipitamment pour tomber sur Grander'Tyl qui courait en criant :

« C'est fabuleux ! C'est bien Gilgal Refaim !

– Qu'est-ce que c'est que ce truc ? leur demanda enfin Lakmir'Tell.

– Gilgal Refaim, balbutia Grander'Tyl, le carrefour légendaire, le lieu unique !

– Des sillages, des seuils, des voyages instantanés ! C'est une immense découverte ! s'anima Berse'Ktir.

– Je ne comprends rien à ce que tu racontes, l'interrompit l'explorateur.

– Il existe ce que l'on appelle des sillages, ce sont des routes composées de plusieurs artefacts, comme des monolithes. Il est possible d'emprunter une de ces routes en se transposant d'artefact en artefact. Chaque sillage est indépendant des autres sillages et peut être fait de deux, trois, ou vingt artefacts, appelés seuils, lui expliqua Grander'Tyl encore essoufflé.

– Tu viens d'aller où ? le coupa Lakmir'Tell.

– Je ne sais pas encore. Les gravures que tu as vues sur les pierres schématisent chacune un sillage et les seuils qui le composent. Regarde : ce tracé dans la pierre indique un sillage de seize seuils. J'aurais pu aller de l'un à l'autre sans difficulté.

– Alors ici, nous sommes sur quel sillage ? demanda le Briseur de Rêves.

– Aucun, intervint le Saccageur de Runes, c'est ça qui est fabuleux ! Le Cercle des Géants en est le nœud, tous passent par ici. C'est phénoménal. D'ici, en théorie, nous avons accès à un seuil de chaque sillage.

– Et au bout d'un de ces sillages, quelque part, nous trouverons la mer », termina le Dénombreur d'Étoiles.

Il se nommait le Briseur de Rêves, et pourtant, il venait de redonner de l'espoir à un peuple décimé par des explorations hasardeuses, fatigué de cheminer dans une forêt peu hospitalière, usé par ses errances.

Ainsi, les Fomoires s'installèrent autour du Cercle des Géants et deux années s'écoulèrent.

Au début, le Briseur de Rêves s'enthousiasma pour cette nouvelle aventure. Après tout, il parcourait la forêt de long en large depuis presque quatre-vingt-dix ans, et s'il ne se lassait pas de passer de combes en ravines, il avait bien conscience qu'il s'enfermait dans des routines, qu'il cédait à des pesanteurs et que parfois même, il prenait des risques inutiles.

Carrefour mythique des voyageurs, le Cercle des Géants établissait un lien avec un seuil de chacun des sillages ; en cela, il les unissait tous. Mais s'il existait un plan précis de chaque sillage, gravé dans la pierre, ils n'avaient pas trouvé de cartographie globale. Ils ne situaient pas le sillage d'Aldébaran par rapport au Cercle des Géants, ils ne pouvaient déterminer dans quelle direction ni à quelle distance ils se transposaient.

Parce qu'il avait découvert Gilgal Refaim, Lakmir'Tell devint l'éclaireur privilégié des équipes qui prospectèrent le sillage d'Aldébaran et les seize seuils qui le composaient. Ils commencèrent par les parcourir en tous sens pour se familiariser avec les mécanismes de la transposition. La plupart des seuils donnaient accès au suivant, ou bien au précédent. Mais trois d'entre eux se présentaient comme des embranchements et offraient trois possibilités : le seuil précédent, ou bien deux seuils à suivre, différents, ce qui topographiquement se traduisait par un nouvel embranchement.

Le Dénombreur d'Étoiles nommait le moment du passage « l'inspiration ». Le voyageur se trouvait déséquilibré vers l'avant. À cet instant précis, il visualisait les voies possibles et il devait choisir le chemin désiré en quelques fractions de secondes. Il ressentait alors comme une légère poussée dans le dos et il débouchait ailleurs, légèrement désorienté. Ils durent s'y reprendre à plusieurs fois avant de parvenir à aller précisément où ils le souhaitaient.

Ils remarquèrent aussi que les seuils leur prenaient un peu d'énergie à chaque passage et le Saccageur de Runes leur expliqua que les sillages se régénéraient de cette manière, ce qui leur permettait de rester actifs.

Ils parcoururent aussi des centaines de kilomètres à pied autour du premier seuil de ce sillage, identifiant tour à tour géographiquement tous les autres seuils et dressant une carte de ce nouveau territoire. Ainsi, ils étendirent le périmètre de leurs expéditions qui devinrent beaucoup moins risquées qu'autrefois.

Quelque neuf mois auparavant, ils avaient même retrouvé le peuple ondin et l'avaient observé. Ils avaient cru qu'une porte s'ouvrait vers le large, présumant à tort que le peuple des Tuatha dé Dana les mènerait à la mer. Retrouvant ainsi leurs ennemis de toujours, ils avaient espéré respirer à nouveau au souffle épique de leur histoire commune. Mais les Ondins les déçurent : ils avaient abandonné leur quête, ils avaient bâti un village, ils avaient quitté les sentiers mythiques pour devenir un peuple parmi d'autres.

Lakmir'Tell les avait combattus, puis il les avait fuis et maintenant, il fallait les oublier et laisser de côté la haine inutile qu'il leur vouait. Une histoire faite de combats et de trahisons, qui remontait à la nuit des temps. Elle racontait comment, émergeant des limbes ou de brumes oubliées, les Fomoires débarquèrent sur les rives du monde pour y faire régner la terreur, étendant leur hégémonie sur tous les peuples côtiers. Lorsque les Tuatha dé Dana posèrent à leur tour le pied sur ces rivages, ils s'établirent sur des terres dévastées et ils entendirent la plainte des humains. Ils les instruisirent, les armèrent, et avancèrent avec eux en ordre de bataille contre les Fomoires. La mêlée dura plusieurs jours sur la plaine de Mag Tured : les héros s'empoignèrent dans des craquements d'os, les géants se jetèrent des rocs, et les druides précipitèrent les forces de la nature dans la bataille. Pour finir, des torrents de sang, de sueur et de larmes précipitèrent l'exil des Fomoires.

Les Tuatha dé Dana enseignèrent aux humains comment vivre en harmonie avec la nature. Mais ces derniers, pressés de dominer la création et avides de nouvelles connaissances, se tournèrent vers un dieu possessif et jaloux. Il les enjôla et les dressa contre les Tuatha dé Dana qui cherchèrent leur salut dans la fuite. Petit à petit, l'histoire les oublia, tandis que les humains abusaient de leur nouveau pouvoir et s'enivraient de technicité. Pour finir, la nature balaya leur civilisation et étendit son règne inflexible sur tous les continents. Quelques cités résistèrent et devinrent les prisons de l'humanité.

Perdus dans cet océan de verdure, Fomoires et Ondins, chacun de leur côté, cherchèrent à retrouver la mer pour repartir vers un ailleurs rêvé.

Les Fomoires avaient aussi longtemps espéré se venger des Ondins, mais tout ceci leur semblait maintenant hors de portée. Apprendre que les Tuatha dé Dana avaient choisi la sédentarité et la paix revint à faire le deuil d'une revanche rêvée, de celles qui se jouent en bataille rangée sur des rivages lumineux, entourés de tertres verdoyants d'où les druides jettent des sorts pour venir en aide aux héros.

Les Fomoires se crurent alors les seuls rescapés d'une épopée vouée à se terminer misérablement avec eux. Car le Cercle des Géants les faisait tourner en rond et ne livrait aucun de ses secrets. Seul le sillage d'Aldébaran leur permettait de voyager, les autres restaient inactifs. Leurs mages s'épuisèrent à essayer de les réactiver, sans parvenir au moindre résultat.

La pièce centrale restait aussi un secret impénétrable au sens propre comme au figuré : aucune lumière ne put l'éclairer, ni physique, ni magique. Dans cet environnement, une torche n'éclairait même pas le bâton qui la soutenait, et encore moins les parois de la pièce. Les sorts d'illumination ne fonctionnaient pas davantage. Ils y jetèrent des torches, que l'obscurité absorba immédiatement, et les magiciens y lancèrent des éclairs qui disparurent aussitôt. Lakmir'Tell s'attacha une corde autour de la taille et explora longuement la vaste salle souterraine, mais il n'y trouva rien. Des murs lisses, sans aucun mobilier, aucune marche, aucune pierre dressée ou couchée, elle semblait parfaitement et désespérément ronde.

Au vu de l'apparence extérieure du tumulus central, le Dénombreur d'Étoiles émit l'hypothèse que la pièce servait de planétarium ou de salle des cartes, mais ils ne surent jamais comment en activer les éventuelles propriétés.

Après les promesses, Gilgal Refaim apporta finalement une déception supplémentaire.

Il y avait un point positif : le peuple fomoire avait fait une pause de deux années et la sédentarité leur avait réussi. Ils se reposaient, ils connaissaient bien leur environnement immédiat, les pisteurs couraient moins de risques, les blessures et les décès accidentels se raréfiaient.

Moins sollicités par des déplacements constants, les guerriers aguerris pouvaient prendre le temps de se mesurer à leurs apprentis. Car les Fomoires ne transmettaient leur savoir-faire que par l'observation et la pratique, dans la rudesse des combats. Lorsqu'ils se sentaient prêts, les jeunes enfants, garçons et filles, se plantaient devant un de leurs aînés et l'insultaient copieusement, avant de charger avec toute la bravoure et l'inconscience de la jeunesse. Avec de la chance, une simple taloche assénée du dos de la main envoyait la jeune pousse valser cul par-dessus tête. Parfois d'humeur maussade, le guerrier offensé abattait le blanc-bec d'un seul coup de poing, le laissant inanimé au sol. À partir du jour où le novice avait lancé son premier défi, il avait l'obligation de se battre quotidiennement. Les plus hardis commençaient leur apprentissage dès leurs dix ans, après avoir longuement observé leurs aînés ramasser horions, ramponneaux et volées de bois vert.

Suivant son état d'esprit du moment, dans ces combats quotidiens, le Fomoire provoqué pouvait se contenter d'expédier l'importun d'une violente rossée, ou bien il prenait le temps de se saisir d'une arme pour se laisser aller à quelques assauts, avant d'envoyer son vis-à-vis mordre la poussière. Les autres n'en perdaient pas une miette et mémorisaient chaque attaque, chaque esquive, chaque mouvement, puis ils s'entraînaient entre eux : ils reproduisaient les assauts, essayaient d'en comprendre les mécanismes et d'inventer des parades.

Lorsque le bleu surprenait son maître et sortait de la mêlée sur ses deux pieds, il gagnait un tatouage, puis un autre. Plus le jeune guerrier progressait dans la maîtrise de la science ancestrale du combat, plus son corps se couvrait de runes et d'entrelacs, jusqu'à ce qu'un sorcier daigne s'intéresser à lui et inscrive sur sa peau un premier charme, renforçant ainsi son endurance, sa célérité, ou encore sa résistance à certaines formes de magie. Un guerrier Fomoire naissait.

Tous ne se destinaient pas à devenir des reîtres solitaires. Pendant ces années de formation où alternaient rixes, duels et pugilats, les novices liaient entre eux de solides affinités qui dépassaient parfois la simple fraternité d'armes. Certains de ces jeunes Fomoires développaient une surprenante aptitude à combattre en binôme. Attachés aux poignets par une corde ou une chaîne, ils évoluaient en un ballet mortel, prenant appui sur leur partenaire, ou utilisant l'impulsion que l'autre pouvait provoquer en tirant sur leur lien. Ils combattaient en parfaite osmose, balayant leurs adversaires dans un tournoiement destructeur.

Ainsi donc, la pérennité du campement profitait aux guerriers fomoires.

Peu osaient le formuler à haute voix, mais cette stabilité avait sans doute sauvé leur peuple. Les naissances se multipliaient, et les nourrissons qui trottinaient en chancelant au milieu du campement n'incitaient pas les familles à reprendre leurs pérégrinations. Certains Fomoires avaient même planté quelques graines, un peu au petit bonheur, et leur première récolte avait fasciné les agriculteurs débutants. À ce compte, parviendraient-ils à repartir ?

Juché sur la seconde enfourchure du fromager, au départ de trois énormes branches maîtresses, Lakmir'Tell profitait du calme imposé par la chaleur écrasante qui régnait sous le soleil de midi. À cet endroit, le tronc à l'écorce blanche présentait un léger renfoncement, sans doute la cicatrice d'une ancienne blessure, qui permettait de s'installer confortablement, les jambes allongées sur les mousses épaisses d'une branche volumineuse qui s'arrondissait avant de se dresser vers le ciel. Devant lui, un microcosme aérien : quelques épiphytes fleurissaient discrètement, des fuseaux de fougères s'agrippaient à l'écorce et retombaient en cascade vers le sol, et, entre les feuilles charnues des broméliacées, où stagnait l'eau des dernières pluies, des grenouilles dendrobates bleues coassaient en gonflant leurs gorges noires. Au-dessus de lui s'épanouissait une large couronne, épaisse, d'un feuillage vert tendre qui dispensait une ombre agréable. Entre le couvert des branches et le tapis de verdure qui y poussait, Lakmir'Tell jouissait, à plusieurs dizaines de mètres du sol, d'un hamac verdoyant avec vue sur une partie de la canopée. Il surplombait les vallonnements d'arbres plus petits où parfois des singes s'agitaient. Quelques houppiers très hauts ne lui permettaient pas de profiter d'une vue panoramique sur l'horizon, mais il distinguait quand même, au loin, la tache rose clair d'un magnifique ébène en fleur dans lequel il aimait grimper.

À ses pieds, dispersées entre les arbres, s'élevaient les grandes tentes fomoires d'un campement qui n'avait de provisoire que le nom.

Auparavant, quand ils se déplaçaient régulièrement, ils tendaient leurs épaisses toiles grises entre plusieurs arbres, ils les redressaient à l'aide de perches taillées dans des branchages pris sur place, puis sur un unique côté, ils montaient des coupe-vent en peaux tannées. Chaque famille possédait son propre taud qu'elle entretenait avec soin et que les petits buffles des forêts transportaient lors des déplacements des Fomoires.

En deux ans, la plupart d'entre eux avaient amélioré un habitat devenu sédentaire. Certains avaient construit des petits murets pour se protéger du vent ou du froid, d'autres avaient solidement renforcé les toiles avec des branches taillées et menuisées. Devant leurs tauds, ils cuisinaient maintenant sur de solides tables de cuisson ; certaines odeurs montaient jusqu'à lui, comme celle, piquante, des branches de romarin jetées à même le feu sous les pièces de gibier qui rôtissaient.

Un peu plus loin, s'étendait la clairière et ses cercles monolithiques. Chaque jour, leurs mages et leurs astrologues auscultaient et sondaient les roches, mais rien ne se produisait. Le Briseur de Rêves ne savait qu'en penser. Leur fallait-il passer leur chemin et aller de l'avant ? Ou bien devaient-ils attendre au pied des monolithes qu'un miracle se produise ? Il voyait bien que le Guide et les Gardiens hésitaient eux aussi, car cet arrêt à Gilgal Refaim tombait à point nommé et leur avait permis de reprendre haleine. Mais quand décideraient-ils de repartir ? Le pourraient-ils un jour ? Allaient-ils finir comme les Ondins et les humains qui les accompagnaient : des culs-de-plomb qui surveillaient leurs frontières ?

Lakmir'Tell commençait à peine à somnoler, lorsqu'il entendit un cri en provenance de l'allée couverte. Il se pencha et vit le Dénombreur d'Étoiles jaillir en courant de l'entrée du cercle. « Des seuils se sont activés ! Dix seuils se sont activés ! »

Le Briseur de Rêves dégringola de l'arbre et se précipita au-devant de l'astrologue. Grander'Tyl arriva en même temps que lui, imité par plusieurs autres Fomoires. Ils suivirent tous Berse'Ktir dans les allées de mégalithes. Il s'arrêta et leur montra un long sillage dont les veinures, encore ternes la dernière fois qu'ils les avaient inspectées, pulsaient avec régularité ; des billes bleu-noir emplissaient les creux jusqu'alors vides.

« C'est le sillage de l'Hydre. Il compte dix-huit seuils en tout. Dix se sont activés entre hier et aujourd'hui, leur expliqua Berse'Ktir.

– Nous pouvons atteindre ce sillage ? s'empressa de demander Lakmir'Tell.

– Non, le seuil qui fait le lien avec Gilgal Refaim n'a pas été restauré.

– C'est pas vrai ! ragea Lakmir'Tell.

– Mais ça veut dire que quelqu'un peut le faire. C'est la première fois depuis deux ans qu'il se passe quelque chose ici, insista Berse'Ktir. Il existe un moyen. Les seuils ne sont pas figés : c'est énorme !

– Qui ? » lança une voix puissante.

Ils reconnurent immédiatement l'intonation du Guide, leur chef à tous. Immense, le Fomoire les dépassait d'une tête ; et malgré une musculature impressionnante, il se déplaçait avec souplesse et fluidité. Le Guide s'arrêta devant eux et reposa sa question.

« Qui a pu faire ça ? Comment le trouver ? »

Ses yeux verts les fixèrent tour à tour, sans montrer de signes d'impatience, puis il finit par ordonner : « Allons discuter de tout ça avec les Gardiens. »

Ils s'assirent tous en rond, non loin du Cercle des Géants. Il y avait là le Guide, les quatre Gardiens, Lakmir'Tell, Berse'Ktir et Grander'Tyl. Chez les Fomoires, le Guide, conseillé par quatre Gardiens, prenait les décisions pour tout le peuple. C'est ainsi que tous les dix ans, un Fomoire abandonnait son nom pour se mettre au service de tous. Et tous les dix ans, une élection désignait le Guide et renouvelait la moitié des Gardiens, hommes ou femmes, cela n'avait aucune importance. En règle générale, ils choisissaient pour Guide un guerrier ou un éclaireur réputé, qui saurait se faire obéir de tous. Pour l'heure, quatre Gardiens le conseillaient : il y avait Bû'Lgûl, une pisteuse d'une quarantaine d'années, Khal'Er, un vieux sorcier aveugle, Jim'Rena, une guérisseuse, et Mor'Wen, une éleveuse de chèvres des ombrages.

Berse'Ktir leur détailla à nouveau ce qu'il avait remarqué, sans pouvoir l'expliquer. Les connaissances qu'ils possédaient ne leur permettaient pas de dire comment réactiver des seuils. Ils savaient que ces derniers prenaient un petit peu de l'énergie des voyageurs pour rester actifs, qu'ils accumulaient cette énergie, mais qu'ils perdaient de leurs capacités s'ils restaient trop longtemps inutilisés. Le sillage d'Aldébaran avait dû accumuler énormément d'énergie et avait pu rester fonctionnel jusqu'à ce qu'ils le trouvent. Mais pour les autres, personne ne savait comment les remettre en état.

« Il y aurait peut-être une explication, se risqua Lakmir'Tell. Les Ondins.

– Je croyais que nous en avions fini avec eux, fit remarquer le Guide.

– Nous les avons longuement espionnés, et nous ne les avons jamais vus utiliser un seuil ou un artefact approchant, avança Bû'Lgûl.

– C'est vrai, dit Lakmir'Tell, mais dans les dernières semaines, nous avons rencontré à plusieurs reprises un homme qui parvenait à passer d'arbre en arbre, comme nous le faisons avec les seuils.

– Tu penses qu'il aurait été capable d'activer un seuil ? demanda Khal'Er.

– Je ne sais pas, mais ce n'est pas un Ondin et son pouvoir est loin d'être anodin.

– Et alors ? s'enquit le Guide.

– Alors je suggère que nous retournions voir cet homme, proposa Lakmir'Tell.

– Vous avez été chassés, ne l'oublie pas, tempéra le Guide. Ils sont chez eux et ils restent un ennemi puissant.

– N'envoyons pas deux guerriers alors, mais un guerrier et un mage, renchérit Jim'Rena, la guérisseuse.

– Pourquoi ? la coupa Lakmir'Tell.

– Pour que le mage soit accompagné de l'ombre d'un de ses ancêtres, expliqua la Fomoire.

– Tu veux convoquer une magie très puissante, intervint le sorcier Khal'Er, et très dangereuse pour celui qui l'utilise.

– Une ombre pourra contrer la vision des Ondins et protéger nos espions, déclara Jim'Rena. Je pense que Krann D'ventil sera volontaire pour cette mission. Je sais que certains de ses ancêtres lui sont redevables et lui obéiront lorsqu'il les convoquera. »

L'immense Fomoire pencha la tête en arrière quelques secondes, prenant le temps de la réflexion, puis il se tourna vers Lakmir'Tell et prononça sa décision.

« Je sais que tu aurais aimé prendre ta revanche, mais Jim'Rena a raison : un mage et une ombre permettront d'être plus discrets encore et de sonder les esprits. Ils partiront demain. »

2.

Je croyais entendre une vague harmonie enchanter mon sommeil

> « Je croyais entendre une vague harmonie
> enchanter mon sommeil,
> Et près de moi s'épandre un murmure pareil
> Aux chants entrecoupés d'une voix triste et
> tendre. »
>
> *Charles Brugnot*

Déchirant le cocon des brumes de l'aube, la forêt se régénérait au sortir de la nuit. Sylve profitait de toutes ces sensations qui accompagnent le lever du jour au milieu du Dômaine : l'air frais chargé d'humidité, une odeur terreuse et vivifiante, les chants timides des oiseaux, la lumière blanchâtre et douce, le ruissellement de la rivière qui s'assourdit étrangement. L'Ondine s'étira voluptueusement, ouvrit les yeux, et se plaça en travers de son hamac, écartant ainsi le tissu pour admirer la canopée qui perçait les brouillards du matin. Elle avait installé son campement au plus près du bord de la corniche, un endroit magnifique d'où elle surplombait la forêt. En contrebas coulait la rivière de Trouble-Rives qui serpentait jusqu'au village. Elle prit le temps de la contemplation. De loin en loin, le ciel nuageux laissait filtrer une faible luminosité, éclairant par intermittence les sommets des arbres, quelques rares feuillages entièrement roses ou bleus se détachaient de l'immensité verdoyante.

Elle descendit de son hamac, tout en gardant sa couverture sur les épaules. Elle sourit en voyant un couple de porcs-épics qui se pressaient de rentrer dans leur tanière. Elle fit quelques pas, se dirigea vers le foyer qu'elle entreprit de rallumer, puis elle alla jusqu'à la cascade de la corniche, s'aspergea le visage et remplit sa théière d'eau ; elle repartirait tranquillement après avoir pris son petit déjeuner.

Elle avait cheminé une journée entière pour parvenir sur les hauts de Trouble-Rives, et cette marche l'avait en partie réconciliée avec elle-même et avec la forêt. Depuis deux semaines, elle ne prenait plus aucun plaisir dans ses préparations, elle avait l'impression de tourner en rond, elle se sentait oppressée, contrariée, s'énervait pour un rien. Son Voyageur de mari lui avait faussé compagnie presque neuf mois plus tôt, et son absence lui paraissait de plus en plus absurde. Ses proches avaient bien tenté de la réconforter ou de la raisonner, mais ils avaient tous fait les frais de son humeur massacrante. Sylve avait donc décidé de partir deux jours pour bivouaquer sur la corniche, tromper sa colère en fatiguant son corps, profiter des paysages exceptionnels et peut-être même se réconcilier avec la forêt.

Adossée à un rocher, sa tasse de tisane fumante à la main, elle savoura ce moment où l'aurore succède à l'aube, lorsque les premiers rais de soleil se frayent un chemin au milieu des houppiers, réchauffent les sous-bois et chassent les derniers promeneurs noctambules jusque dans leurs abris.

Son regard se posa sur le figuier étrangleur noueux et torturé d'où le Voyageur avait observé les Fomoires quelques mois plus tôt et au pied duquel elle l'avait recueilli grièvement blessé. Elle se leva et posa doucement la main sur l'écorce grisâtre, essayant de capter un peu de la présence résiduelle de l'homme qu'elle aimait par-dessus tout, au-delà des forêts et des arbres-voyageurs. Ce contact ne la rassura pas, mais il ne lui causa aucune peine non plus ; une certitude cependant s'ancra en elle, celle que la forêt ne les abandonnerait jamais.

Sylve prit le temps de se baigner en amont de la cascade. La rivière parvenait jusque-là après avoir traversé les marécages d'une forêt inondée, dont elle charriait de nombreuses alluvions qui lui donnaient une couleur grisâtre. Après s'être ainsi rafraîchie, elle se mit en route : il lui faudrait une bonne journée de marche pour atteindre le village.

Le ruisseau se mit à bruire derrière elle et quelques vaguelettes se formèrent.

« C'est gentil d'essayer de me rassurer, dit Sylve en se tournant vers l'eau qui s'agitait, mais vous ne pouvez pas savoir où il en est. Il est bien trop loin pour être en contact avec d'autres élémentaires que vous connaissez. J'ai bien réussi à l'espionner un peu, mais ça ne marche plus. Cela va faire deux semaines que je tourne en rond. »

Une légère brume s'éleva et dansa rapidement devant elle, ce qui la fit rire.

« Je sais qu'il est costaud, mais il peut se mettre dans des situations très compliquées. Vous m'avez déjà aidée à le récupérer lorsqu'il était blessé. »

Sylve longea la rivière et s'engagea sur le chemin, accompagnée de plusieurs vagues qui remontaient le courant.

« C'est bon de vous avoir avec moi. »

Au bout de deux heures de marche, elle sentit que ses pensées devenaient à nouveau envahissantes. Elle fit une pause, but un peu d'eau et mangea quelques fruits secs tout en surveillant les allées et venues de deux marsupiaux qui se chamaillaient pour un fruit à coque. Puis elle se remit en route, forçant le pas pour obliger son esprit à se focaliser sur l'effort physique qu'elle produisait. Elle conserva ce rythme un peu plus de deux heures encore, avant de s'arrêter pour manger et se reposer. Elle détendit ses muscles en s'étirant longuement avant de s'asseoir.

L'après-midi ressembla à la matinée : Sylve rusait avec un mental envahissant, tantôt par des exercices de respiration, tantôt en nommant tous les végétaux qu'elle voyait, mais dès qu'elle relâchait son attention, ses préoccupations revenaient, des questions auxquelles personne ne pouvait répondre. Le Voyageur avait-il trouvé la mer ? Le reverrait-elle un jour ? Comment allait-il ? Les Ondins quitteraient-ils enfin cette terre qui ne leur appartenait pas ? Le seigneur des Nardenyllais tiendrait-il parole ?

Elle déboucha sur la route principale en fin d'après-midi, en plein débat intérieur sur la neutralité maladive des Ondins vis-à-vis des conflits qui opposent parfois leurs voisins. Tout bien considéré, leur sagesse maladive obscurcissait parfois leur jugement. Ainsi, ils louaient très cher aux Nardenyllais le territoire qu'ils occupaient : régulièrement, une Ondine et deux Ondins partaient servir un peuple qui se présentait toujours comme des savants, des chercheurs curieux de tout. Mais, sous couvert d'érudition, ils étendaient le plus possible leur emprise et leurs conseillers influençaient les politiques de leurs voisins. De plus, ils déployaient leurs comptoirs le plus loin possible dans la forêt, et les commerçants nardenyllais apportaient un flot constant d'informations jusqu'à leur capitale, Nar-î-Nadin.

Envahie de pensées peu amènes envers le conseil du village qui n'avait jamais voulu se positionner fermement face aux Nardenyllais, Sylve acheva son périple au pas de charge, salua rapidement les deux gardes à l'entrée de Sráidbhaile, rentra chez elle, se changea et fonça vers la grange où l'attendaient ses concoctions.

Elle trouva Jûnne en train de se préparer à partir. Après le départ de son mari, Sylve avait embauché une jeune femme pour l'aider à l'atelier, notamment pour le conditionnement de ses produits.

Sylve avait vu grandir la petite Jûnne, la cadette de ses voisins, une fillette très calme, un peu à part, qui aimait ranger les choses et inventer des manières de classer les objets. La jeune fille avait par la suite tout appris sur les techniques de conservation des aliments. Une fois en âge de travailler, elle avait accompagné quelques mois un marchand ambulant qui faisait de petites tournées avec deux caravanes, mais elle avait expliqué à Sylve qu'elle souhaitait avant tout travailler au village ; l'Ondine avait donc tout naturellement fait appel à sa jeune voisine pour l'aider. Jûnne avait choisi de s'installer à quelques rues de là, non loin de ses parents et de son nouveau travail, tout près de la porte ouest du village, à portée de branchages de la liberté, aimait-elle à dire.

Méticuleuse, elle savait prendre son temps pour les choses importantes, ce qui limita rapidement la casse lors d'envois de produits fragiles et sensibles. Intelligente, la jeune femme inventa aussi de nombreuses manières de stocker et ranger les préparations.

Lorsque Sylve fit son entrée, Jûnne leva la tête et fronça un sourcil en voyant l'herboriste si pressée. En règle générale, l'Ondine ouvrait la porte et prenait le temps de humer des odeurs qu'elle appréciait par-dessus tout : fleurs séchées, vapeurs de décoctions, parfois les herbes fraîchement coupées. Sylve n'avait rien fait de cela et se dirigeait vers elle pour la saluer.

« Bonjour Jûnne, tout va bien ?

– Ici tout va bien, assura Jûnne calmement.

– Tu as un drôle d'air, remarqua Sylve.

– Tu es entrée comme si tu avais oublié quelque chose d'important », expliqua Jûnne.

Sylve s'immobilisa quelques instants, comprenant très bien qu'elle ne parvenait pas à dissimuler la fébrilité contre laquelle elle luttait depuis le milieu de la matinée.

« Pour tout te dire, commença l'Ondine, je suis contente d'avoir repris contact avec la forêt, mais pour le reste, je ne suis pas plus calme.

– Je vois ça, acquiesça la jeune fille en souriant, mais tu vas trouver, je ne suis pas inquiète.

– C'est gentil d'y croire pour moi, dit Sylve, je vais rester un peu et préparer un alambic pour la nuit. Bonne soirée.

– Ne traîne pas trop, tu dois en avoir plein les jambes. »

Sylve chargea en bois la large table de cuisson en fonte qui trônait au milieu de la grange, s'assurant que le feu dure toute la nuit. Elle mit à chauffer une cuve d'eau. Elle alla chercher une bassine où de nombreux tubercules macéraient depuis plusieurs jours, et elle en filtra le contenu dans un alambic. Ce dernier recevrait la vapeur de la cuve par un tuyau. Libérées par l'action de la chaleur, les essences des végétaux passeraient dans le serpentin où elles refroidiraient avant de goutter doucement dans un florentin en verre où elles décanteraient. Au matin, Sylve récupérerait une huile essentielle très riche qui entrerait dans la préparation d'onguents.

Elle regarda autour d'elle : les efforts quotidiens de Jûnne contenaient un capharnaüm dont Sylve n'avait jamais réussi à se débarrasser seule.

Elle quitta la grange et gagna son potager, une des rares occupations qui lui fît réellement du bien. Elle avait laissé la bêche en place, profondément plantée en terre, à l'endroit où il lui fallait encore travailler ; elle l'arracha du sol et se mit à l'ouvrage.

Une fois parvenue au bout du rang qu'elle venait de retourner, Sylve enfonça fermement l'outil dans le sol et inspira profondément. À demi penchée, les mains sur le manche, un peu essoufflée, elle suivit des yeux un gros ver au corps violacé qui se tortillait entre deux mottes et se dépêchait de s'enterrer à nouveau. Relevant la tête, elle parcourut des yeux le lopin sur lequel elle s'échinait depuis huit mois pour le transformer en jardin de simples. Elle avait fait les choses en grand, en installant contre le pignon ouest de sa chaumière une centaine de mètres carrés de cultures qui avaient belle allure. La plupart des vivaces avaient maintenant pris racine, d'autant plus qu'elle avait transplanté des plants vigoureux : hysope, lavande, romarin, mauve sylvestre, millepertuis perforé. Certaines fleurissaient depuis plusieurs semaines et Sylve en avait même récolté les premières sommités. Sur la vingtaine de carrés de plantations, certains disposaient d'encore un peu de place, mais aux nombreuses craquelures de la terre, elle devinait que quelques semis commençaient à trésir. Elle verrait bientôt apparaître des plantules vert tendre.

Elle s'assit sur un banc formé d'une poutre posée sur deux pierres et passa sa manche sur son front pour essuyer quelques gouttes de sueur qui glissaient vers ses lunettes aux épais verres fumés. Elle entendait derrière elle couler le petit ruisseau qui contournait sa maison, filait se perdre sous la haie, tombait dans un large fossé et rejoignait ensuite les prés, puis la forêt.

La jeune herboriste avait pris le parti de ne pas respecter un agencement trop strict : ses plantations prenaient ainsi une belle allure, entre la friche et le sévère potager. Elle ne taillait pas systématiquement les petits buissons, certains couvre-sols débordaient de leurs emplacements, elle laissait bon nombre d'herbes folles, sachant que certaines, comme la prêle, avaient des vertus qu'elle utiliserait.

Son carré de thyms lui procurait une certaine fierté car elle avait réuni là une trentaine de variétés différentes qu'elle avait entourées d'une bordure de thym cilié dont les feuilles allongées, laineuses et argentées, rampaient jusque dans les allées.

Ce dernier coup de bêche parachevait la bordure du jardinet. Après un passage de râteau pour casser les mottes, rassembler et ramasser les cailloux, les petits bouts de bois et les racines qui gênaient, elle planterait là quelques buissons de verveine citronnée entourés de pieds de citronnelle pour former une haie touffue et odorante.

Lorsque son Voyageur de mari avait quitté le village pour repartir en exploration, elle avait trompé sa peine en travaillant davantage à l'atelier, mais chaque soir elle tournait en rond.

Elle avait rapidement compris que même si elle donnait le change à son esprit, son corps avait lui aussi besoin de sollicitations. Ainsi, un soir, elle avait pris la bêche et avait retourné la terre pendant presque deux heures, jusqu'à ce qu'il fasse nuit noire, jusqu'à ce qu'elle se laisse tomber au sol, les bras en feu, le dos brisé. Allongée à plat dos, elle avait regardé les premières étoiles qui brillaient discrètement, une odeur douceâtre de terre fraîche emplissait l'air. Un serein humide et froid l'avait chassée. Une fois rentrée, elle avait pris un long bain, l'esprit en paix. À son réveil, son corps lui avait rappelé les efforts de la veille : ses trapèzes lui semblaient deux cordes tendues en travers de ses épaules, ses cuisses la lançaient à chaque pas, ses lombes pulsaient lorsqu'elle se relevait et plusieurs ampoules ornaient le creux de ses mains. Mais pour la première fois depuis des semaines, elle avait dormi d'une seule traite, sans rêves. Depuis, chaque soir, elle se fatiguait au jardin en bêchant, piochant, amendant sa terre avec des brouettées de compost pour avancer un jardin de simples qu'elle avait en tête depuis des années.

Elle sourit en repensant à ses premières heures de labeur au jardin, à ces petites blessures qui accompagnent tout nouvel effort et réveillent des muscles oubliés. Machinalement, elle ouvrit les mains, découvrant du cal à la base de ses doigts et quelques menues égratignures, rien de plus. Après les nombreuses ampoules, les courbatures, son corps avait accepté ces nouveaux exercices quotidiens. Elle s'étira longuement, renversa son visage en arrière, puis se redressa en regardant la lune qui se levait au-dessus de la forêt dans un ciel encore clair, transparent et bleuté, percé de quelques étoiles.

Elle ne savait pas reconnaître les constellations et encore moins se repérer en les observant, mais elle ne pouvait s'empêcher de se demander où se trouvait son Voyageur. Elle ne reçut pour réponse que les premiers cris étouffés des oiseaux de nuit qui sortaient chasser. Malgré ses nouvelles occupations, le temps lui semblait de plus en plus long et de nombreuses questions n'avaient de cesse de la tarauder. Le Voyageur l'avait laissée depuis neuf mois. Parfois triste, d'autres fois en colère, Sylve bouillonnait d'émotions.

Elle rentra dans la maison, se doucha rapidement et se prépara à manger. Elle passa plusieurs fois près du poêle qui émit un ronronnement sourd à son intention. Machinalement, Sylve prit une bûche et la posa dans l'âtre, il y eut un jaillissement d'étincelles. Elle recula instinctivement, puis revint près du foyer en se moquant.

« Tu es incroyable ! Tu sais bien que je ne t'oublie pas. »

Elle s'assit dans un fauteuil à côté du poêle et entama son dîner. Elle picorait dans son assiette, l'esprit ailleurs, lorsque des flammes s'agitèrent et pétillèrent en tous sens. « Tu exagères ! » s'exclama-t-elle. Sans lever les yeux, elle attrapa une bûche dans la niche juste à côté d'elle et la déposa dans le foyer. « Quand même, il fait suffisamment chaud ici », grommela-t-elle en poursuivant son repas.

Le feu sembla soudain s'éteindre, jusqu'à n'être plus que quelques braises rougeoyantes, un peu de fumée s'échappa par la porte entrouverte. Sylve releva la tête : « Ce n'est pas ce que je voulais dire. » La voix de Sylve se fit plus cajoleuse : « Tu es mon dévoreur, tu es le protecteur de la maison. » Le feu reprit tout doucement dans la niche de l'imposant poêle de masse. « Tu peux faire la tête, moi je vais manger. » Sylve referma la porte vitrée et alla s'installer avec son assiette sur le canapé.

Lorsque les parents de la jeune Ondine avaient définitivement quitté le village pour partir en quête d'une chimère – la recherche des Ondins disséminés de par le monde –, Sylve avait vécu chez sa grand-mère, Vàatta. Cette dernière avait fait cadeau du petit élémentaire à la jeune herboriste le jour où elle avait décidé de s'installer seule. Magicienne renommée, Vàatta lui avait amené un soir, avait fait les présentations et l'avait ensuite lié à sa petite-fille par de nombreux sorts. La vieille Ondine avait trouvé l'élémentaire lors d'un de ses voyages, alors qu'elle aidait des Nains à réinvestir d'anciennes mines, situées à plusieurs mois de voyage vers l'est. De nombreuses créatures inquiétantes occupaient le réseau de galeries, notamment le spectre d'un sorcier qui avait capturé un jeune élémentaire et l'utilisait pour obliger ses parents – si tant est que l'on puisse parler de filiation chez des esprits – à le servir. Les vieux élémentaires et le spectre avaient trouvé la mort dans les combats et la grand-mère avait recueilli le petit rescapé. Bien qu'il soit âgé d'une centaine d'années, les siens le considéraient toujours comme juvénile.

Vàatta savait que les élémentaires appartenaient à l'ordre très vaste des esprits de la nature, des entités encore assez mal connues, même des érudits qui les étudiaient. Lors de ses nombreux voyages, elle avait vu que ces esprits prenaient bien des formes, toujours en rapport avec l'élément qui les avait vus naître. Que ce soit le feu, l'eau, l'air, la terre, le roc, le règne animal ou végétal, ils adaptaient leur état à leur vocation et, visibles comme invisibles, ils défendaient généralement des lieux précis, comme une cascade, une combe ou une colline, et parfois ils parcouraient aussi de vastes territoires pour en protéger certains animaux. Seuls les magiciens les plus puissants parvenaient à les soumettre et à les déplacer pour les attacher à un lieu, souvent un bâtiment, plus rarement une personne. Ces mages ne voyaient dans ces esprits de la nature qu'un moyen d'acquérir plus de pouvoir et ils ne les considéraient pas comme des êtres pensants. Tous ne partageaient pas cette opinion et certains, comme la grand-mère de Sylve, pensaient au contraire que les élémentaires avaient une réelle compréhension de ce qui les entourait, mais qu'ils ne raisonnaient pas comme des humains. Pour Vàatta, les élémentaires n'appréhendaient pas le réel avec les mêmes perceptions qu'eux ; ils ressentaient certaines énergies subtiles, ils utilisaient la magie naturellement, ils voyaient sans doute des réalités invisibles, et, pour cette raison, ils n'envisageaient ni ne comprenaient le monde à la manière de l'humanité.

Les peuples de la forêt avaient leurs propres finalités, motivées par ce qu'ils connaissaient de leur environnement, conscients qu'ils ignoraient une grande partie du réel, même si la magie leur dévoilait par intermittence de larges pans d'un univers beaucoup plus mouvant que la raison le souhaiterait.

Sylve ne se posait pas toutes ces questions. Liés aux cours d'eau du territoire ondin, les élémentaires allaient et venaient, de Bois-Obscur à Trouble-Rives, ils traversaient le village, s'arrêtaient devant chez elle, et Sylve échangeait simplement avec eux, et ce, depuis toute petite. Au début, ses parents, puis sa grand-mère, avaient cru à un jeu qu'ils avaient observé avec des sourires bienveillants, mais ils avaient vite compris qu'il existait un lien bien réel. Cet état de fait avait sans doute influencé la décision de Vàatta de donner l'élémentaire à Sylve. À cette occasion, l'ancienne avait questionné sa petite-fille, essayant notamment de comprendre à l'aide de quels sens elle entendait ces êtres évanescents et percevait leurs émotions. La réponse de Sylve ne l'aida pas beaucoup : « L'imagination et le rêve, grand-mère. C'est tout. » Vàatta n'obtint rien de plus de sa petite-fille.

Le premier jour, Sylve n'avait pas quitté la petite braise des yeux, alors que l'élémentaire furetait partout à l'intérieur du volumineux poêle de masse. Sylve lui avait régulièrement glissé une bûche, juste pour le plaisir de le voir sauter dessus en gerbes d'étincelles. Elle avait immédiatement compris que l'entité avait besoin de se sentir entourée et rassurée. Les surnoms comme « petite braise » ou « jeune flamme » n'avaient pas du tout plu à l'élémentaire, et au vu de la vitesse à laquelle les bûches disparaissaient, Sylve l'avait nommé le « dévoreur ».

Un bref rougeoiement attira l'attention de Sylve qui tourna la tête vers le poêle. Un ronflement monta le long des conduits. Elle posa son livre et attendit. Soudain, elle se leva et se dirigea vers la porte de son atelier en maugréant.

« Tu as raison : neuf mois sans nouvelles, je dois reprendre les choses en main. »

Sylve passa la porte et alla jusqu'à sa table de travail, au fond de la pièce, contournant des étals où des brassées d'herbes séchaient dans des cagettes ajourées, se penchant pour passer sous de larges bouquets qui balançaient leurs sommités têtes en bas.

Juste à côté de son immense établi, se dressait une étagère croulant sous les livres. Elle se saisit vivement d'un ensemble de cartes enroulées et commença à les déployer. Le jour où elle avait montré sa bibliothèque au Voyageur, il avait remarqué les cartes topographiques que Sylve déroulait maintenant. Il les avait rapidement consultées, fasciné comme toujours par tout ce qui pouvait le renseigner sur le Dômaine. Sylve ne lui avait pas tout dévoilé, elle ne savait toujours pas pourquoi. Elle ne lui avait pas expliqué que cet ensemble de feuilles assemblées dans un étui de cuir s'appelait un cartographe, un puissant artefact qui tenait le compte exact des trajets réalisés par celui auquel il avait été lié.

Une intuition, un serrement au cœur, une peur irrationnelle peut-être, avaient suffi pour que Sylve, d'un simple souffle, assujettisse le cartographe au Voyageur. Grâce à ce sortilège murmuré, un charme inscrirait tous les déplacements de son mari sur les parchemins. Il avait tourné la tête vers elle en sentant ce courant d'air frais, il lui avait demandé ce qu'elle disait : elle avait souri, elle avait menti et ils avaient parlé d'autre chose.

Le cartographe devint son espion ; et depuis le départ du Voyageur, les pages blanches se couvraient de distances, d'azimuts et de durées. Au début, Sylve pouvait regarder pendant des heures les pages se noircir d'une fine écriture déliée ; elle s'hypnotisait en suivant les modifications sur le papier : les durées et les distances s'allongeaient, les directions s'infléchissaient.

Au début, il avançait très vite car il voyageait grâce aux arbres : elle craignit qu'il n'épuise son psychisme. Un beau jour, elle comprit qu'il avait dû déboucher sur une plaine ou un désert car il progressa alors à la vitesse d'un marcheur : elle se soucia des mauvaises rencontres qu'il pourrait faire sans pouvoir s'enfuir ou se cacher à l'intérieur d'un arbre. Une autre semaine, il avança très lentement : elle eut peur d'une blessure, mais comme son avancée reprit ensuite, elle imagina qu'il avait dépassé un passage accidenté, peut-être une montagne. Sylve trouvait toujours une raison de s'inquiéter ; et parfois, lorsqu'elle ne parvenait pas à se raisonner, elle restait près du cartographe à observer les tracés topographiques. Finalement, pour permettre à son esprit de se reposer, elle s'imposa des règles drastiques et réussit à ne regarder les feuillets que deux fois par semaine. Ainsi, depuis quinze jours, l'immobilité du tracé du Voyageur la préoccupait.

Les dernières distances mesurées par le cartographe correspondaient à des journées de marche, puis il y avait eu des suites de lettres étranges, des signes incompréhensibles, comme des entrelacs, et après plus rien.

Plus de mouvement. Le cartographe restait muet.

Deux semaines sans bouger. Que fabriquait-il ?

3.

Adorable sorcière, aimes-tu les damnés ?

> « Adorable sorcière, aimes-tu les damnés ?
> Dis, connais-tu l'irrémissible ?
> Connais-tu le Remords, aux traits empoisonnés,
> À qui notre cœur sert de cible ?
> Adorable sorcière, aimes-tu les damnés ? »
>
> *Charles Baudelaire*

Vàatta aimait beaucoup s'installer le soir sur sa terrasse en bois. Elle se balançait doucement dans son fauteuil à bascule et faisait des ronds de fumée avec une longue bouffarde, tout en saluant ses voisins ou les rares promeneurs qui allaient et venaient. Elle avait conçu sa maison pour que la partie avant, composée d'une avancée couverte, de la cuisine et du salon, soit près de la rue, tandis que la partie arrière restait privée, avec des chambres et un bureau qui donnaient sur son jardin. Tous au village savaient qu'ils pouvaient venir échanger avec Vàatta lorsqu'elle se trouvait là.

La vieille Ondine profitait donc du calme de la soirée, lorsqu'elle vit sa petite-fille arriver, marchant à grands pas. Vàatta sourit. Elle connaissait bien cette démarche décidée : Sylve bouillonnait, et cela ne datait pas du jour même.

« Bonjour, grand-mère. Tout va bien ?

– Bonjour, ma petite, répondit Vàatta. Tout va bien, je suis au calme.

– Je sais, grommela Sylve.

– Assieds-toi quelques minutes, proposa la grand-mère.

– Je passais juste, je fais un petit tour pour m'aérer.

– Tu ne reviens pas déjà d'un grand tour dans la forêt ? s'étonna l'aïeule.

– Je sais bien, mais je voulais revoir le village vite fait, expliqua maladroitement Sylve.

– Tu ne veux pas t'asseoir et prendre le temps de me démêler tout ça ? »

Sylve hésita. Elle savait ce que sa grand-mère voulait faire : l'obliger à s'asseoir dans le fauteuil, puis se balancer tranquillement ; enfin, boire une tisane de sa spécialité, le tout pour qu'elle retrouve son calme. Mais voulait-elle seulement se calmer ? Elle finit par pousser un gros soupir et s'assit. Sa grand-mère lui sourit et poussa le fauteuil de Sylve du pied afin qu'il commence à dodeliner. Elles tanguèrent de conserve en silence quelques minutes, suivant des yeux les ronds de fumée que Vàatta envoyait se perdre dans l'entrelacs des branches du bougainvillier qui couvrait la terrasse.

« C'est comme si nous naviguions, murmura Vàatta.

– Non, grand-mère, nous ne naviguons pas. Nous en sommes même très loin. Ça ne marchera pas, cette fois ! lança Sylve d'un ton véhément.

– Et pourquoi donc ? s'amusa l'aïeule.

– Parce que j'en ai assez d'attendre mon Voyageur. J'en ai plus qu'assez aussi de notre résignation. Notre peuple me déçoit, notre destin me déçoit, nous valons mieux que ça ! s'écria Sylve.

– Alors, je vais nous chercher ma tisane spéciale. »

Et Vàatta s'extirpa de son fauteuil sans prêter attention

à sa petite-fille qui levait les yeux au ciel. Elle revint avec un cruchon et deux petits verres qu'elle remplit à ras bord.

« Qu'est-ce que c'est que ce truc ? s'enquit Sylve.

– Un élixir de vérité et de courage, répliqua la vieille Ondine. Et c'est cul sec, ma fille ! »

L'ancêtre joignit le geste à la parole et lampa d'un seul coup le contenu du verre. Sylve regarda sa grand-mère d'un air de défi et fit de même. Il n'y avait là que quelques centilitres d'alcool, mais ils descendirent à une vitesse folle le long de son œsophage, brûlant tout sur leur passage, avant de se répandre violemment dans son estomac. La fierté de Sylve lui fit étouffer un hoquet et les verres fumés de ses lunettes empêchèrent sa grand-mère de voir ses yeux s'emplir de larmes. Quelques minuscules gouttelettes de l'ignoble tord-boyaux s'attardaient encore dans sa gorge et y enfonçaient un bon millier d'échardes. Sylve toussota discrètement, se tortilla sur sa chaise et prit un air dégagé.

Vàatta remplit à nouveau les deux verres et se rassit.

« Vois-tu, petite, et je sais que tu ne vas pas aimer ce que je vais dire, mais tu ressembles tellement à ta mère, que parfois c'en est troublant. Elle non plus, elle ne pouvait plus supporter ce que nous devenions, alors ils sont partis tous les deux et ils t'ont laissée là. Cul sec, petite !

– Et tu sais que je leur en veux de ne pas m'avoir emmenée », répondit Sylve en grimaçant.

Une bouffée de chaleur remonta de son estomac, lui brûla la trachée et s'épanouit en picotements dans ses narines. Elle se rembrunit et tenta de chasser au plus vite ses parents de son esprit embrumé : histoire ancienne, rancœur consommée. Elle avait grandi avec, chevillée au corps, l'idée douloureuse qu'elle devrait imaginer elle-même sa famille.

Son esprit indocile et aventureux avait fait le reste, et, encore toute petite, lorsqu'elle se croyait en plein rêve, il l'emmenait sillonner les territoires d'outre-espace, les interstices où elle rencontra les élémentaires qui peuplèrent ses jeux, puis l'accompagnèrent dans l'exploration de ses pouvoirs. Ses parents avaient toujours voyagé, le plus souvent sans elle, la laissant à la garde de Vàatta. Cette dernière avait compris très tard, lorsque sa petite-fille avait atteint l'âge de onze ans, qu'elle n'avait pas simplement affaire à une enfant rêveuse, mais à une Ondine curieuse de tout et qui devait apprendre à contrôler son esprit vagabond.

À ses quinze ans, son père et sa mère lui avaient expliqué qu'ils partaient pour un très long voyage et qu'ils ne reviendraient pas avant plusieurs années. Ils avaient fait une apparition pour ses vingt ans en tentant de lui faire comprendre l'importance de leur mission : retrouver les Ondins éparpillés dans le Dômaine et retracer leur périple. Ils n'avaient pas réussi à convaincre leur fille, elle leur avait tourné le dos.

Sylve revint à l'instant présent en hoquetant : « C'est quoi ton mélange ? »

L'alcool l'avait emmenée bien loin de ses préoccupations.

« Tisane spéciale, répéta Vàatta.

– C'est pas un peu fort ?

– Presque quatre-vingt-cinq degrés, c'est mon âge aussi. Juste ce qu'il faut pour les grandes décisions.

– Quelles décisions ? s'enquit Sylve.

– Tout ce qui te trotte dans la tête. Je te connais bien. Un dernier, et je te dis ce que nous allons faire. »

Vàatta les resservit et avala d'un seul coup le liquide transparent. Sylve la dévisagea un instant, mais pas un trait du visage de l'aïeule ne bougea. L'Ondine se résigna à avaler aussi l'espèce de gnôle infernale.

« Nous allons trouver le moyen de ficher le camp. Et je suis désolée de parler encore d'eux, mais nous ne ferons pas comme tes parents, nous allons essayer d'entraîner tous ceux qui voudront nous suivre. Et nous allons commencer par secouer le conseil du village, lança Vàatta.

– C'est exactement ça, souffla Sylve qui se sentait prise de vertiges. Nous devons partir, nous sommes tous en train de crever au milieu de cette forêt.

– Ce n'est pas la forêt qui nous étouffe, la reprit Vàatta, c'est notre immobilisme, ce sont les Nardenyllais.

– Qu'ils aillent se faire voir ! grogna Sylve.

– Nous devons avancer, au sens propre comme au figuré, déclara l'aïeule.

– Et comment tu vois ça ?

– Il faut nous adresser à tous… et qui m'aime me suive !

– À ce compte-là, nous allons partir toutes les deux, pouffa Sylve.

– Tu ne te rends pas compte de ta popularité. Tout le monde savait déjà que tu avais des dons étonnants, mais depuis ton mariage avec l'élu de la forêt, vos combats contre les Fomoires… tu es célèbre et ils t'écouteront davantage que tu ne le penses.

– Si tu le dis.

– Alors ?

– En avant ! s'écria Sylve.

– Scellons notre décision », fit Vàatta en les resservant. Elle eut un hoquet, et un peu de liquide se répandit au sol, puis elles trinquèrent bruyamment et burent.

« Nous descendons des Tuatha dé Dana ! proclama Vàatta. C'est pas rien ! Nous ne sommes pas des fermiers !

– J'ai rien contre les fermiers, la contredit Sylve, les joues en feu.

– Moi non plus. Mais, moi, je suis une aventurière et j'en ai assez de laisser les miens derrière moi lorsque leur destin est de parcourir le monde ! Nous sommes un mythe ! cria Vàatta.

– Nous venons de botter les fesses des Fomoires ! répliqua Sylve en essayant de se lever, mais elle retomba dans son fauteuil dont le balancement lui provoqua des nausées. Nous nous fixons enfin un but précis : aller toujours droit devant nous. Cela prendra le temps qu'il faudra, mais nous repartons en exploration, martela la jeune Ondine. Enfin, dès que je tiendrai à nouveau debout. »

Elles se regardèrent en rigolant.

Sylve tendit son verre.

Sylve ne se souvenait plus exactement comment elle avait réussi à se déplacer jusqu'au canapé de Vàatta, mais elle savait très bien d'où provenaient les bourdonnements qui martyrisaient ses tempes. Le soleil inondait la véranda qui donnait sur le jardin de sa grand-mère. Cette dernière, une petite houe à la main, s'occupait à remonter les bordures de certaines plates-bandes. Sylve lui fit un geste de la main et se dirigea vers la cuisine. Une odeur douceâtre émanait d'une imposante théière en fonte fixée sur un trépied qui permettait de la faire basculer pour se servir. Sylve remplit une tasse en terre cuite et huma longuement le breuvage. Les émanations dissipèrent presque instantanément ses maux de tête. Sylve reconnut là le savoir-faire de sa grand-mère. Elle avala une gorgée et gagna le jardin.

« Alors, ma fille, que penses-tu de ma tisane du matin ? dit Vàatta avec un grand sourire.

– Elle tient ses promesses, autant que celle du soir. Tu me donneras la recette ?

– On verra. Je ne voudrais pas que tu vendes des produits qui poussent aux excès », gloussa l'aïeule. Elle se tut quelques secondes et ajouta avec un air de conspiratrice : « Et qui prédisposent aux décisions hâtives.

– Je ne vois pas de quoi tu parles, grand-mère. Je prends toujours des décisions réfléchies, même lorsque tu me soûles.

– Tu m'en vois ravie.

– Et maintenant ? demanda Sylve.

– On attend demain soir, il y a un conseil du village, répondit sa grand-mère.

– Tu veux vraiment amener ça en plein conseil ?

– Pourquoi ? Tu veux en discuter avant avec les anciens ? Au cas où quelqu'un aurait la bonne idée de conserver le statu quo ? ironisa Vàatta.

– Tu as raison. Je vais rentrer, je passe te chercher demain soir. »

Sylve serra longuement sa grand-mère dans ses bras, éprouvant la force nerveuse de son aïeule, puis elle repartit vers sa chaumière.

Un conseil du village se tenait toutes les semaines et permettait à tout un chacun de venir s'exprimer en son nom propre, pour poser une question aux anciens, pour porter une doléance, parfois aussi pour demander de l'aide. Les villageois ne se déplaçaient pas systématiquement pour chaque conseil. Ne venaient que ceux qui voulaient s'exprimer, souvent accompagnés de leurs proches. Il y avait toujours quelques spectateurs, jamais plus d'une trentaine. Ce soir-là, comme d'habitude, Sinth, Déneth, Balàr, Laminel et Haliger, assis en demi-cercle, attendaient que tous s'installent avant de donner la parole à Termils, un solide bûcheron qui souhaitait ouvrir une nouvelle concession en forêt.

Le débat porta essentiellement sur le montant de la dette que contracterait Termils envers la forêt et comment il s'en acquitterait. Ils décidèrent que Déneth irait avec Termils sur la future concession et qu'ils marqueraient ensemble quels arbres il ne couperait pas et surtout quels baliveaux il replanterait.

Plusieurs villageois s'exprimèrent à tour de rôle, jusqu'à ce que Balàr interroge Vàatta du regard. Cette dernière montra sa petite-fille de la main.

« Tu as quelque chose à dire au village ce soir ? demanda Balàr à Sylve.

– En effet, une remarque, une question, et une annonce, dit Sylve d'une voix ferme.

– Cela fait trois éléments, s'amusa Balàr. Nous t'écoutons. »

Sylve avait longuement pensé à ce qu'elle dirait devant le conseil. Elle se leva lentement, rassemblant ses idées. Laminel la regardait faire avec un air interrogateur. L'ancienne Ondine connaissait bien Sylve et savait que si elle se trouvait là, surtout en compagnie de l'imprévisible Vàatta, il devait y avoir une très bonne raison.

« Je commencerai en faisant la remarque que nous avons bien vite effacé les Fomoires de nos mémoires. Ils étaient là, ils nous ont combattus, ils nous ont blessés, ils ont tué Krûll et nous les avons à nouveau oubliés. C'est peut-être le seul lien tangible avec notre histoire, et nous les laissons de côté. Encore. Je ne comprends pas. »

Sylve parcourut l'assemblée du regard : tous avaient fait silence et attendaient la suite. Ils ne s'imaginaient pas devoir débattre de questions qui engageaient leurs croyances – les Ondins venaient-ils des rivages et descendaient-ils des Tuatha dé Dana ? – tout en y mêlant leur histoire proche : l'ennemi qui les avait attaqués quelques mois plus tôt avait-il un lien réel avec les mythiques Fomoires ?

« Ma question est la suivante : pourquoi n'avons-nous pas enquêté sur eux ? Nous avons évincé le problème : d'où venaient-ils ? Comment nous ont-ils trouvés ? Comment se déplaçaient-ils de leur camp de base à notre village ? Où sont-ils maintenant ? S'ils ne sont rien d'autre que des guerriers, pourquoi ne les poursuivons-nous pas pour assurer notre sécurité ? Si ce sont les Fomoires, pourquoi les ignorons-nous ? Ils ont sans doute des réponses à certaines de nos questions. Quant à moi, je crois fermement que nous avons affaire à nos ennemis de toujours. Et avant de vous faire part de mon annonce, je tiens aussi à dire que les paroles du Fomoire qui se nomme le Briseur de Rêves sont restées gravées dans ma mémoire : nous n'avons rien qui les intéresse, nous ne sommes que l'ombre des Tuatha dé Dana.

– Il a sans doute dit cela parce que vous leur avez barré la route ! Des Ondins les ont mis en échec, ne l'oublions pas, la coupa Haliger.

– Ces Ondins qui se sont battus sont Quentil, qui parcourt le vaste monde, le Voyageur, qui recherche la mer, Sente, retournée auprès des siens, et un vieux guerrier nain mort au combat. Ce sont des explorateurs, des vagabonds. »

Gagnée par l'émotion, Sylve avait élevé la voix. Elle laissa passer quelques secondes, le temps de se reprendre. Il n'y avait plus un bruit dans la salle, tous attendaient qu'elle termine.

« Mon annonce est donc très simple, et elle s'adresse à tout le village : je vais rassembler tout ce que nous savons de la mer et je vais partir vers l'ouest, comme l'a fait le Voyageur. Tous ceux qui le souhaitent peuvent se joindre à moi. Je crois qu'il n'y a que dans cette quête que nous retrouverons notre grandeur, celle du peuple des Tuatha dé Dana, qui, en débarquant sur les rivages de ce monde, l'a libéré du joug des Fomoires et a enseigné tant de choses aux humains. Jusqu'à ce qu'ils nous chassent à notre tour.

– Je partirai avec Sylve, lança Vàatta d'une voix forte. Le temps est venu de nous remettre en marche. »

L'auditoire resta un long moment sans réaction, puis certains commencèrent à murmurer, mais Sinth se leva en demandant le silence.

« Je pense qu'une telle proposition doit être débattue avec un auditoire plus large et je crois que nous devons aussi en discuter entre nous auparavant. Je propose de remettre toutes ces questions à la semaine prochaine.

– Je ne viendrai pas la semaine prochaine, ni la suivante, trancha Sylve. Vous pouvez débattre autant que vous le voulez, de mon côté, je me prépare à partir et tous ceux qui aspirent à venir avec moi sont les bienvenus. Le départ n'aura peut-être lieu que dans un mois, je ne sais pas, mais il aura lieu.

– C'est un peu extrême, tu ne trouves pas ? la questionna Laminel.

– Je n'oblige personne, lui fit remarquer Sylve.

– Mais tu vas forcément emmener certaines des forces vives du village. Que vont devenir les autres ? l'accusa Haliger. C'est irresponsable.

– Je n'ai pas la responsabilité du village, et j'estime m'occuper de quelque chose de plus grand : notre survie en tant que descendants des Tuatha dé Dana, rétorqua Sylve.

– N'es-tu pas aussi en train de tout faire pour retrouver ton mari ? Ton amour ne t'aveugle-t-il pas ? voulut s'assurer Haliger.

– Quand bien même, cela n'enlève rien au reste, rétorqua l'Ondine.

– Toujours est-il que nous porterons quand même cette discussion devant le village la semaine prochaine. Tout ceci n'est pas anodin, insista Sinth.

– Et je remercie Sylve de nous tenir éveillés de la sorte, intervint Déneth. Quelle que soit l'issue de ta remarque, de ta question et de ton annonce, tu nous montres, quoi que tu en dises, que notre peuple n'est pas endormi. Je pense que la semaine sera très animée et que nous aurons beaucoup à nous dire au prochain conseil. Peut-être aurons-nous aussi des réponses à ta question.

– Je propose de lever la séance pour ce soir, dit Sinth. Merci à tous de votre présence. »

Un peu sonnés par la nouvelle du départ de Sylve et de Vàatta, contrairement à leurs habitudes, les participants rentrèrent directement chez eux, sans discuter davantage en petits comités, presque gênés de croiser les regards des deux Ondines. Laminel se dirigea vers elles.

« Décidément, votre famille ne peut pas rester en place, constata-t-elle.

– C'est vrai, répondit Vàatta.

– Qui a eu cette idée ? demanda Laminel.

– Je dirais que le Voyageur a eu cette idée tout seul, que cette vieille pourriture de Zeneth l'a un peu poussé et que je l'ai reprise à mon compte, précisa Sylve.

– Que veux-tu faire en premier ? l'interrogea l'ancienne. Comprendre où sont les Fomoires, ou bien trouver la mer ?

– Je pense que tout ceci est lié et ce, depuis toujours.

– Honnêtement, je ne sais pas quoi en penser. Je ne peux m'empêcher de m'inquiéter pour le village, mais tu as peut-être raison : nous sommes trop timorés. Nous verrons ce qui ressortira de tout ceci.

– Nous ne sommes sûres que d'une chose : nous partirons à deux s'il le faut », asséna Vàatta.

La grand-mère et sa petite-fille prirent la direction de la maison de l'aïeule. Sylve ne voulait pas rentrer seule chez elle après une telle annonce. Elles cheminèrent en silence et, lorsqu'elles arrivèrent, elles s'assirent chacune dans un fauteuil à bascule. Avec des gestes précis, Vàatta bourra sa pipe et l'alluma d'un mouvement rapide de la main. Sylve se laissa aller en arrière, soulagée d'avoir rendu publique sa décision. Elles se balançaient depuis quelques minutes quand elles virent déboucher au bout de la rue un petit groupe inhabituel dans le quartier. Ils parlaient fort et riaient. Sylve distingua les layonneurs Durtal, Thurnir et Henns.

« Qui sont ces zigotos ? demanda Vàatta.

– Ce sont les hommes de Sente, répondit Sylve. Ils sont avec deux filles que je ne connais pas très bien. Je pense qu'ils viennent aux nouvelles.

– Tu crois ? » ironisa sa grand-mère.

Le petit groupe s'arrêta devant les marches qui montaient à la terrasse. Ils se turent quelques instants. Vàatta les scrutait d'un air amusé. Les deux jeunes Ondines se tenaient debout très droites, et, avec une pointe de provocation, leurs lunettes de glacier fixaient l'aïeule. Elles portaient les tatouages propres aux chevaucheuses de dragons. Avec un raclement de gorge, Thurnir prit la parole.

« Bonsoir, Sylve, commença-t-il. Bonsoir, Vàatta. Nous sommes désolés de venir comme ça à cette heure, mais nous étions à boire un coup quand un gars nous a apporté une drôle de nouvelle. Et je me suis dit, enfin, avec les autres, on s'est dit qu'on aimerait avoir ta version.

– De quoi parles-tu au juste ? » l'interrogea Vàatta, trop contente de mettre le jeune homme encore plus mal à l'aise.

Thurnir prit quelques secondes pour chercher ses mots. Tout le village savait que Vàatta n'aimait pas rendre des comptes et tous connaissaient ses colères légendaires.

« Il parle de la décision de Sylve de mettre tout le village sur la route, renchérit une des deux jeunes Ondines.

– C'est en partie exact », intervint Sylve avec un geste de la main à sa grand-mère pour l'empêcher de répondre à la provocation. Puis elle reprit : « Mais pour l'instant, nous ne sommes que deux, et nous n'obligeons personne à venir avec nous.

– Et vous emmènerez tous ceux qui le veulent ? les questionna Durtal.

– Oui, et si nous sommes nombreux, nous formerons une espèce de caravane, expliqua Sylve.

– Alors, les jeunes, vous partez avec nous, ou c'est trop d'un coup ? les aiguillonna Vàatta.

– C'est pour ça que nous sommes venus, sourit Durtal, pour savoir un peu ce que vous aviez prévu.

– Comment ça ? s'étonna Sylve.

– À partir de quand on se prépare ? Avec qui on part ? Toute l'organisation en fait », insista Durtal.

Tous regardèrent Sylve. Vàatta partit d'un grand éclat de rire et se tourna vers sa petite-fille.

« Alors Sylve ? Quels sont tes plans ?

– Mais je ne sais pas, moi ! s'écria Sylve. Je n'ai encore rien prévu !

– Il faudrait déjà donner rendez-vous aux volontaires, suggéra Thurnir, histoire de voir combien nous pourrions être.

– C'est une idée, approuva Sylve. Fixons une réunion dans trois jours, à l'entrée du village.

– Et j'offre une tournée de mon meilleur brassin pour fêter cette première décision », lança Vàatta.

Sylve, pas plus que sa grand-mère, n'avait pensé que leur idée ferait aussi rapidement des émules. Après la discussion avec Durtal et ses compagnons, elles avaient cru que seuls quelques jeunes en quête d'aventures voudraient les suivre, sans plus. Elles ne s'imaginaient pas trouver plus d'une centaine de personnes à l'entrée du village, trois jours plus tard. Un certain nombre de jeunes adultes, mais aussi des familles entières, des commerçants bien installés, des cultivateurs prêts à laisser leurs terres, tous avaient, nichée au fond des yeux, une même étincelle, une véritable envie de découvrir d'autres horizons. Le peuple de Sylve se sentait prêt.

Ces hommes et ces femmes se posaient aussi de nombreuses questions, et ils attendaient des réponses, bien plus que des promesses. Sylve et Vàatta emmèneraient-elles tout le monde ? Dans quelle direction pensaient-elles partir ? Avaient-elles des nouvelles du Voyageur ? Comment s'organiseraient-ils ? Qui conduirait la caravane ? Une question revint plusieurs fois sur le tapis : devraient-ils combattre les Fomoires ?

Ce jour-là, Sylve et Vàatta prirent la mesure du mouvement qu'elles avaient initié. Dans l'assistance, de nombreux Ondins et humains rêvaient d'ailleurs depuis longtemps et se trouvaient à l'étroit à l'intérieur des frontières de Sráidbhaile ciorclaigh le Crann Mór Ard, leur « village entouré d'un grand arbre ».

Les deux femmes comprirent aussi qu'organiser un tel départ ne se ferait pas du jour au lendemain. Ce premier rassemblement redonna espoir à la jeune Ondine. Elle oublia aussi ses préoccupations et ses inquiétudes sur lesquelles elle n'avait aucune prise. Il y avait de l'excitation dans les yeux des enfants et de la fierté chez les parents, certains semblaient ne pas croire en leur propre audace, d'autres attendaient ce jour depuis longtemps. Ils n'auraient jamais osé partir seuls car ils craignaient le Dômaine et en connaissaient les dangers, mais ils croyaient en Sylve et certains espéraient même secrètement que le Voyageur reviendrait leur montrer la voie.

La réunion se finit assez tard. En rentrant chez elle, Sylve se dit qu'il ne fallait surtout pas perdre cette émulation des grandes décisions et qu'elle et sa grand-mère devraient tout faire pour conserver intacte une énergie qui s'émousserait sans aucun doute si les préparatifs duraient trop longtemps. Et plus le groupe augmenterait, plus les problèmes logistiques s'accumuleraient.

Elle poussait le portillon de chez elle lorsqu'elle entendit un hurlement de femme. Sylve se précipita, passa le coude d'une petite rue et s'arrêta, saisie de stupeur, comme les autres villageois qui accouraient : Jûnne gisait au sol, inanimée, tandis que deux hommes, suivis d'une espèce de brouillard obscur, partaient en courant, passaient la porte ouest, et disparaissaient dans la forêt. Sylve entraperçut des tatouages sur le crâne d'un des fuyards, puis elle arriva à la hauteur de la jeune femme inconsciente. Ils essayèrent de la ranimer, mais elle ne bougeait plus du tout. La garde de nuit fit irruption au pas de course et fonça vers le bout de la rue.

Ils emmenèrent Jûnne au dispensaire ; là, les soignants l'installèrent dans une chambre, et le guérisseur Gwenth arriva très rapidement. Après avoir ausculté la jeune femme, il expliqua à Sylve que Jûnne n'avait aucune blessure physique et qu'il fallait attendre. La jeune fille avait de toute évidence subi une attaque psychique violente. Elle respirait bruyamment, les traits de son visage restaient crispés et conservaient une pâleur inquiétante, ses paupières frémissaient convulsivement. Sylve tenta de lui prendre la main, mais Jûnne gardait les poings solidement fermés et ses bras tremblaient, tétanisés par un effort constant.

Le chef des anciens, Sinth, entra dans la chambre, suivi du mage Gwendal, du Veilleur et du Gardien. Ils observèrent un instant Jûnne, tandis que le guérisseur les informait de ses conclusions.

« Allons prendre l'air », suggéra Sinth à Sylve.

Elle lui jeta un regard furibond et lui emboîta le pas, imitée par le Gardien et le Veilleur. À peine sortis du bâtiment, Sylve s'adressa à l'ancien.

« Depuis combien de temps le saviez-vous ? siffla-t-elle, peinant à contenir sa fureur. Les tatouages : c'étaient des Fomoires ! Et je suis sûre que vous saviez qu'ils rôdaient à nouveau ! Les glyphes ont dû vous prévenir !

– Calme-toi, Sylve, commença le Gardien.

– Certainement pas ! le coupa-t-elle. Tout ceci aurait pu être évité !

– Tu n'en sais rien ! protesta le Gardien. Nous faisons au mieux pour la tranquillité du village.

– Tu es tellement condescendant ! cria-t-elle. Tu crois

que les gens sont craintifs et fragiles. Tu vas même jusqu'à penser à leur place ! »

L'Ondine se tourna vers le Veilleur et Sinth.

« Et vous, alors ? Vous étiez d'accord avec ça : ne rien dire ?

– Tu sais bien que ce n'est pas vrai, se défendit le Veilleur. J'ai toujours été d'avis que ces événements devaient être révélés et débattus en plein jour. Ce n'est malheureusement pas l'avis du conseil.

– C'est très récent, essaya de tempérer Sinth, nous avions besoin d'un peu de temps.

– Ça va faire plus de quinze jours, déclara Sylve. Je viens de le comprendre. »

La surprise se lut sur les visages de Sinth, du Veilleur et du Gardien, mais ils se turent. Sylve sut alors qu'elle avait vu juste : il y avait une corrélation entre les derniers signes apparus sur les feuillets du cartographe et le retour des Fomoires.

L'arrivée de Gwendal mit fin à leur conversation. Il expliqua qu'il avait aidé Jûnne à reprendre connaissance, mais elle restait très ralentie car Gwenth avait dû lui administrer un puissant calmant. Un des Fomoires avait brutalement sondé l'esprit de la jeune femme à l'aide d'un sort maléfique puissant, sans doute par manque de temps, d'où le traumatisme de Jûnne.

La jeune femme se tenait assise dans son lit, elle avait repris des couleurs, mais ses yeux rougis gardaient une mobilité inquiétante, cherchant partout un danger qui n'existait plus. Sylve s'assit au bord du lit.

« Je suis contente de te voir réveillée, dit-elle. J'ai eu peur.

– C'était horrible, je n'ai jamais eu aussi mal de ma vie », commença Jûnne, mais elle ne put continuer et se mit à sangloter. Sylve la prit dans ses bras et la conserva contre elle jusqu'à ce qu'elle se calme un peu. La jeune femme reprit.

« Il voulait savoir où était ton Voyageur. Mais je ne le sais pas, j'ai paniqué, je n'arrivais pas à répondre. Il aspirait toutes les images qui me passaient par la tête !

– Où les as-tu rencontrés ?

– En sortant de chez toi, je me suis sentie oppressée, ils étaient sans doute déjà là. Puis ils sont arrivés près de moi ; et tout de suite, il est entré dans mon esprit et m'a parlé. Il ne voulait que ça : le Voyageur.

– Qu'a-t-il dit ? demanda Sylve.

– Presque rien. “Où est le Voyageur ? Par où est-il parti ?” Que des questions comme ça. Je voulais me débattre, mais je ne pouvais pas bouger. Et puis il a cherché des images de son départ, sauf que je n'étais pas là, je n'ai dit au revoir qu'à l'autre qui partait en voyage ce jour-là, Quentil, juste à la sortie du village. »

Gwendal et Sylve s'entreregardèrent rapidement, imaginant le pire.

« Que sais-tu du voyage de Quentil ? interrogea le mage.

– Ce qu'il m'a dit quand je l'ai croisé : qu'il allait tout d'abord chez les Nains, puis visiter la cité des Nardenyllais. Je lui ai souhaité bonne chance, et il est parti.

– Est-ce que le Fomoire a réagi ? Avait-il l'air satisfait ?

– Je ne sais pas, il a relâché son emprise quelques secondes pour parler à l'autre, j'ai hurlé, et les gens ont accouru.

– Merci, Jûnne. Repose-toi maintenant. Nous allons discuter un peu dehors. Il y aura des gardes toute la nuit devant ta porte », la rassura Sylve avant de sortir.

Elle rejoignit le petit groupe devant le dispensaire.

« Quentil est en danger, affirma Sylve, ils auront confondu les deux.

– C'est très possible, approuva Gwendal. Dans sa précipitation, le Fomoire a pu se méprendre. Ils peuvent aussi se dire que nos deux voyageurs avaient la même mission.

– Que faire ? demanda le Veilleur. Nous ne savons pas où est Quentil.

– Il est parti depuis neuf mois lui aussi, calcula Sylve, il aura largement eu le temps de rendre visite à Sente chez les Nains. Il y a de fortes chances qu'il soit chez les Nardenyllais.

– Nous allons envoyer quelques guerriers, ils pourront y être en moins de dix jours, au moins aussi rapidement que les Fomoires qui devront progresser cachés, avança le Gardien. Une fois sur place, nos hommes n'auront aucun mal à se faire aider pour retrouver Quentil et le protéger.

– Très bien, j'espère que cela suffira, opina Sinth. Je vais veiller à ce qu'ils partent dès cette nuit. Nous nous retrouvons demain matin pour faire le point.

– Je vais m'assurer que la garde soit doublée cette nuit », conclut le Veilleur.

Sylve retourna vers la chambre de Jûnne et trouva la jeune femme profondément endormie. Elle semblait apaisée, les traits du visage détendus, la respiration lente et régulière. Rassérénée sur ce point, Sylve décida de rentrer chez elle.

En revanche, elle ne parvenait pas à se rassurer sur le sort de Quentil. Lorsqu'elle essayait de replacer les éléments dans un ordre chronologique, elle trouvait les Fomoires très réactifs, bien trop rapides. Si les entrelacs sur les feuillets du cartographe signifiaient que le Voyageur avait activé un artefact, ou atteint un lieu magique, ou encore avait rencontré une force surnaturelle, cet événement avait aussi alerté les Fomoires, qui avaient rejoint le village presque immédiatement. Pourtant, ils ne campaient pas à proximité, sinon les éclaireurs les auraient débusqués. D'où venaient-ils vraiment ? À quelle vitesse se déplaçaient-ils ?

De plus en plus persuadée que l'équipe chargée de protéger Quentil n'arriverait pas à temps, elle chercha d'autres alternatives et n'aboutit qu'à une unique solution : entrer en transe pour voyager en esprit dans les plans éthérés. Elle ne pouvait atteindre Quentil de cette manière car il n'émanait de lui aucune aura magique, ce qui ne permettrait pas à l'Ondine de le localiser. Elle allait donc se concentrer sur Sente. Si la pisteuse n'accompagnait pas Quentil, elle pourrait au moins le rejoindre en quelques jours, sans doute avant les Ondins.

Sylve alla directement à son atelier et rassembla plusieurs bocaux remplis d'herbes qu'elle transporta dans sa cuisine. Elle y installa un fauteuil, puis ferma toutes les portes et boucha les aérations. Elle chargea le poêle de grosses bûches et mit plusieurs bassines d'eau à bouillir sur la cuisinière et contre le dévoreur. Ce dernier commença à ronfler avec gourmandise, la température augmenta immédiatement et une épaisse vapeur envahit la pièce. Sylve jeta les herbes dans les bassines et s'assit. La vapeur s'épaissit davantage et une odeur piquante lui monta aux narines.

« Tu sais ce que tu dois faire si je ne reviens pas, dit-elle au dévoreur qui rougeoya en réponse. Je vais faire ça bien, ne t'inquiète pas. »

Atteindre Sente l'obligeait à entrer dans une transe qui pourrait durer quelques heures, et qu'elle aurait du mal à maîtriser. Pourtant, elle connaissait bien cet état pour l'avoir expérimenté bien des fois, et ce, malgré les mises en garde et les interdits. Cela avait commencé très jeune, lorsqu'elle s'ébattait avec les élémentaires de la rivière, sous l'œil amusé de sa grand-mère qui crut pendant longtemps que sa petite-fille parlait à des sortes d'amis imaginaires. Il arrivait à la fillette de s'assoupir en jouant, entourée des bruissements d'eau de ses amis. Elle rêvait qu'elle quittait son corps pour folâtrer avec d'autres esprits qui planaient au-dessus du jardin de Vàatta. Ces jeux durèrent jusqu'à l'âge de onze ans, jusqu'à ce que Vàatta comprenne que sa petite-fille discutait réellement avec les élémentaires. La vieille Ondine pensa qu'elle avait développé ce don parce que ses parents lui manquaient. Elle ne se trompait pas.

Un jour, les parents de Sylve rentrèrent de voyage précipitamment parce que Sylve avait utilisé la transe pour les contacter et leur dire qu'ils lui manquaient. La grand-mère devina alors qu'au lieu de siestes et de jeux avec des amis imaginaires, sa petite-fille arpentait un autre plan sans même le savoir. Elle ne se contentait pas d'étranges discussions avec les élémentaires, elle les suivait aussi en entrant en transe. Les parents de Sylve et Vàatta décidèrent que la jeune Ondine devrait suivre les enseignements de Gémini, la seule Ondine à connaître les plans éthérés et à oser s'y aventurer régulièrement.

Âgée de soixante-dix ans, Gémini avait toujours fait ce qu'elle voulait de sa vie, évitant les contraintes, fuyant les responsabilités, contournant même les tâches qui incombaient à chaque villageois. Beaucoup ne l'appréciaient pas et elle le leur rendait bien. Pourtant, bien malgré elle, elle avait su se rendre indispensable de par sa maîtrise des transes, un état qui effrayait de nombreux magiciens, car il arrivait que la personne ne puisse pas revenir et abandonne définitivement son corps. Elle commença par refuser de s'occuper de Sylve, ne voyant là qu'une charge supplémentaire et une entrave à sa liberté. Mais Vàatta savait se faire entendre, et les aptitudes de sa petite-fille finirent par piquer la curiosité de Gémini. Ainsi, Sylve devint la seconde Ondine du village à oser voyager dans une réalité méconnue. Elle ne pratiquait ce type de déplacements que très rarement et elle avait appris à installer une routine qui devait assurer sa sécurité, et s'il le fallait, précipiter ce que Gémini appelait « la redescente ».

Sylve ôta ses lunettes et ses yeux profondément bleus nimbèrent le brouillard de lumière, puis ils se révulsèrent, tandis que son esprit quittait son corps pour aller arpenter une autre réalité.

Elle retrouva là les élémentaires qui l'attendaient : les esprits du cours d'eau qui passait devant chez elle, mais aussi son dévoreur. Au fur et à mesure de ses incursions dans un réel abstrait, nommé poétiquement par Gémini « les interstices », Sylve avait compris que les élémentaires appréhendaient comme un espace unique ce que les Ondins concevaient comme deux plans bien distincts.

Le dévoreur se tenait près d'elle. À quelques souffles, évoluaient ses compagnons de la rivière et, de loin en loin, virevoltaient d'autres élémentaires, des esprits subtils et des créatures inconnues dont elle ne mesurait pas le degré d'intelligence ou de dangerosité. En général, ces entités ne pouvaient pas se déplacer librement et restaient attachées à un lieu physique. D'ailleurs, de son monde de concrétude ne subsistaient que les traces d'énergie dégagées par les rivières, les fleuves, les montagnes et au milieu desquelles elle évoluait au rythme de sa respiration. Lorsqu'elle ressentait une énergie, il suffisait qu'elle la visualise, puis qu'elle expire pour la rejoindre. Ses déplacements l'enivraient, et même s'il lui fallait rester extrêmement prudente et éviter certains habitants de l'éther, elle éprouvait une immense liberté à chaque fois qu'elle entrait en transe.

Elle laissa derrière elle le cercle lumineux du banyan qui ceignait le village et fila vers les Montagnes d'Argent. Elles se trouvaient à la limite de son champ d'action et elle savait qu'elle ne pourrait aller beaucoup plus loin. Elle parvint en quelques respirations à la cité des Nains, prit le temps de tourner autour de magnifiques gisements énergétiques, des jaillissements que seules les montagnes pouvaient produire, puis elle se mit en quête de Sente. Gémini lui avait appris des modes de respiration qui permettaient d'accélérer ou de ralentir le rythme des voyages ou encore de passer rapidement en revue les esprits qu'elle visualisait sur ce plan astral.

Sente l'accueillit au sein d'un sommeil paisible. Sylve lui fit entendre un message aussi clair que possible, sachant qu'elle ne produisait que des images et des impressions : elle créa un mauvais rêve dans l'esprit de son amie. Sente verrait Quentil aux prises avec des Fomoires dans la Cité des Nardenyllais ; elle reconnaîtrait sans aucun doute les effets de la transe et agirait en conséquence.

Puis Sylve commença à visiter les Montagnes d'Argent, observant avec délectation les diverses créatures qui tournoyaient autour d'elle. Elle entraperçut même quelques esprits errants, phénomène extrêmement rare.

Sylve hésita : elle avait rempli sa mission et il lui fallait maintenant prendre le chemin du retour. Elle jeta un coup d'œil dans la direction de Sráidbhaile où tournoyaient les élémentaires liés aux rivières du village. L'attrait de l'inconnu l'emporta et elle s'orienta vers les chatoiements des entités, profitant d'une liberté absolue.

Sa transe ne s'acheva pas en douceur. Sylve eut l'impression qu'une poigne implacable se saisissait de son être astral et l'obligeait à réintégrer son corps. Cette incarnation forcée lui causa une douleur fulgurante, son esprit peinant à se glisser dans son enveloppe charnelle, comme s'il s'écorchait à des centaines de barbillons disposés dans tous ses membres. Elle hurla et ouvrit les yeux d'un seul coup, inondant la pièce d'une lumière surnaturelle.

« Elle revient à elle, tu as réussi.

– Tant mieux, mais elle était très loin.

– Je verrai ça avec elle. »

Sylve vit que sa grand-mère parlait à la vieille Gémini. Que faisaient les deux femmes chez elle ? Son ancienne professeure posa sa main sur le bras de Sylve, puis elle quitta la cuisine. Vàatta tendit ses lunettes de glacier à sa petite-fille.

« Décidément, tu fais n'importe quoi, constata Vàatta.

– J'ai mal partout, qu'est-ce que vous m'avez fait ?

– Gémini t'a ramenée par la peau des fesses, tu penseras à la remercier.

– Pourquoi ? grogna Sylve qui avait toujours des élancements dans tout le corps.

– Tu es partie un jour et demi, voilà pourquoi ! lança Vàatta.

– Le dévoreur devait me sortir de là, qu'est-ce qui s'est passé ?

– Une fois en transe, tu as dû fermer la porte du poêle, il n'a rien pu faire d'autre qu'un gros nuage de fumée qui a attiré tes voisins. Ce sont eux qui sont venus me chercher. Nous avons attendu toute la journée que tu reviennes, puis Gémini a décidé qu'il ne fallait pas te laisser davantage hors de toi.

– Pourquoi j'aurais fait ça ?

– Parce que ton esprit a soif de liberté et qu'il ferait tout pour rester dans les limbes, ou l'éther, ou je ne sais quoi ! cria Vàatta. Tu dois faire attention !

– C'est vrai que j'étais bien. Une impression enivrante de liberté absolue, murmura Sylve.

– Tu m'étonnes ! grinça sa grand-mère. Quelques heures encore, et tu n'étais plus qu'une écorce vide. Tu cherchais quoi ?

– J'ai contacté Sente dans ses rêves. Je pense qu'elle a compris le message et qu'elle va se dépêcher de rejoindre Quentil.

– C'est déjà ça de gagné, grommela Vàatta. Bois ça pour te requinquer. Tu sais que tu vas finir par me tuer ?

– Je suis vraiment désolée. »

Sylve s'allongea dans le canapé de son salon, buvant à petites gorgées une tisane réconfortante. Vàatta s'affaira dans la cuisine, préparant à manger pour sa petite-fille qui n'avait rien avalé depuis plus d'une journée. Elle marmonnait, prise entre sa peur encore récente et le soulagement de voir Sylve tirée d'affaire. L'aïeule avait épluché des légumes qu'elle fit rapidement sauter dans une poêle pour les cuire tout en les gardant croquants. Elle hacha ensuite de la coriandre et du persil, manquant de se couper avec la berceuse qu'elle mania bien trop vivement. Elle jura et jeta les herbes sur sa préparation. Elle servit deux assiettes et elles s'installèrent à table. Elles dînaient en silence quand on frappa à la porte. Vàatta alla ouvrir et laissa entrer le Veilleur.

Le petit homme, très mince, sec, portait une large tunique noire qui descendait jusqu'à ses genoux, serrée à la taille par une ceinture de cuir à laquelle pendaient une épée courte d'un côté et une lanterne de l'autre. Les traits de son visage, très mobiles, ne cachaient jamais ce qu'il pensait ; il n'en faisait d'ailleurs pas secret. Ses yeux marron clair se posèrent sur Sylve, puis sur Vàatta.

« Je crois que je dérange. Je repasserai, commença-t-il.

– Entre, le coupa Vàatta, pressentant une nouvelle importante.

– Assieds-toi, l'invita Sylve, et dis-nous ce qui t'amène. »

Le Veilleur hésita un instant, passa la main dans son abondante chevelure grisonnante et s'avança.

« J'ai pas mal réfléchi à ce que tu as dit à propos des Fomoires. Et aussi à ce que tu n'as pas dit.

– Comment cela ? s'étonna Sylve.

– Je ne sais pas comment, mais tu savais qu'ils nous espionnaient depuis un bon moment. »

Le Veilleur releva la tête et fixa Sylve. Elle eut une moue et opina du chef.

« Tu penses aussi qu'ils sont plus rapides que nous, et je crois que tu as des raisons objectives de t'inquiéter pour le Voyageur. Est-ce que j'ai tort ?

– Pas complètement, avoua Sylve. J'ai encore l'impression que nous ne faisons que réagir aux événements et que nous ne prenons jamais l'avantage.

– Et là, c'est toi qui as raison, approuva le Veilleur. Tu cherches des réponses et je connais quelqu'un qui pourrait t'en donner.

– Pourquoi fais-tu cela ? le questionna Sylve.

– Parce que nous te devons bien cela, répondit mystérieusement le Veilleur. Si vous le souhaitez, je vous emmène voir un ami. »

Sylve et Vàatta échangèrent un regard et se levèrent. La nuit venait de tomber lorsqu'ils sortirent, et le calme régnait dans les rues, bien plus qu'à l'accoutumée. Les derniers événements avaient sans doute incité les villageois à regagner leur domicile au plus vite dans la soirée. Ils marchèrent dans un silence tendu, la lune diffusait une clarté suffisante pour se repérer, sans pour autant parvenir à déchirer les ombres qui avaient poussé les habitants chez eux. Dans cette atmosphère surnaturelle, ils parvinrent en bordure est du village, devant le bâtiment qui abritait la bibliothèque et les archives des Ondins.

Construite en arc de cercle sur un seul niveau, la bâtisse baignée de lune détachait nettement dans la nuit sa masse trapue et imposante. Comme pour la salle du conseil, les murs épais soutenaient un imposant toit pentu en pierres plates. Disposées sur plusieurs couches, ces épaisses roches calcaires extraites en forêt protégeaient parfaitement les ouvrages en maintenant une température constante. Ce revêtement, aussi appelé « toiture en laves », favorisait la circulation des énergies et permettait à tous les jeteurs de sorts de travailler sereinement.

À peine le Veilleur avait-il frappé à la porte des archives qu'elle s'ouvrit. La tête hirsute du bibliothécaire surgit dans l'entrebâillement de la porte, les observa, jeta un regard dans la rue et leur fit signe d'entrer. Ils se glissèrent à sa suite. L'homme referma la porte à clef.

Des cheveux blonds et raides toujours en bataille, tombant sur un front haut, sans rides, des yeux d'un noir profond, un nez aquilin, une bouche fine, imberbe, personne ne pouvait dire avec certitude quel âge avait le bibliothécaire. Tous savaient qu'il occupait ce poste depuis quelques années seulement, qu'il succédait à une longue lignée d'Ondins qui avaient pour titre « maître archiviste », mais que lui, premier humain à ce poste, en avait redéfini les priorités et se faisait appeler « bibliothécaire », considérant que le stockage et la conservation des écrits devaient avant tout servir à la population. Il ne faisait pas l'unanimité auprès des anciens et sa nomination à cette fonction prestigieuse tenait autant à des qualités indéniables d'organisation, à une érudition étonnante et à une mémoire phénoménale qu'à un manque de candidats qualifiés plus consensuels.

« C'est bon, Fâlmur, nous sommes tous là, dit le Veilleur.

– Suivez-moi », leur enjoignit le bibliothécaire.

Ils traversèrent les deux immenses salles de lecture, aux murs couverts de rayonnages qui supportaient des centaines d'ouvrages de toutes tailles. De loin en loin, des échelles fixées à des rails permettaient d'atteindre les étagères supérieures. Puis le bibliothécaire les fit passer dans plusieurs réserves que Sylve connaissait. Là, les utilisateurs ne pouvaient consulter des livres plus rares ou plus fragiles que sous le regard d'un des adjoints. Sylve avait lu durant de longues heures dans ces réserves, en compagnie d'érudits qui venaient parfois de très loin pour consulter certains originaux que possédait la bibliothèque. Fâlmur déplaça une lourde étagère qui reposait discrètement sur une glissière, dévoilant une petite porte dérobée. Il sortit un trousseau de clefs, fit jouer les deux serrures, et ouvrit la porte qui donnait sur une volée de marches.

« À partir de maintenant, leur annonça-t-il, nous entrons dans la partie secrète de nos archives.

– Je ne suis pas très étonnée », s'amusa Vàatta.

Ils accédèrent à une salle voûtée où se dressaient une petite dizaine d'armoires grillagées qui contenaient des livres et des parchemins enroulés, une centaine d'ouvrages au maximum. Au centre de la pièce se trouvaient deux tables de travail parfaitement vides à l'exception d'un unique manuscrit assez grand et assez fin, posé sur l'une d'elles.

« Le conseil des anciens fait jurer à chaque nouveau maître archiviste de protéger certains écrits et, par-là même, certains secrets, leur apprit Fâlmur. Jusqu'à présent, cela ne me préoccupait pas trop, mais au vu des derniers événements, et d'après ce que le Veilleur m'a dit, il y a au moins un manuscrit que vous devriez consulter. Je vous l'ai préparé.

– Pourquoi fais-tu cela ? le questionna Sylve.

– Parce que nous te devons bien cela, répondit laconiquement le bibliothécaire.

– Le Veilleur m'a fait la même réponse. Et si vous m'expliquiez ? J'en ai assez de tous ces secrets !

– Finissons d'abord ce que nous sommes venus faire ici, proposa Fâlmur, nous te dirons tout ce que nous savons ensuite. »

Sylve haussa les épaules et se tourna vers Fâlmur qui lui indiquait le manuscrit ouvert sur la table. Elle hésita quelques secondes, partagée entre son désir de faire toute la lumière sur des non-dits pesants et son envie de consulter ce mystérieux écrit. Elle finit par s'approcher de la table et se pencha sur le livre.

Bien plus long qu'un ouvrage normal, couvert d'une solide toile noire, il ne portait aucun titre, ni sur le dos, ni sur la première page. Sylve commença à le feuilleter et comprit qu'elle avait devant elle un carnet de croquis et de recherches. Son propriétaire avait rempli de nombreuses pages d'une écriture à l'encre noire, fine et précise. Des croquis au pastel alternaient avec les pages manuscrites.

« De quand date ce carnet ? s'enquit Sylve.

– Plus de trois cents ans, mais je n'en sais pas plus », la renseigna le bibliothécaire.

Sylve s'assit et entama sa lecture. Le Veilleur et le bibliothécaire avaient pris place aussi autour de la table et attendaient qu'elle se fasse une idée plus précise du document. Vàatta furetait dans les rayonnages des armoires grillagées. Davantage exploratrice qu'érudite, elle n'avait pas, comme Quentil par exemple, une passion pour les livres. Elle préférait se rendre sur place que de faire des recherches. Pourtant, elle comprit très vite qu'elle avait devant les yeux un véritable trésor de connaissances : un livre sur le pacte que les Nains avaient fait avec les dragons des Montagnes d'Argent, plusieurs atlas de régions inconnues et où le Dômaine semblait avoir cédé la place à des déserts, un traité très précis sur la transe et un sur l'éther, et bien d'autres encore. Elle en ouvrit certains, faisant craquer des dos en cuir sec et fatigué, tournant lentement des pages raidies qui crissaient sous ses doigts. Vàatta ne se laissait pas souvent aller à la tristesse, mais une certaine mélancolie l'étreignit alors qu'elle se rendait compte que, de tous temps, les anciens leur avaient caché des pans entiers de savoir. Elle se reprit et se tourna vers Sylve.

« Alors ? lui demanda-t-elle.

– C'est un carnet de voyages. Je ne vois pas de signature, mais il fait la liste des artefacts qui permettent de se déplacer instantanément de l'un à l'autre. C'est fou ! Et ça explique sans doute comment les Fomoires vont si vite.

– Comme le Voyageur avec les arbres ? demanda Vàatta.

– J'en ai bien l'impression.

– Mais pourquoi avoir caché ça ? Dans quel but ? s'interrogea Vàatta.

– Il est très possible que des anciens l'aient relégué là dès qu'ils l'ont trouvé parce qu'ils estimaient que nous étions bien établis au village et qu'il ne fallait pas encourager une quête sans espoir, commença Fâlmur.

– Ensuite, les anciens qui leur ont succédé n'ont pas souhaité revenir sur cette décision. Ils auraient dû révéler certains secrets et risquer d'entamer la confiance que les villageois ont en eux, poursuivit le Veilleur.

– Et peut-être même que certains d'entre eux n'ont jamais pris le temps de fouiller cette pièce et de prendre connaissance de tout ce qui est enterré là, précisa le bibliothécaire.

– C'est un document inestimable pour notre projet de voyage. C'est une découverte énorme ! asséna Sylve.

– Et c'est sans doute ce qui a aussi perdu tes parents », ajouta le Veilleur.

Sylve repoussa le manuscrit, se tourna franchement, leva la tête vers l'Ondin, croisa les bras, et attendit.

« Et si tu nous expliquais tout ça une bonne fois pour toutes ? exigea Vàatta.

– Vous méritez largement cette vérité, approuva le vieil homme. Sylve, tes parents sont bien partis pour identifier les Ondins dispersés de par le monde, mais en plus, ils voulaient ramener ceux qui étaient allés servir les Nardenyllais et briser notre entente. Ils espéraient faire des Ondins un peuple conquérant qui aurait étendu son influence jusqu'aux confins de la forêt et aurait peut-être établi des comptoirs maritimes. Toujours est-il que le seigneur des Nardenyllais n'a pas tardé à nous envoyer un émissaire pour nous donner l'ordre de faire cesser cette folie. Le conseil a convoqué tes parents dans le plus grand secret et les a chassés. On les a éloignés de la communauté et ils n'ont pu revenir que quelques fois pour te voir. »

Sylve se laissa aller sur sa chaise. Prise entre la colère et l'effroi, elle se souvenait de tous ces moments de solitude, de tout ce qu'elle aurait pu raconter à ses parents au jour le jour : les petites peines dont sa mère aurait pu la consoler, les grandes joies qu'elle aurait aimé partager avec eux. Et puis les questions que lui posaient ses amis et auxquelles elle n'avait pas de réponse : que faisaient ses parents, pourquoi ne revenaient-ils pas ?

Elle se revoyait petite fille, à la fenêtre de sa grand-mère, en train de les regarder repartir, se forçant à ne pas leur faire un geste d'au revoir, les maudissant de l'abandonner. Avec l'adolescence, vint l'indifférence. Les rares fois où son père et sa mère avaient fait une halte au village, Sylve avait filé chez une amie pour quelques jours et avait tout fait pour ne pas les croiser. Elle avait cherché à les oublier, mais en vain. La douleur n'avait jamais diminué, car elle n'avait pas pu comprendre les raisons de cette séparation. Maintenant, elle savait. Et tout ce temps, elle avait dirigé sa colère contre les mauvaises personnes. Elle réprima un sanglot et expira longuement.

Vàatta vint poser sa main sur son épaule et la serra fortement. « Ils ne m'ont jamais rien dit, ni les uns, ni les autres », souffla-t-elle, les lèvres serrées, tremblante d'émotion.

Ils conservèrent tous un silence réservé, attentifs aux réactions de Sylve, qui avait fermé les yeux et essayait de mettre de l'ordre dans ses idées. Au bout de quelques minutes, sans un mot, elle reprit le fil de sa lecture, tournant les pages avec régularité. Ils retenaient leur souffle, s'attendant à une explosion de colère.

« Je lis vraiment, vous savez, dit-elle posément.

– Moi, j'aurais du mal à me concentrer dans une telle

situation, intervint Vàatta, surprise par l'apparente placidité de sa petite-fille.

– C'est que nous ne sommes pas tout à fait les mêmes, commenta Sylve. Je préfère m'occuper de ce que j'ai sous les yeux. Ça, c'est primordial pour la suite de notre quête. Je réglerai mes comptes plus tard. »

Le carnet ne comportait qu'une cinquantaine de pages manuscrites, dont une dizaine de cartes et une trentaine de croquis, protégés par de fines feuilles transparentes. Sylve en vint rapidement à bout. Elle le passa à Vàatta et se tourna vers le bibliothécaire.

« Est-ce qu'il y a d'autres ouvrages qui font mention de ces artefacts ?

– Pas à ma connaissance, répondit Fâlmur. Pas dans notre bibliothèque en tout cas.

– Sais-tu qui l'a écrit ?

– Aucune idée, et la seule chose qui me fait dire que l'auteur n'affabule pas est que ce carnet est protégé depuis plus de trois cents ans par les maîtres archivistes.

– Par le conseil, tu veux dire, le reprit l'Ondine.

– C'est ça. »

Vàatta avait parcouru rapidement les pages manuscrites et examinait attentivement les croquis. À mi-chemin entre la reproduction précise, avec cotes et mesures, et l'œuvre artistique, l'auteur avait dessiné les artefacts qu'il avait réussi à retrouver. Trilithes surplombant des vallées, magnifiques roues solaires en bois vermoulu, mégalithes isolés en forêt et envahis de lianes et de mousses épiphytes, cairns s'élevant au milieu d'étonnantes platitudes arides. Eux qui n'avaient connu que la verdoyance de la sylve, une luxuriance qui ne laissait jamais de repos, ils s'arrêtèrent sur les reproductions de déserts et de steppes à la végétation rase. Vàatta ouvrit grande devant eux une double page où ondulaient sous le vent les roseaux ébouriffés d'une plaine inondée. Arche brisée biscornue, l'artefact qui s'élevait là se détachait lentement du tapis de jussies rampantes et de nénuphars, pour s'élever en une tresse d'osier irrégulière, composée d'une multitude de branches de saule entremêlées. Ils retinrent tous leur respiration, fascinés par cet œil ouvert sur un ailleurs où l'arcade organique avait le pouvoir d'emmener les voyageurs.

L'aïeule tourna encore quelques pages et repoussa le livre ouvert sur une carte vers le Veilleur.

« Maintenant, nous savons que cela existe, mais nous n'avons aucun moyen de savoir où ça se trouve. Vous reconnaissez ces cartes ? leur demanda-t-elle.

– Tu penses bien que j'ai déjà cherché, répondit le bibliothécaire. Je n'ai rien trouvé.

– D'autant plus que nos connaissances géographiques sont minces, renchérit Vàatta. Si je fais le bilan : nos cartes les plus précises nous emmènent à huit cents kilomètres d'ici jusque chez les Nardenyllais, nous avons cartographié une centaine de kilomètres à la ronde autour du village, nous savons comment aller chez les Nains, mais rien de précis, juste une route sur presque mille kilomètres, avec peu d'indications topographiques pour qui s'éloignerait des sentiers balisés.

– Tu peux ajouter les quelques cartes des Montagnes d'Argent que nous avons récupérées chez les Nains, précisa le bibliothécaire, plus toute la cartographie du royaume des Nardenyllais, mais il ne s'étend que sur quelques centaines de kilomètres.

– C'est peu, fit remarquer le Veilleur.

– Sans compter que bien des cartes se ressemblent, grinça Vàatta. Des arbres à perte de vue et parfois une colline, un cours d'eau. Rien de très remarquable, peu de points de repère.

– Mais cela peut exister quand même, insista Sylve en pointant les dessins du doigt. Les Fomoires ont sillonné la forêt de long en large, ils ne se sont jamais arrêtés, ils ont pu trouver un de ces artefacts.

– Lequel ? Où ? l'interrompit Vàatta. Même nous, nous aurions pu passer à côté sans le voir. Tu as vu les croquis : une croix en pleine forêt aurait attiré mon attention, mais une espèce de menhir, ou un cairn pour les marcheurs ? Je ne vois pas en quoi tout ça nous aide.

– Nous verrons, répondit Sylve. Pour l'instant, que fait-on de ce carnet ? Je ne voudrais pas que les anciens viennent le récupérer.

– Il ne peut pas rester ici, approuva le bibliothécaire. Je propose que Vàatta le conserve avec elle. J'ai commencé à en faire une copie, je terminerai chez elle.

– Je vais le garder ce soir pour l'étudier davantage, je le donnerai demain à Vàatta, dit Sylve. Un mouvement est lancé, que les anciens auront du mal à juguler.

– Ne les sous-estime pas, tempéra Vàatta.

– Ils ne devraient pas me mésestimer non plus », sourit l'Ondine d'un air mystérieux. Vàatta lui lança un long regard interrogateur qui n'obtint pas de réponse.

« Je vous remercie d'avoir pris le risque de nous révéler ces secrets, dit Sylve au Veilleur et au bibliothécaire.

– De toute façon, je n'étais pas très à l'aise avec ces documents. D'autant plus qu'une bonne part ne sont plus confidentiels depuis longtemps, certifia le bibliothécaire. Je vois régulièrement des érudits qui m'assurent avoir lu tel ou tel ouvrage chez les Nardenyllais, alors qu'il est tenu secret chez nous. Et moi qui leur réponds que nous ne le possédons pas, que c'est bien dommage, qu'ils ont eu de la chance de le consulter ailleurs… Nous finirons par passer pour des ignorants !

– Les anciens considèrent que la connaissance amène le pouvoir et que le pouvoir corrompt forcément, expliqua le Veilleur. Du coup, ils ne favorisent plus la recherche des savoirs magiques, pas plus que la conjuration ou la nécromancie. J'ai bien peur que nous commencions à régresser en la matière.

– Moi qui voulais juste partir vers nos rivages, je vois que je lance un mouvement bien plus vaste, constata Sylve.

– Je crois que tout ceci était en germe depuis quelque temps déjà, ajouta Vàatta.

– Le retour des Fomoires, l'année passée, a précipité la prise de conscience.

– Et puis ton Voyageur, qui a montré en arrivant que les pérégrinations restaient possibles, remarqua Vàatta.

– Il y a bien plus encore.

– C'est-à-dire ? l'interrogea le bibliothécaire.

– Le Voyageur nous a aussi fait voir notre village avec des yeux neufs, les yeux de l'étonnement. Il nous a fait remarquer que nous étions un peuple particulier, que notre monde était merveilleux, au sens propre comme au figuré. Pour lui, nous vivons au milieu d'enchantements que nous devons conserver et qui nous viennent de notre histoire. C'est grâce à lui que je me suis rendu compte que nous faisions fausse route en tenant pour acquise notre installation dans cette forêt.

– C'est vrai que de voir le Voyageur aller et venir m'a beaucoup questionné, acquiesça le Veilleur. Je l'ai envié, et puis je me suis dit qu'il ne tenait qu'à moi de faire ce choix.

– En tout cas, je suis heureux de participer à ce renouveau, conclut le bibliothécaire.

– Nous allons devoir nous organiser plus rapidement que prévu, suggéra Vàatta. Il faudrait se retrouver demain matin, et avoir avec nous l'équipe de Sente. Ils avaient l'air très motivés.

– Je passerai les chercher, dit le Veilleur.

– Ce sera le moment de faire des plans, annonça Sylve. Tous chez moi demain matin. »

Ils quittèrent la bibliothèque pour aller se reposer quelques heures.

Vàatta partit aux aurores pour se rendre chez Sylve. Elle voulait prendre le temps de s'asseoir tranquillement avec sa petite-fille avant l'arrivée des autres. Elle poussa le portillon grinçant et alla jusqu'à la cuisine. Sylve ne semblait pas levée. Vàatta donna une bûche au dévoreur en lui adressant quelques mots bienveillants, puis elle mit de l'eau à bouillir. Elle remarqua alors, sur la table de la cuisine, une feuille pliée avec son nom écrit dessus. Elle devina immédiatement ce qui se passait. Elle laissa infuser sa tisane et s'installa dans le canapé avec sa tasse fumante et la lettre de Sylve.

Sa petite-fille avait filé pendant la nuit. Elle savait que les préparatifs prendraient un à deux mois ; elle comptait mettre ce laps de temps à profit. Elle relatait comment elle avait utilisé le cartographe et les hypothèses qu'elle avait faites. Pour cette raison, elle partait avec le carnet et expliquait avoir eu une intuition et vouloir vérifier certaines informations qui pourraient faciliter leur voyage.

Vàatta soupira. Elle comprenait très bien que Sylve souhaite mettre toutes les chances de leur côté, mais l'aïeule ne pouvait s'empêcher de ressentir une certaine inquiétude pour sa petite-fille. Par la fenêtre, elle vit arriver le Veilleur et le bibliothécaire, suivis de la petite troupe de jeunes Ondins.

La vapeur odorante de sa tisane lui chatouillait les narines et lui faisait pétiller les yeux : gingembre, verveine citronnée et quelques feuilles séchées d'une épiphyte peu commune qui avait la propriété de stimuler l'esprit. Les branches du flamboyant se balançaient lentement sous l'effet d'une petite brise qui lui amenait les riches senteurs du faux jasmin et du chèvrefeuille des bois qui embroussaillaient la porte. Elle aurait du mal à quitter définitivement le village pour une quête incertaine, car elle laisserait là des plantes à qui elle parlait parfois le soir et qui accompagnaient sa vie quotidienne depuis des années.

Les visiteurs frappèrent à la porte.

Elle se leva en souriant, persuadée que leur aventure commençait.

4.

Fourmillante cité, cité pleine de rêves

> « Fourmillante cité, cité pleine de rêves,
> Où le spectre en plein jour raccroche le passant !
> Les mystères partout coulent comme des sèves
> Dans les canaux étroits du colosse puissant. »
>
> *Charles Baudelaire*

Quentil se balançait doucement dans son hamac, paisible, décontracté. Pour la première fois depuis huit mois, il voyageait sans efforts, naviguant sur une embarcation fluviale imposante d'une trentaine de mètres de long, une gabarre large et massive qui repoussait vigoureusement les flots plus qu'elle ne les fendait. Deux structures en bois recouvertes de toile occupaient les tiers avant et arrière de la gabarre ; une soixantaine de hamacs s'y serraient les uns contre les autres. Au milieu du bateau à fond plat se trouvaient une cabine rectangulaire spacieuse en bois, ainsi que la grande voile carrée et son espace pour la manœuvrer : un va-et-vient complexe de poulies et de cordes. Si Quentil avait bien compris ce que lui avaient expliqué les marins, ils progressaient vent arrière, une amure très confortable ; le bateau filait donc à belle allure, poussé par le vent et emporté par le courant, tandis que sa proue rectangulaire profondément immergée ourlait devant lui une vague épaisse.

Le ciel s'obscurcit soudain, quelques larges gouttes espacées vinrent frapper la toile, avertissant les voyageurs qu'il fallait se glisser à l'abri dans leurs hamacs, puis l'averse s'abattit sur le bateau. Sentant un peu d'air frais, Quentil tira sur lui sa couverture de voyage et observa les poches d'eau se former sur la toile, s'agrandir jusqu'à l'ourlet et déborder en fines rigoles vers le sol. Une agréable odeur de fleuve et d'ajoncs monta jusqu'à eux. Au bout de quelques minutes, le soleil revint sécher la toile, une vapeur d'humidité les enveloppa et ils poursuivirent leur route sur les eaux vaporeuses du Vhûn Blanc.

Dans quelques heures, ils arriveraient à la jonction du Vhûn Blanc et du Vhûn Bleu, là où leurs eaux se mêlaient pour former le mystérieux Vhûn Gris. Ce fleuve s'étirait ensuite sur une centaine de kilomètres à la navigation incertaine. Le tracé de ses larges méandres se modifiait au gré des pluies et des crues, éboulant les berges et précipitant dans les flots des troncs naufrageurs, déplaçant les nombreux bancs de sable grisâtre où les embarcations échouaient en travers du courant qui les débordait et les renversait. Enfin, le fleuve disparaissait dans un immense fouillis labyrinthique d'îles, d'amas de rochers et de troncs, de bras morts, d'isthmes trompeurs et de forêts inondées qu'aucun explorateur n'avait jamais traversés. On disait qu'ensuite venait une forêt marécageuse, où les esprits maudits filaient se réfugier, loin des conjureurs. Force était de constater que personne ne savait où allait le fleuve ; et les légendes avaient nommé ce dédale les Abattis Cotticas, le Gosier de la Forêt.

À la confluence du Vhûn Blanc et du Vhûn Bleu se trouvait l'île du Crabe-Fer, le cœur de la cité nardenyllaise, Nar-î-Nadin, l'Entrecroisement des Comptoirs, la destination choisie par Quentil.

Depuis quelques heures déjà, il pouvait voir sur les berges des habitations toujours plus nombreuses, regroupées en hameaux au milieu de champs cultivés. Il avait laissé derrière lui un village de pêcheurs ; et de loin en loin, une cabane sur pilotis s'avançait sur l'eau pour y plonger le piège d'un filet carré qui remontait régulièrement sa pêche frétillante. Le bateau croisait de plus en plus d'embarcations : de simples toues avec un petit gréement au tiers transportaient des passagers ; certaines, cabanées, abritaient des pêcheurs ; des chalands lourdement chargés passaient d'une rive à une autre. Ils doublèrent un impressionnant train de six barges, attachées les unes aux autres et descendant lentement des tonnes de pierres vers la cité.

Les marins s'agitèrent soudain et signalèrent aux voyageurs que les faubourgs de Nar-î-Nadin apparaîtraient au prochain méandre. Ils mirent les hamacs de côté et tous rangèrent leurs affaires, puis, accoudés au bastingage, ils attendirent que la ville se découvre à eux.

Ils virent tout d'abord les maisons des faubourgs, de petites constructions en bois, serrées les unes contre les autres, avec leurs grappes d'enfants qui couraient autour, des chemins de terre aux tracés aléatoires, les femmes qui lavaient leur linge dans le fleuve. De nombreuses embarcations, petites barques et fûtreaux effilés, circulaient d'une rive à l'autre. La rumeur de la ville montait lentement ; des chants, des cris, les gens s'interpellaient. Quentil sourit, heureux de sentir la vie partout autour de lui, après des semaines d'un silence animé par les seuls bruits de la nature. Les bâtiments se faisaient plus imposants, construits en pierres de part et d'autre de rues parfaitement droites, où une foule dense allait et venait. Au loin sur la rive gauche, ils apercevaient l'immense zone portuaire et juste en face, l'île du Crabe-Fer, le centre névralgique de la ville où se dressaient le palais, l'Université des Sciences et Techniques, les archives et les immenses manufactures aux cheminées fumantes.

La gabarre affala sa voile carrée, les marins couchèrent le mât et sortirent des rames pour manœuvrer entre les nombreux bateaux qui cherchaient leurs embarcadères, ceux qui quittaient la cale sèche, et ceux qui avaient jeté l'ancre en attendant qu'une place se libère contre les docks, afin de pouvoir charger leur marchandise. Ils accostèrent lourdement contre le quai, les marins jetèrent la passerelle et les passagers commencèrent à descendre ; tous se dirigèrent vers les bureaux du port afin de faire enregistrer leurs noms et d'obtenir un laissez-passer pour la durée de leur séjour. Quentil s'acquittait lui aussi des formalités d'entrée, lorsqu'un curieux engin attira son regard. Il rangea ses papiers dans sa besace et s'approcha d'une sorte de carrosse volumineux qui roulait sur des traverses en fer en crachotant des volutes de fumée blanche. Le véhicule, qui traînait plusieurs bennes, servait de toute évidence à transporter des matériaux lourds du port vers la ville. Se voyant observé, le conducteur de la machine fit signe à Quentil.

« Bonjour, lança l'homme. Première fois à Nar-î-Nadin ?

– Vous avez deviné, répondit Quentil en souriant. J'en déduis que je ne suis pas le seul à m'arrêter devant votre chariot.

– En effet, c'est souvent le premier sujet d'étonnement des étrangers. On l'appelle le vapeur, lui précisa le conducteur.

– La pression actionne les leviers qui font tourner les roues ? supposa Quentil.

– Bravo ! Vous aviez déjà entendu parler des mécanismes à vapeur ?

– Très vaguement, juste le principe. Vous avez le temps de m'en dire plus ?

– Pour être honnête, lui confia l'homme, je suis encouragé à faire un peu l'article, pour mettre notre savoir-faire en avant, si vous voyez ce que je veux dire.

– Tant mieux pour moi, parce que je suis très curieux des nouveautés techniques, renchérit Quentil.

– Dans le principe, c'est simple : derrière moi, il y a une réserve de bois et un réservoir d'eau. L'eau est envoyée dans le bouilleur qui est juste au-dessus de cette boîte à feu », expliqua l'homme en ouvrant la porte du brasier devant lui pour y enfourner quelques bûches.

Il descendit et avança le long du vapeur pour désigner le caisson oblong qui prolongeait le foyer de la boîte à feu.

« La vapeur surchauffe là-dedans, s'accumule dans le dôme, juste au-dessus avant d'être envoyée à ma demande vers les cylindres. »

Il se pencha vers une roue et montra à Quentil un gros tube d'une cinquantaine de litres duquel partait une tige métallique reliée à un large disque.

– La vapeur pousse la tige ? imagina Quentil.

– Exactement : dans le cylindre, la vapeur pousse son piston et la bielle fait tourner le volant d'inertie qui entraîne les roues.

– C'est fascinant ! s'émerveilla Quentil. Il y a d'autres mécanismes à vapeur dans la ville ?

– Celui-ci est un des premiers, il est très simple. Il y a un autre vapeur qui dessert la cité d'est en ouest. Il n'y a que quelques machines pour l'instant : je sais qu'une scierie utilise une telle mécanique pour couper ses planches, je crois qu'ils commencent à vouloir en mettre dans les champs aussi.

– C'est fou ! s'exclama Quentil. Vous développez des forces nouvelles, encore méconnues.

– Tout ça vient des ateliers de la limule.

– Comment ça ?

– C'est le surnom que nous donnons à l'île du Crabe-Fer : la limule. Les savants de l'île nous sortent souvent des trucs étonnants. On se demande jusqu'où ils peuvent aller.

– Toujours est-il que votre tombereau de fer est très pratique, conclut Quentil.

– Content de vous avoir appris quelque chose, lui dit le mécanicien. Profitez bien de notre cité, c'est la plus étonnante ! »

Il remonta sur le vapeur et actionna un levier : dans un sifflement, la vapeur se rua vers les cylindres, et les roues commencèrent à tourner. Quentil suivit un moment l'engin qui s'éloignait vers le port, puis il se dirigea d'un bon pas vers un quartier de restaurants et d'auberges situé sur la rive gauche, qu'un passager lui avait conseillé. Il suffisait de suivre une large avenue parallèle aux quais et il voyait par intermittence, au bout de petites rues perpendiculaires, le fleuve et l'île du Crabe-Fer.

Il s'étonna de la sensation de tangage qu'il éprouvait en marchant, ce fameux « mal de terre » dont lui avaient parlé les autres voyageurs, plus habitués que lui aux longues traversées fluviales. Il marcha presque une heure le long de l'avenue Nilest, surpris par l'animation constante, les allées et venues des charrettes, des coursiers, des calèches, et fasciné par la foule qui se pressait un peu partout. Quentil n'avait jamais vu une telle densité de population, ni une telle diversité. Tout ceci l'étourdissait presque. En voyant les terrasses bondées et les restaurants, il comprit qu'il était arrivé au bon endroit. Il déambula quelques minutes dans le quartier, à la recherche d'un logement, et finit par jeter son dévolu sur l'auberge du Fleuve ; l'absence radicale d'originalité le fit sourire. L'établissement avait l'air propre et bien tenu, ce qui lui sembla le plus important. L'aubergiste lui loua sa dernière chambre disponible, une pièce exiguë au troisième étage. Lorsque Quentil en prit possession, il s'aperçut avec plaisir que la large fenêtre en chien-assis permettait de voir le fleuve au bout d'une enfilade de ruelles.

Quentil s'allongea sur le lit, songeant au long chemin parcouru pour arriver chez les Nardenyllais, pleinement satisfait de chacune de ses découvertes.

Après avoir quitté Sylve, il avait marché plusieurs mois, se joignant à des caravanes de marchands pour atteindre enfin les montagnes des Nains où il avait retrouvé Sente. Il avait passé un long mois à explorer avec elle les contreforts des Montagnes d'Argent, admirant un relief et une végétation qu'il n'avait encore jamais vus. Quentil s'émerveillait de tout, portant un regard neuf sur le paysage majestueux et écrasant des vallées à ses pieds et des sommets au-dessus de lui. Il se perdit pour la première fois de sa vie dans un horizon lointain, qui surplombait la canopée et avivait ses envies d'ailleurs. Sente s'amusait de le voir si admiratif, parfois jusqu'à l'ébahissement. Elle trouvait attendrissante sa fascination pour les levers de soleils sur la forêt, lorsque, les yeux pétillants, il dévorait des yeux le spectacle des premiers vols d'oiseaux dans les brumes enflammées, ou encore, son cri de surprise quand un dragon passa au loin, débouchant d'une vallée encaissée en se laissant planer le long des pentes abruptes des montagnes. Elle en tirait une certaine fierté pour son peuple, qui vivait là depuis toujours et qui avait su garder intactes les beautés de la nature. Elle reconnaissait chez Quentil toute la force du peuple des Ondins, jamais rassasié d'une nature qu'ils remerciaient tous les jours, même si elle pouvait se montrer impitoyable pour ceux qui la parcouraient.

Ils sillonnèrent aussi longuement tous deux les avenues de la Caverne des Sept Rois, une cité marchande souterraine, tout entière tournée vers la technologie et le commerce d'objets manufacturés. Gérée et surveillée par les Nains, cette immense caverne abritait une petite ville d'auberges, d'échoppes et de halles qui servaient de points de rencontre à de nombreux marchands et colporteurs, mais aussi à des scientifiques et à des érudits qui échangeaient leurs connaissances et leurs savoirs techniques. Les Nains vendaient là une grande partie de leurs minerais et des objets qu'ils fabriquaient.

Deux avenues traversaient la Caverne des Sept Rois et menaient à deux porches monumentaux encadrés de statues de créatures fantastiques. À partir de là, s'enfonçant sous la montagne de part et d'autre de la Faille des Drées jusqu'au lac des Débords, s'étendait le Royaume Enfoui, une centaine d'hectares de halls, de tunnels et d'habitations troglodytiques réservés aux Nains et à leurs invités.

Accompagné de Sente, Quentil avait pu se mêler aux Nains et visiter une petite partie du Royaume Enfoui. La Faille des Drées plongeait à plusieurs centaines de mètres de profondeur et s'élevait une quarantaine de mètres plus haut que les porches et les deux routes qui la longeaient. De nombreux ponts la traversaient et les Nains avaient construit leurs habitations indifféremment des deux côtés du gouffre, au niveau des premières mines maintenant désaffectées. Des escaliers, des ascenseurs et des monte-charges s'agrippaient aux parois de l'immense crevasse, donnant accès aux ateliers et à des mines qui étendaient sans cesse leur dédale sous les Montagnes d'Argent. En haut de la Faille des Drées, un barrage et une retenue d'eau artificielle : le lac des Débords, éclairé d'algues luminescentes, où les jeunes Nains aimaient se baigner. Son trop-plein se précipitait en cascade dans la faille, récupéré en plusieurs endroits par des roues à aubes qui actionnaient les rouages d'élévateurs, de pilons et de foreuses.

La famille et les amis de Krûll le logèrent et l'accueillirent avec des égards qu'il ne pensait pas mériter et qu'il devait au fait de s'être battu aux côtés du vieux Nain et d'avoir participé à son dernier périple. En discutant avec les uns et les autres, en buvant quelques chopes aussi, il surprit des regards scrutateurs, parfois une certaine retenue chez ses interlocuteurs, ce qu'il ne s'expliquait pas. Il s'en ouvrit à Sente.

« Tu ne te rends pas bien compte de ce que tu as fait. Je me trompe ? lui demanda-t-elle en guise de réponse.

– C'est-à-dire ?

– Ma famille est heureuse d'accueillir un ami de Krûll, c'est certain. Mais pour les autres, il y a davantage. Tout d'abord, tu fais partie du peuple des Ondins. Tu n'en es pas un, je le sais bien, mais tout de même, comme tous ceux qui vivent avec nous depuis des générations, tu as développé une réelle familiarité avec les énergies magiques.

– Je suis d'accord. Mais ça ne justifie pas cette attitude étrange, presque de la déférence parfois.

– Tu as survécu à deux rencontres avec des Fomoires, tu as été gravement blessé au visage ; et ensuite tu es parti pour un voyage de plusieurs mois, seul. Rends-toi compte que c'est là le portrait de l'aventurier.

– Je sais tout ça. Mais ce n'est pas comme si j'avais donné une leçon aux Fomoires : ils m'ont tabassé, avança Quentil.

– Pas la première fois avec le Voyageur : tu as tiré sur le guerrier, ça vous a sauvé la vie.

– J'ai eu la peur de ma vie : un moment qui restera à jamais gravé dans ma mémoire.

– Et il y a plus, insista Sente. Comment as-tu réussi à percevoir la présence du Fomoire ce soir-là ?

– Je ne sais pas trop. Le silence qui avait dû s'installer… un truc de pisteur, répondit Quentil, fronçant les sourcils en essayant de se souvenir de la scène.

– Les Fomoires peuvent être invisibles dans la forêt, je l'ai bien vu sur l'Inselberg, rétorqua l'Ondine.

– Alors quoi ? Explique ! s'impatienta Quentil.

– Je pense que tu perçois certaines énergies. Tu n'en as pas complètement conscience, mais ces perceptions activent ta vigilance et focalisent ton attention. C'est presque un don.

– C'est génial ! Je suis un guerrier avec le sixième sens d'un chasseur de Fomoires ! s'exclama Quentil avec emphase.

– En plus, ta cicatrice fait son petit effet sur ces dames, ajouta l'Ondine. Ne me dis pas que tu ne l'avais pas remarqué ! »

Quentil se contenta de sourire en se rengorgeant comme un coq.

Ce jour-là, ils allèrent visiter les ateliers du Maître des Œuvres, plusieurs halls où des chercheurs et des techniciens s'affairaient autour de leurs dernières inventions. Quentil traversa une première fois les ateliers, bouche bée, puis il prit le temps d'observer et de questionner les uns et les autres. En tant qu'hydraulicien, il possédait lui-même de solides connaissances techniques et pouvait tout à fait échanger de manière approfondie avec ceux qu'il interrogeait. Sente s'éclipsa, alors que Quentil entamait une discussion avec le Maître des Œuvres lui-même, intrigué par cet étranger qui s'intéressait autant à la technique. Elle ne retrouva Quentil que tard dans la soirée, attablé avec le Maître des Œuvres et quelques érudits à la terrasse d'une auberge.

Sente admirait chez Quentil cette soif sincère de connaissances, sans autre arrière-pensée que la découverte de nouveaux horizons intellectuels. Cette spontanéité lui assurait rapidement la confiance de son vis-à-vis, et ce dernier pouvait même se laisser aller à des confidences qu'il n'aurait pas faites à un autre interlocuteur.

Au bout d'un mois, Quentil reprit la route. Bien qu'il ne sache pas vraiment se battre, un groupe de guides-éclaireurs l'engagea pour étoffer la protection d'une caravane qui descendait vers le fleuve. Durant deux lunes, il partagea le quotidien des hommes à tout faire, des nuits de guet aux réparations des chariots, sans oublier la surveillance des commodités, jusqu'à parvenir au bord du Vhûn Blanc où il trouva à s'embarquer.

Le brouhaha de la rue et les bateleurs qui s'interpellaient au loin lui firent reprendre conscience du moment présent. Quentil se leva de son lit et s'approcha de la fenêtre, observant le fourmillement des bateaux sur le fleuve. Il avait l'impression d'avoir quitté les Ondins depuis des années.

Le village lui semblait si loin maintenant, tout petit aussi, comme sous l'effet de la distance, mais il se rendait compte de l'aura qui enveloppait les Ondins, leurs secrets, leurs pouvoirs. Si l'on reconnaissait les Ondines à leurs lunettes et les Ondins à leurs déplacements fluides et à leur regard lumineux, de nombreuses personnes l'identifiaient lui aussi comme venant de Sráidbhaile. Il devait cela à la besace dont il ne se séparait jamais, un objet fabriqué par les seuls Ondins. Pour ce faire, ils recueillaient les urnes d'une espèce très rare de népenthès des cimes, une plante carnivore dont les feuilles se terminaient par des poches assez larges, où venaient se noyer de petits rongeurs. La cueillette s'opérait à plusieurs dizaines de mètres du sol, d'où il fallait vider les urnes de leur liquide extrêmement corrosif. Les artisans ondins travaillaient ensuite habilement les fibres végétales jusqu'à en faire une solide besace de voyage. Un charme liait l'acquéreur au sac qui ne s'ouvrait que pour son propriétaire, ce qui faisait dire à certains que la plante vivait encore. Quentil aimait beaucoup glisser sa main dans cette sacoche ; ses doigts le picotaient, une légère vibration parcourait ensuite son corps, lui rappelant qu'il appartenait à la forêt. Il aimait y voir là le lien physique avec le territoire qui l'avait vu naître.

Il décida d'aller se promener un peu, le temps de trouver une gargote où se restaurer en écoutant les clients parler, une de ses activités favorites. Il sortit de l'auberge et prit la direction du fleuve ; des passagers lui avaient expliqué que ses abords s'animaient le soir, mais qu'ils restaient sûrs car la garde y faisait de nombreuses patrouilles. La proximité du palais royal, situé sur l'île juste en face, expliquait le calme relatif imposé à ce quartier commerçant, au contraire des faubourgs en aval qui pouvaient devenir de véritables coupe-gorge dès la nuit tombée.

Pour développer le port, les autorités de l'Entrecroisement des Comptoirs l'avaient déplacé plus en amont, presque à la confluence des fleuves. Quentil savait que tous ces changements avaient été impulsés par Zeneth nDunym ar Yun, seigneur des Nardenyllais depuis plus d'une trentaine d'années. Il avait étendu l'influence de son peuple par le biais de relations commerciales fructueuses avec ses voisins.

Depuis le déménagement de la zone portuaire, des bars et des auberges avaient investi les anciens quais, y avaient installé des terrasses, où une foule bigarrée mangeait et buvait en écoutant quelques groupes de musiciens. Quentil joua des coudes pour parvenir au comptoir d'un brasseur qui avait pris possession d'un hangar entier et d'un dock pour brasser sa bière sur place et la proposer à la vente. Les consommateurs dégustaient leurs bières dans les odeurs de fermentation en regardant les cuves en cuivre fumer. Sa chope à la main, Quentil se dirigea vers le parapet. Il se trouvait en face de la pointe Nord de l'île du Crabe-Fer, dont il voyait précisément les bâtiments. De ce côté de l'île, il distinguait des dizaines de hangars surmontés de cheminées fumantes, tous reliés par des rails où des wagons circulaient sans discontinuer. Un peu plus loin, s'élevaient les remparts du palais royal, et dans l'enceinte, se dressant encore plus haut, les quatre donjons, le tout construit avec une pierre blanche qui tranchait étonnamment avec les nombreuses fumées noires qui montaient dans le ciel.

« Incroyable, n'est-ce pas ? »

Quentil se tourna pour répondre à un homme bedonnant, la cinquantaine, le visage souriant, qui venait lui aussi de s'avancer jusqu'au bord du quai pour observer le fleuve et l'île.

« C'est très impressionnant, en effet, répondit le jeune homme.

– Vous n'êtes jamais venu ici ?

– Non, et j'étais très curieux de voir cette cité. Je m'appelle Quentil.

– Jen Sedir, drapier de mon état. Je viens d'une petite cité plus en amont où j'ai un autre comptoir. Et vous, si je ne me trompe pas, vous venez tout droit du village des Ondins. »

Quentil eut un moment d'arrêt et se souvint qu'il portait sa besace. Jen Sedir lui sourit et poursuivit.

« J'ai rencontré plusieurs fois les Ondines de la cité, sans jamais avoir de lien direct avec elles, bien sûr. C'est toujours troublant, ce regard qu'on devine et que l'on sait mortel. Elles sont ici par contrat, mais vous, que faites-vous à Nar-î-Nadin ?

– J'ai décidé de partir voir un peu le vaste monde, expliqua Quentil. J'arrive des Montagnes d'Argent, où j'ai passé quelque temps.

– Un voyageur ! s'exclama Jen Sedir. Vous avez bien raison, c'est la clef de la connaissance du monde qui nous entoure. Nous sommes bien trop ignorants des autres peuples qui vivent dans la forêt.

– Il faut dire que la forêt ne nous aide pas beaucoup dans nos explorations, avança Quentil. Quitter la route pour s'y enfoncer est risqué si l'on n'est pas un pisteur confirmé.

– Ce que vous êtes ?

– Pas exactement, mais je l'ai fait à plusieurs reprises avec des amis très expérimentés.

– C'est sage. Mais il n'y a pas que la forêt qui est dangereuse : les gardiens du Dômaine surveillent aussi la cité.

– Comment cela ? s'étonna Quentil.

– Il y a quelques mois, les savants du palais ont tenté une exploration par les airs à l'aide d'espèces de ballons volants. Figurez-vous que les drées sont intervenues et ont détruit les aéronefs.

– Jamais je n'aurais imaginé cela possible, que la forêt nous repousse ! Pourtant j'ai vu pas mal de choses étonnantes.

– Depuis combien de temps voyagez-vous ainsi ?

– À peu près neuf mois, et je vais de découverte en découverte, répondit Quentil.

– J'ai moi aussi pris le temps de voyager pendant un peu plus d'une année lorsque j'étais plus jeune : mon père m'y avait obligé. Il ne voulait pas que je reprenne notre fabrique sans que j'aie vu le monde. Je suis parti sans rien, comme manutentionnaire sur une gabarre.

– C'était courageux, approuva Quentil.

– Oui et non, je savais qu'à mon retour, une situation m'attendait, c'est confortable, se défendit le gros homme. Toujours est-il que le spectacle des Montagnes d'Argent au petit matin dans la brume, c'est inoubliable. Et puis j'ai appris à aimer le fleuve et les gens qui y suent, c'est important aussi.

– Depuis combien de temps connaissez-vous la cité ? hasarda Quentil.

– Vous voulez savoir si je l'ai vue changer ? le corrigea Jen Sedir. Eh bien oui, cela va faire trente ans que j'y viens régulièrement. Je l'ai vue grandir et s'étendre tout autour des trois fleuves. Au début, nous abordions ici même, dans un petit port de pêche qui est vite devenu insuffisant. Mais les Nardenyllais savent y faire, ils ont compris que s'ils misaient sur les routes et les voies navigables, le commerce transiterait inévitablement par ici ; et c'est ce qui s'est produit.

– Les Nardenyllais sont un peuple ambitieux, concéda Quentil.

– C'est le moins que l'on puisse dire, approuva Jen Sedir. Ils ne sont pas très nombreux, mais ils ont bâti cette cité et en détiennent tous les postes-clefs. Ils poursuivent tous les mêmes objectifs.

– Vous êtes déjà allé sur l'île ? s'informa Quentil, curieux d'en savoir plus.

– Jamais. Je n'ai pas affaire directement avec les gens du palais, pas plus qu'avec leurs ateliers. Et si vous n'avez pas une bonne raison de traverser le pont, l'île vous est interdite.

– Et que font-ils là au milieu ?

– Voilà une très bonne question. Ce sont les manufactures royales, personne ne peut y entrer et les ouvriers sont soumis au secret. Comme tout le monde, j'ai vu les aérostats. La dernière invention en date est une drague équipée d'un mécanisme à vapeur qui s'occupe de maintenir les canaux de navigation en état, une pièce stupéfiante. Et puis, certaines forges sont équipées de pistons à vapeur pour les pilons, mais personne ne sait ce qu'ils martèlent, et ça tape même la nuit.

– Et le château ? demanda Quentil.

– Il est au moins aussi secret que les ateliers ! dit l'homme en riant. Deux donjons sont réservés aux archives et à des érudits triés sur le volet, le reste est occupé par l'administration de Nar-î-Nadin, mais accessible uniquement aux Nardenyllais. Nous autres, les habitants, n'avons accès qu'aux administrations des quartiers. Tout ça s'est accentué depuis l'arrivée de Zeneth au pouvoir : il a verrouillé les accès à l'île et a aussi renforcé le contrôle de toutes les activités par des Nardenyllais.

– C'est étonnant, dit Quentil.

– Comme je le disais, les Nardenyllais poursuivent leurs propres objectifs, au sujet desquels ils ne s'expliquent jamais. D'un autre côté, ils garantissent la sécurité de tous et une très grande liberté dans les échanges commerciaux, ce qui est très appréciable.

– Et c'est ce qui fait oublier à tous qu'ils en tirent sans doute un très grand profit aussi, ajouta Quentil.

– C'est sûr, acquiesça le marchand, et je ne peux leur en vouloir. »

Les deux hommes discutèrent encore un long moment, Jen Sedir ayant une foule de questions à poser à Quentil sur la route vers les Montagnes d'Argent, car il pensait y installer un comptoir.

Le lendemain matin, Quentil se leva tôt malgré une pulsation douloureuse dans les tempes. Il fit le constat que noyer un verre d'eau-de-vie dans une chope de bière restait un exercice risqué, surtout si on réitérait l'expérience plusieurs fois. Il oublia ses regrets devant un solide petit déjeuner. Le tenancier lui lança un regard en biais lorsque Quentil commanda le plat du jour, mais sans viande.

« Tu vas pas tenir la matinée avec ça ! lui lança le gros homme, lui-même attablé devant un plat de côtes.

– Avec du pain et quelques fruits secs, ça ira très bien, répondit Quentil.

– Quelle idée !

– Je réserve la viande pour les fêtes. Je ne tue que raisonnablement, expliqua Quentil en souriant.

– Il n'y a que les prêtres pour manger comme ça, et quelques autres un peu bizarres, grogna l'homme, la bouche pleine.

– Je ne suis pas prêtre, mais je suis parfois étrange, concéda Quentil. Dites-moi, je cherche du travail : où est-ce que je peux m'adresser ?

– Tu as l'air d'avoir une tête bien pleine, je me trompe ?

– C'est vrai, et je prends ça pour un compliment, approuva Quentil.

– Tu devrais commencer par l'intendance de la cité ; ils ont un bureau de recrutement et ils cherchent tout le temps. Bon, c'est pas toujours ragoûtant, mais c'est une paye honnête.

– Alors, c'est parti. Bonne journée, lança Quentil en quittant l'auberge.

– C'est ça. Bon courage », dit l'homme en le regardant partir.

Quentil marcha une bonne demi-heure le long d'avenues encore calmes avant de parvenir au bureau de recrutement de l'intendance. Une petite file de candidats hétéroclites attendait devant l'entrée principale dont les portes restaient grandes ouvertes ; ils entraient un par un. Il se trouva à patienter entre un trappeur puant, hirsute et habillé de fourrures qu'il avait lui-même mal tannées, et un immense jeune homme à la peau d'un noir profond qui observait tout ce qui l'entourait avec curiosité. Plus loin devant lui, il reconnut deux Sais à leur extrême finesse, et à leur peau sombre et parcheminée. Ils appartenaient à un peuple qui pouvait supporter des chaleurs intenses ; une famille de Sais habitait depuis de nombreuses années au village ondin.

À voir certaines mines inquiètes, à leurs vêtements usés, Quentil comprit que ceux qui venaient ici avaient impérativement besoin de trouver un moyen de subsistance. L'homme à la peau noire, qui disait appartenir au peuple des Giboyeurs, avait entamé la conversation avec un couple de jeunes gens sans nul doute originaires du haut du Vhûn Blanc, et reconnaissables à leurs habits tissés à partir de la fibre bleu d'eau d'une sorte de nénuphar. Les immenses chapeaux qu'ils gardaient accrochés dans leur dos les désignaient comme des maraîchers : lors de son périple en gabarre, Quentil en avait vu de nombreux qui travaillaient, penchés sur leurs semis, la tête et les épaules abritées par ces couvre-chefs. Récemment arrivés, les deux jeunes gens avaient laissé des conditions de vie précaires pour venir à Nar-î-Nadin chercher une vie meilleure. Alors que le Giboyeur semblait inquiet de son sort, eux conservaient un bel optimisme. Ils savaient que la Cité employait une main-d'œuvre abondante pour cultiver des parcelles le long du fleuve et pour entretenir un réseau d'irrigation complexe. Lui se demandait si des chasseurs avaient encore leur place à Nar-î-Nadin.

Quentil passa le large seuil lorsque son tour arriva. Il jeta un rapide coup d'œil autour de lui, juste le temps de comprendre qu'il se trouvait dans l'entrée d'un hôtel particulier. Au milieu de la pièce, cinq personnes regardèrent Quentil s'avancer. Il tressaillit involontairement : une Ondine se tenait là, et en s'approchant, il reconnut Silahé.

Neuf années plus tôt, lors de la fête des Tertres, elle avait décidé de se porter volontaire comme tribut aux Nardenyllais, elle avait alors à peine vingt ans. Eux en avaient entre seize et dix-huit. Quentil se souvenait très bien d'elle, et surtout du chagrin de Sente.

Revenue des Montagnes d'Argent depuis quelques mois, cette dernière avait peu d'amis car il y avait un très grand décalage de maturité avec les jeunes de son âge. Elle appréciait Quentil pour sa curiosité et sa gentillesse. Elle passait aussi beaucoup de temps avec Silahé qui n'avait de cesse de l'interroger sur les voyages qu'elle avait faits jusque chez les Nains, avec son père, Krûll. Le départ de Silahé l'avait rapprochée de Quentil et ils ne s'étaient plus quittés.

L'Ondine toisa brièvement le jeune homme et lui fit un imperceptible salut de la tête, montrant par là qu'elle l'avait reconnu. Quentil sentit passer sur son esprit la fraîcheur d'un salut amical.

Petite et trapue, les avant-bras dénudés et envahis de tatouages d'un noir profond, elle avait repris une expression impassible. Ses lunettes attiraient l'attention, masquant presque un visage aux traits fins, encadrés de cheveux roux et longs, tirés en arrière et attachés.

« Bonjour, mon gars, fit un homme d'une cinquantaine d'années qui se tenait au centre, assis très droit sur sa chaise, le regard franc, rasé de près, les cheveux courts, un militaire sans doute. Dis-nous ce que tu sais faire.

– Pour être très honnête, du bourg d'où je viens, j'étais hydraulicien pour le réseau d'eau, mais j'imagine que ce n'est pas ce que vous cherchez. Je n'ai pas d'autres compétences que d'être lettré. Je suis sérieux, je n'ai pas froid aux yeux, je n'ai pas peur de me salir les mains. »

Les deux hommes qui se tenaient à gauche se regardèrent en murmurant et en feuilletant rapidement une petite liasse de papiers.

« Et tu es prêt à faire n'importe quel travail ? demanda le premier en relevant la tête.

– Pourquoi pas ? répondit Quentil. Qu'est-ce que vous entendez par là ?

– Mon collègue veut dire que tu n'auras pas les responsabilités que tu avais, expliqua le second d'une voix affirmée en ajustant des lunettes rondes cerclées d'acier. Tu devras obéir à quelqu'un qui aura peut-être même moins de connaissances que toi. Est-ce que cela peut te poser des problèmes ?

– Non, je ne pense pas. Je ne suis pas orgueilleux, si c'est votre inquiétude, reprit Quentil en souriant.

– C'est bien ce que je cherchais à te faire dire, le reprit assez sèchement le premier. Nous avons besoin d'un chef pour une de nos équipes d'inspection et d'intervention dans le réseau d'assainissement.

– Je suis intéressé, le coupa Quentil. D'autant plus que votre réseau me semble très développé. Et j'ai cru comprendre que vous avez même procédé à la mise en voûte d'un des bras du fleuve.

– Exactement, reprit l'homme aux lunettes. Tu commanderas ton équipe sur des chantiers que l'ingénieur en chef vous aura assignés, il sera ton responsable. Tu peux commencer quand ?

– Aujourd'hui, si vous voulez. Présentez-moi l'équipe et je pars avec eux de suite. Comme ça, je visiterai la cité par les égouts !

– On va t'emmener jusqu'au Donjon du Bief, c'est là que tout s'organise. »

Il quitta la salle à la suite d'un garde qui devait le guider jusqu'aux services de l'assainissement.

De la rue de l'Écluse, ils traversèrent la place des Canaux, passèrent la rue du Puisard, et s'engagèrent dans l'impasse des Toueurs, au bout de laquelle se tenait le Donjon du Bief. Quentil sourit en lisant les noms des rues, comme si la raison de vivre de tout le quartier tournait autour de l'assainissement. Une douve très large entourait le bâtiment. Maçonnée en briques, asséchée et percée de nombreux départs de tunnels, elle servait de carrefour d'entrée et menait au réseau souterrain de l'Entrecroisement des Comptoirs. En passant sur le pont qui menait à la cour intérieure, Quentil se fit la réflexion qu'en fait de donjon, l'endroit ressemblait plutôt à une petite place forte avec sa cour intérieure, deux tours massives qui encadraient les remparts à l'avant et une imposante tour carrée qui occupait toute la façade arrière de la fortification. Comme pour beaucoup de bâtiments, les constructeurs avaient utilisé une pierre blanche qui résistait parfaitement à l'usure du temps et à la salissure des intempéries et des fumées. Quentil en déduisit qu'il devait exister non loin des carrières impressionnantes qu'il aimerait bien visiter.

En contrebas, une équipe sortait d'une galerie, traînant une charge assez volumineuse. Il s'arrêta pour regarder les cinq hommes, tous bottés et vêtus de cuir, qui posèrent un moment leur paquet. Il s'agissait d'un animal, une sorte de saurien que Quentil avait du mal à distinguer. Il n'avait pas envisagé cet aspect du métier : la chasse aux indésirables.

Le calme régnait dans la cour intérieure car toutes les autres équipes devaient se trouver sous terre. Le garde qui accompagnait Quentil l'emmena jusqu'aux bureaux situés dans le donjon, expliqua pour quelle tâche il se trouvait là, et le laissa seul face à un secrétaire qui prit le temps de ranger les feuillets traînant devant lui avant de s'occuper de Quentil.

Ce dernier sourit : ce fonctionnaire ne lui gâcherait pas son plaisir, une nouvelle aventure commençait.

Durant les trois semaines qui suivirent, Quentil apprit à connaître les égouts de Nar-î-Nadin. Il se familiarisa avec les plans gravés dans la pierre à chaque carrefour entre les immenses collecteurs comme aux croisements des canaux les plus étroits où seul un minuscule trottoir permettait de cheminer. Il utilisa aussi le bateau-vanne que son équipe faisait avancer dans les conduits les plus larges : la machine, poussée par le courant, filtrait l'eau et poussait les déchets les plus importants vers des collecteurs. Il devint un vrai rat d'égout, comme on les surnommait.

Quentil avait gardé intacte sa capacité d'émerveillement, et son équipe se moquait d'ailleurs allègrement de lui à chaque fois qu'il leur faisait part de son étonnement ou de son enthousiasme. Il avait rapidement gagné leur confiance car il n'avait pas froid aux yeux, il n'hésitait pas à demander conseil et acceptait de se tromper. Sur les quatre hommes qu'il dirigeait, deux avaient fait carrière dans les entrailles de Nar-î-Nadin et deux autres travaillaient là depuis peu et attendaient, comme beaucoup, de pouvoir rejoindre un service plus prestigieux et surtout moins dangereux. Tous avaient en commun de garder sur eux l'odeur tenace et encombrante des rats d'égout. Malgré ce sobriquet, ils jouissaient auprès de la population d'une réputation de zèle et d'intrépidité, montrant aussi un solide esprit de corps qu'il ne fallait pas défier.

Pour l'heure, Quentil et ses hommes, accompagnés de deux chasseurs, pataugeaient dans un filet d'eau qui tapissait un large canal souterrain. Depuis quelque temps, ils prenaient leur service le soir et s'enfonçaient dans l'immense réseau sur la piste sanguinolente d'un varan des marais qui ne se montrait qu'à la nuit tombée. Ils avaient réussi à retracer son itinéraire et avaient demandé l'aide de professionnels de la chasse pour conclure cette traque car ils avaient compris que l'animal se déplaçait extrêmement rapidement. Sa taille, forcément respectable, lui avait permis d'attaquer deux gardes armés, tuant l'un et traînant l'autre assez loin sous terre pour le dévorer. On lui attribuait une à deux victimes par nuit avant qu'il ne disparaisse à nouveau dans les égouts.

Pour l'occasion, ils avaient tous enfilé des plastrons de cuir épais, avaient pris des armes et s'étaient équipés de lampes gemmales qui, grâce à un miroir et une lentille, projetaient à plusieurs mètres la lumière blanche d'une gemme scintillante. Les deux chasseurs ouvraient la marche, tandis que les rats d'égout éclairaient les tunnels qui se succédaient. Quentil surveillait leurs arrières avec un égoutier chevronné dénommé Baruliq. Ce dernier avait une très bonne connaissance du réseau, il tenait les cartes et indiquait la direction à prendre.

Malgré la tension, Quentil ne put s'empêcher d'admirer une fois de plus la remarquable ingéniosité qui avait présidé à la construction des égouts de la cité. L'immense tunnel qu'ils parcouraient, presque à sec à cette époque de l'année, permettait aux eaux des crues de s'enfoncer en sous-sol et d'aller se déverser en aval de la ville. Ce tunnel récupérait aussi le trop-plein des collecteurs, lorsque des canalisations secondaires se bouchaient.

Le premier chasseur leva brusquement la main, alors que son compagnon prenait du champ en levant une énorme arbalète à trois coups. Quelque chose soufflait et crissait au-dessus de leurs têtes. Un canal plus étroit débouchait un peu plus haut, accessible par des barreaux métalliques rectangulaires scellés dans la brique. L'arbalétrier posa un genou à terre et garda la bouche de sortie en joue. Quentil lança un regard à Baruliq. En quelques gestes, ce dernier leur indiqua qu'ils pouvaient accéder par une autre issue à ce canal secondaire. Interrogeant des yeux le premier chasseur qui scinda leur groupe en deux, Quentil resta sur place avec l'arbalétrier et un jeune campagnard nommé Helloco. Les autres rebroussèrent chemin jusqu'à un petit escalier qu'ils avaient dépassé un peu plus tôt et qui menait à l'air libre.

De longues minutes s'écoulèrent. Ils n'entendaient plus que quelques glougloutements lointains, et de temps en temps le couinement de rats qui se chahutaient. Ils se raidirent soudain quand des cris fusèrent par le canal supérieur. Quelques raclements précipités, un sifflement baveux et le varan passa la tête par l'ouverture, évalua vivement la situation et sauta sur l'homme qui se tenait à côté de Quentil. Après lui être tombée dessus, la bête le piétina. L'arbalétrier tira deux carreaux qui se fichèrent dans l'épaule de l'animal : un épais sang noir se mit à couler abondamment. Le varan devait mesurer presque trois mètres et gigotait en tous sens : sa queue fouetta l'arbalétrier et l'envoya valser au loin. Quentil évita un coup de patte et roula en arrière avant de se relever prestement. Ses hommes commencèrent à sortir par le canal supérieur, mais pour ce faire, ils devaient descendre un à un par l'échelle. Maîtrisant tant bien que mal la peur qui l'avait saisi au ventre, Quentil recula pas à pas vers l'arbalète. Le varan s'arrêta un instant pour observer les hommes qui descendaient et lorsqu'il tourna à nouveau la tête, il reçut le dernier carreau en pleine gueule. Quentil laissa tomber l'arbalète et sortit son coutelas, mais le monstre grisâtre venait de s'affaisser au sol. Le jeune homme poussa un profond soupir de soulagement.

Helloco souffrait de profondes griffures et d'une fracture ouverte au bras droit, il grimaçait, même s'il essayait malgré tout de faire bonne figure. Ils fabriquèrent une civière avec leurs manteaux pour le porter et tous prirent le chemin du Donjon du Bief où un médecin s'occuperait de ses blessures.

Un peu plus tard, une fois les premiers soins administrés à Helloco et ses hommes repartis chez eux, Quentil reprit le chemin de son auberge, satisfait de pouvoir rentrer avant l'aurore, et ce, pour la première fois depuis trois jours. Des réverbères équipés de gemmes illuminaient les seules avenues principales. Les autres rues devaient se contenter de la faible luminosité que dispensait la lune à son premier quartier et parfois, de loin en loin, un hôtel particulier ou une auberge éclairaient leurs abords.

Quentil quitta l'avenue pour s'engager dans une rue plus sombre et rejoindre les quais. De là, il longerait le fleuve jusqu'aux docks et remonterait vers son logement. Il marcha quelques minutes dans la pénombre, écoutant les bruits de la ville endormie, le trot de cavaliers isolés, le grondement lointain des rares calèches, des échos de rires et de cris, sans doute une fête à quelques rues de là. Puis il déboucha sur les quais, dans la lumière blafarde de la lune.

Il s'arrêta quelques instants, saisi d'une impression d'étrangeté. Sur le fleuve, signalées par un fanal à leur proue, des embarcations avançaient doucement, dans le seul bruit des rames qui plongeaient dans une eau noire et gouttaient en se relevant. Quelques voiles faseyaient dans un bruissement doux. Sous les reflets de la lune, des tourbillons agitaient l'eau. Quentil porta son attention sur l'île du Crabe-Fer, où des cheminées projetaient dans la nuit des gerbes d'étincelles ; les vitres au verre dépoli rougeoyaient, un souffle rauque montait des forges des fonderies qui ne s'arrêtaient jamais. Quentil tourna lentement sur lui-même, observant comment, dans le calme d'une nuit bleutée, l'activité des hommes avait transformé la confluence des fleuves. Il lui sembla élargir le domaine de ses perceptions et appréhender dans un unique élan comment Nar-î-Nadin avait marqué cette terre, des maisons qui s'y enracinaient aux souterrains qui la parcouraient jusqu'aux pavés qui la recouvraient. L'intuition fugace de la vacuité de l'activité humaine l'étourdit, la question du sens s'imposa à lui et lui présenta cette vitalité qui l'émerveillait tant comme un effort malhabile pour exister. Avec des mouvements désordonnés et destructeurs, ce peuple cherchait à conquérir une place qu'il eût peut-être suffi de prendre le temps d'aménager. Les Ondins savaient cohabiter avec le vivant et refusaient d'imposer par la force leur présence à la nature. En cela ils occupaient une juste place. Quant à savoir s'ils ne perdaient pas une partie de leur âme en restant fixés sur leurs terres, Quentil n'aurait pas su le dire.

Le jeune homme secoua la tête et prit plusieurs grandes inspirations, étonné de ne pas avoir compris plus tôt ce qui se jouait sur ce territoire, aveuglé par sa fascination pour la nouveauté et l'inventivité. Il s'étira longuement et reprit sa marche.

À peine avait-il fait quelques pas qu'il se sentit violemment oppressé. Il souffla pour chasser le malaise grandissant, mais rien n'y fit. L'impression d'être observé le saisit subitement, accompagnée d'un brusque serrement sur sa nuque. Sa main glissa vers sa ceinture, et, dans un réflexe irrationnel, il s'empara de son poignard et se tourna en donnant un large coup de bas en haut. Avant même de comprendre ce qui se passait, il sentit la lame déchirer des tissus et riper contre la clavicule de son adversaire. Ce dernier jura dans une langue inconnue, lui attrapa la main avec une force peu commune et le frappa durement au visage. Quentil roula au sol. Lorsqu'il se releva, le crâne résonnant, il eut juste le temps de voir deux hommes qui se précipitaient sur lui, suivis d'une ombre profonde et étouffante. Au travers des vêtements déchirés et du sang du blessé, il aperçut, tatouées, des runes d'un noir de jais. Le Fomoire lui asséna un coup de pied au visage qui lui fit perdre connaissance.

Il se réveilla la tête lourde. Du côté droit de son crâne irradiait une douleur lancinante. Ses ravisseurs lui avaient lié les mains dans le dos et une corde solide lui entravait les jambes. Ils l'avaient laissé seul ; une lanterne brillait faiblement non loin de lui, dévoilant un souterrain assez haut qui tournait ensuite vers la gauche. Aux joints de la maçonnerie de briques qui se délitaient et à l'odeur de terre et de moisissures qui avait remplacé celle des eaux usées, il comprit qu'il se trouvait dans une partie désaffectée des égouts, sans doute le cul-de-sac d'un ancien tunnel.

Il ressentit à nouveau une oppression avant même que, du coude, lui parviennent des bruits de pas et des chuchotements. Il vit tout d'abord de la lumière et des ombres dansantes, puis deux hommes firent irruption et vinrent s'accroupir devant lui. Derrière eux, une ombre inquiétante obnubilait toute lumière et Quentil sentit qu'elle concentrait toute son attention sur lui.

« Tu sais qui nous sommes ? » lui demanda son agresseur.

Il portait encore la chemise que Quentil avait tailladée,

mais la blessure n'apparaissait pas car le sang avait séché, collant le tissu à la peau. Elle ne semblait pas le gêner et il fixait son prisonnier de ses yeux gris clair sans sourcils ; il avait le visage rond et le crâne parfaitement chauve. Quentil tourna la tête pour observer l'autre homme, sans doute un guerrier, un solide gaillard avec des muscles qui saillaient sous ses vêtements. Ses trapèzes surdéveloppés jaillissaient de son col et remontaient se noyer sous une abondante chevelure rousse, encadrant un visage parsemé de taches de rousseur, des yeux verts et une barbe touffue. Une grande claque venue de nulle part sonna Quentil et le déséquilibra. Le guerrier roux lui reposa la question.

« Que sais-tu de nous ?

– Vous êtes des Fomoires, souffla Quentil en se redressant tant bien que mal.

– Et toi, tu cherches la mer, dit lentement le chauve en rapprochant son visage de celui de Quentil. Nous n'avons pas eu de mal à te trouver et nous voulons que tu nous dises ce que tu sais.

– Je ne cherche pas la mer, je voyage », commença Quentil, mais une nouvelle gifle le coucha à terre en lui laissant un goût âcre dans la bouche.

Il prit quelques respirations et s'assit lentement. Derrière les deux hommes, l'ombre miroitait de nombreuses nuances de noir et il s'en élevait un murmure de colère. D'une main, le guerrier lui empoigna le visage et le força à le regarder.

« Ne t'occupe pas de l'ombre. Elle viendra bien assez tôt vers toi. J'ai choisi comme nom Drenn T'rich, le Pourvoyeur d'Âmes, et je veux des réponses. Est-ce toi qui as régénéré les seuils ?

– Je ne cherche pas la mer, insista Quentil, et je ne sais pas ce qu'est un seuil.

– Comment voyages-tu ? lança le chauve.

– Je suis arrivé en bateau des Montagnes d'Argent, et avant je voyageais à pied », expliqua-t-il.

Cette fois, Drenn T'rich lui donna un violent coup de poing, le nez de Quentil craqua et il retomba à la renverse. Étourdi, il voulut rester allongé, mais le guerrier le releva sans ménagement et l'adossa au mur pour lui donner plusieurs coups dans le ventre ; il laissa Quentil se plier en deux de douleur, jusqu'à pouvoir le frapper du genou au visage. Le prisonnier sentit sa pommette éclater et il s'affala par terre. Dans un brouillard de douleur, il aperçut le Fomoire au visage rond s'approcher de lui et le redresser. Il posa une main sur le front du jeune homme en lui disant :

« Je suis Krann D'ventil, Celui qui Murmure, et je ne comprends pas pourquoi tu nous mens. Je peux extirper bien des choses de ce cerveau et ce sera très douloureux. »

Dans le même temps, il resserra sa main sur le front du prisonnier, imprimant la marque de ses ongles dans la peau, enfonçant ses doigts dans la chair. Quentil serrait les dents pour ne pas crier quand il sentit qu'une vrille perforait lentement la paroi de son crâne. Il hurla tandis que le Fomoire aspirait ses souvenirs des dernières semaines, puis il s'évanouit.

Les Fomoires ne lui laissèrent pas de répit et le réveillèrent en l'arrosant abondamment. Ouvrant les yeux, il vit que Krann D'ventil posait sa gourde à terre et allait s'asseoir un peu plus loin. Le Fomoire l'observait sans rien dire, réfléchissant sans doute à ce qu'il venait d'apprendre. Il échangea quelques mots avec son compagnon qui aboya une réponse.

« Ton esprit résiste bien : certaines choses restent cachées, commenta Celui qui Murmure. Tu es bien avec les Ondins, tu viens bien de leur village, de ça je suis sûr, mais nous ne savons pas ce que tu fais là. »

Quentil ne comprenait pas ce que ses tortionnaires cherchaient et ce qu'ils attendaient de lui. Le guerrier prononça quelques mots d'un ton déterminé et ponctua sa phrase d'un geste de la main qui montrait qu'il souhaitait mettre un terme à la situation.

« Drenn T'rich souhaite te tuer et repartir. Je ne suis pas loin de croire que nous nous sommes trompés d'esclave et, dans ce cas, il a raison : nous n'avons plus besoin de toi. Pourtant, tu es loin de chez toi : tu cherches sans doute quelque chose et je voudrais savoir quoi. De quelle mission les Ondins t'ont-ils chargé ?

– Je ne suis chargé d'aucune mission et je suis là de mon plein gré. Je ne sais pas ce que vous cherchez, expliqua Quentil qui redoutait une nouvelle intrusion dans son esprit. Que faites-vous ici ?

– Ce que nous recherchions ici ne te concerne pas, dit Celui qui Murmure, mais nous avons eu l'ordre de te trouver et de t'interroger.

– Comment saviez-vous que j'arriverais ?

– Il est trop tard pour te poser cette question, répliqua le Fomoire. Nous allons te laisser là quelque temps car nous avons d'autres recherches à mener. »

Le Fomoire lui tourna le dos et quitta le souterrain, suivi de l'ombre. Le Pourvoyeur d'Âmes s'approcha de Quentil et lui tapa la tête contre le mur en briques avant de s'en aller, laissant le jeune homme inanimé.

Quentil se réveilla dans une obscurité totale. Malgré une nausée persistante et des bourdonnements dans les oreilles, il se releva une première fois et retomba lourdement au sol. Il réitéra et évolua lentement en titubant et en suivant le mur, mais la nausée se transforma en vertiges et il dut s'asseoir pour ne pas perdre l'équilibre.

Pendant plusieurs heures, il s'échina à se mettre debout, puis à avancer à petits pas, mais il ne progressait que de quelques mètres à chaque fois et il n'arrivait pas à savoir où il se trouvait. Exténué, il finit par s'endormir. Une fois réveillé, il reprit son cheminement quand il vit, après un coude, un puits de lumière. Dans un sursaut d'énergie, il parvint jusqu'à l'endroit d'où tombait une faible clarté. Le tunnel se terminait à cet endroit par un éboulis. Des barreaux rouillés montaient jusqu'à un palier qui devait donner plus loin sur une zone éclairée. Impossible pour Quentil de grimper à cette échelle. Il comprit alors pourquoi il avait pu se déplacer autant. Sa promenade s'arrêtait là. Il s'assit et attendit.

Quelqu'un lui secouait l'épaule et tentait de le réveiller. Il grogna, cherchant à se dégager.

« Quentil ! Réveille-toi ! »

Une voix familière le poussait à sortir de sa torpeur. Il ouvrit péniblement les yeux, de la lumière l'agressa. Sa vue s'habitua à la luminosité et il identifia tout d'abord Sente, puis il vit que Baruliq l'accompagnait, ainsi qu'une autre Ondine, qu'il ne reconnut pas tout de suite. Cette dernière, voyant qu'il se réveillait, se pencha vers lui, l'attrapa sans ménagement et le releva. Quentil reconnut alors Silahé.

« Comment m'avez-vous retrouvé ? balbutia Quentil.

– Tu crois que c'est important ? répondit Sente. Dis-nous plutôt qui t'a amené ici.

– Deux Fomoires et un truc, une ombre. Ils sont partis depuis plusieurs heures je crois, peut-être une journée.

– Il faut s'en aller, l'interrompit Sente avant de s'adresser à l'Ondine. Silahé, je passe en premier pour l'attraper ; toi, tu le pousses. »

Hissé par Sente, à moitié porté par l'Ondine, Quentil parvint à un palier qui donnait sur un collecteur à ciel ouvert, légèrement en contrebas. Ils descendirent dans le collecteur à sec et s'orientèrent vers un escalier qui menait à l'air libre. Soudain, l'Ondine dégaina une épée légèrement recourbée.

« Ils sont là », se contenta-t-elle de dire.

Sente sortit ses deux machettes de leurs fourreaux et fit face à l'escalier.

Quentil et Baruliq virent à peine les Fomoires qui se ruèrent sur eux à une vitesse fulgurante. Baruliq n'eut pas même le temps de lever son arbalète que Silahé se tournait vers les deux hommes en leur criant de fermer les yeux et en leur barrant la vue. Sente ôta ses lunettes tandis qu'un flot de lumière aveuglante submergeait leurs assaillants. Mais l'ombre les dépassa et s'abattit sur Sente, absorbant son regard brûlant, l'enveloppant et l'aveuglant avant même que son pouvoir ne fasse de mal à leurs adversaires. L'Ondine fit tournoyer ses lames, parant d'instinct les premiers assauts du guerrier roux, mais il la déborda rapidement et elle poussa un hurlement de douleur lorsqu'il lui trancha net le poignet, et que Krann D'ventil l'envoya rouler au loin d'un simple murmure. Sente alla percuter le mur du collecteur : elle s'écroula en haletant, toujours enveloppée de ténèbres, et se tenant le poignet d'où jaillissaient des flots de sang.

Silahé avait tout de suite compris que le regard de Sente n'avait pas produit l'effet escompté ; elle se rua sur Drenn T'rich qui l'attendait de pied ferme. Elle lança plusieurs attaques très rapides qui forcèrent le guerrier à reculer, puis l'Ondine feinta, découvrant son côté gauche. Le Fomoire y plongea sa lame, mais à sa grande surprise, elle dérapa contre la peau de Silahé, qui rabattit son coude gauche sur l'arme du guerrier, la lui arracha en pivotant sur elle-même et dans un même mouvement le frappa de sa lame au visage. Le Fomoire s'écroula. Silahé se tourna vers Krann D'ventil qui tendit une main, saisit le cou de l'Ondine à distance et commença à le serrer puissamment tout en la soulevant de terre. Baruliq leva son arbalète et ajusta le mage, mais ce dernier lança un éclair qui projeta l'égoutier au loin.

L'ombre grondante couvrait toujours Sente, mais des

rais de lumière commençaient à la transpercer, transformant lentement l'obscurité en une brume grisâtre et inoffensive qui s'évanouit. Sente remit tant bien que mal ses lunettes pour ne pas atteindre ses amis et pour prendre le temps d'appréhender la situation. Toujours affalée contre la paroi du tunnel, elle essaya d'endiguer les flots de sang qui ruisselaient de son avant-bras tranché, mais le mage ne lui laissa aucun répit et lança vers elle des filaments d'énergie qui l'enveloppèrent. Les tatouages de Sente s'animèrent et glissèrent de son épaule droite vers sa poitrine et sa gorge, puis ils s'enroulèrent comme des lianes autour des vrilles d'énergie qui l'enserraient et se dirigèrent vers Krann D'ventil. Ce dernier fixa intensément les volutes colorées qui avançaient inexorablement vers lui, malgré sa force de concentration. Finalement, il n'eut pas d'autre choix que de libérer Silahé de son emprise pour focaliser toute son attention sur Sente. Cette erreur lui coûta la vie car il ne vit pas Quentil se saisir de l'arbalète et lui loger un carreau en pleine tête. Projeté en arrière par la violence de l'impact, le Fomoire s'effondra en laissant échapper un ultime tourbillon d'énergie.

Silahé se précipita vers Sente qui perdait toujours du sang en abondance. Elle s'agenouilla auprès de la pisteuse dont le visage avait pris une teinte cireuse. Silahé détacha une des sangles de son sac à dos afin de confectionner un garrot qu'elle serra précautionneusement autour de l'avant-bras de Sente. Quentil se rua vers l'endroit où Baruliq avait chu. Il constata avec soulagement que le vieil homme se relevait lentement, le plastron de cuir encore fumant. Quentil le rejoignit et lui tapa sur l'épaule, content de le voir en vie. Ils s'approchèrent tous deux du guerrier roux qui gisait au sol.

« Je crois qu'il respire encore, lança Baruliq qui s'était penché sur Drenn T'rich.

– Je reste près de lui. Vous remontez, vous m'envoyez

la garde et vous emmenez Sente au monastère de l'Onde. Nous nous retrouverons là-bas », leur commanda Silahé.

Baruliq aida Sente à marcher et Quentil les suivit tant bien que mal. Ils sortirent des égouts et trouvèrent rapidement une patrouille. À la mention du nom de l'Ondine, le sergent s'activa : il laissa deux hommes aider les blessés à rejoindre le dispensaire et il fila retrouver Silahé avec le reste de sa troupe.

5.

Chaque flot est un ondin qui nage dans le courant

> « Chaque flot est un ondin qui nage dans le courant,
> chaque courant est un sentier qui serpente vers mon palais,
> et mon palais est bâti fluide, au fond du lac,
> dans le triangle du feu, de la terre et de l'air. »
>
> *Aloysius Bertrand*

Les soldats réquisitionnèrent une calèche qui passait et tous prirent le chemin des faubourgs. Une fois installé, Quentil se rendit compte que la matinée s'achevait : il avait passé un jour et demi enfermé sous terre et il s'estima heureux d'en sortir vivant. Il regarda Sente d'un air soucieux. L'Ondine, livide, tenait son poignet contre elle en serrant les dents. Concentrée sur sa douleur, elle se laissait ballotter par les cahots de la route et dodelinait de la tête. Elle leva les yeux vers Quentil.

« Ne me regarde pas comme ça, grimaça-t-elle. Si tu voyais ton visage : plus aucune fille ne voudra de toi. »

Quentil trouva la force de sourire, mais ne sut quoi répondre, se sentant en partie coupable des blessures de l'Ondine. Il se rapprocha d'elle et lui cala la tête contre son épaule. Il donna une claque amicale dans le dos de Baruliq.

« Merci, mon vieux, déclara-t-il. J'imagine que c'est toi qui as déniché ce souterrain oublié.

– Facile pour un vieux rat d'égout comme moi, répondit l'égoutier.

– Combien de temps avez-vous cherché ? le questionna le jeune homme.

– Nous sommes entrés dans les égouts au soir. On ne t'avait pas vu de la journée et la jeune dame qui est là nous questionnait depuis le midi et commençait à s'énerver. On a fouillé toute la nuit.

– J'ai eu de la chance que vous me trouviez, remarqua Quentil.

– Oui et non. Je savais où aller. On a l'impression que c'est immense, mais des coins désaffectés, il n'y en a pas tant que ça ; ils sont bien entretenus, nos égouts ! lança le vieil homme qui dévisageait Quentil d'un air désolé. Ils ne t'ont pas loupé quand même.

– Le guerrier n'a pas fait dans le détail », approuva laconiquement Quentil en grimaçant.

Son visage le faisait tellement souffrir que, par moments, il avait l'impression d'avoir perdu une partie de lui-même. De plus, son flanc droit le lançait violemment, peut-être des côtes cassées ou fêlées.

« Il y a un truc quand même, commença le vieil égoutier.

– Quoi ?

– Lorsqu'ils nous sont tombés dessus, ils venaient d'un endroit censé être un cul-de-sac, dit Baruliq.

– Un cul-de-sac ?

– Oui, les égouts de la ville ne communiquent pas avec ceux de l'île du Crabe-Fer. Il y a plus de trente ans, pour éviter les intrusions sur l'île du palais, le seigneur Zeneth a modifié les tracés : la cité possède deux réseaux autonomes. On ne mélange plus les excréments des seigneurs et ceux du peuple, vois-tu ! blagua Baruliq.

– Alors qu'est-ce qu'ils cherchaient par là-bas ? demanda Quentil.

– Je ne sais pas du tout. Et à toi, qu'est-ce qu'ils voulaient ? enchaîna Baruliq.

– Je n'ai pas bien compris. Sente m'expliquera, on verra. »

Quentil se tut, rattrapé par un violent mal de tête. Il ferma les yeux et se laissa bercer par les ballottements de la calèche. Il n'avait pas eu le temps de réfléchir aux questions que lui avaient posées les Fomoires et il ne comprenait pas pourquoi ils l'avaient agressé de la sorte. Les douleurs de ses blessures au visage et au crâne l'empêchaient de se concentrer et de raisonner.

Le monastère se trouvait sur la rive droite du fleuve, à l'entrée des quartiers populaires. Ils traversèrent par le pont Schambat et suivirent une avenue qui longeait une mosaïque luxuriante de jardinets irrigués de petits canaux. De l'autre côté de l'avenue commençaient les faubourgs, des amoncellements de maisonnettes, posées les unes à côté des autres, parfois séparées de ruelles tortueuses qui cherchaient leur cheminement parmi le dédale des constructions. Ils bifurquèrent, quittèrent l'avenue, passèrent sous un large portique et s'engagèrent sur une allée pavée ombragée d'arbres centenaires. Ils laissaient derrière eux les bruits étouffés des faubourgs, alors que les odeurs des jardins, une certaine humidité vivifiante et la luminosité vert émeraude les délivraient d'une partie de leurs préoccupations.

Sente leva les yeux vers les frondaisons et murmura quelques mots.

« Qu'est-ce qu'il y a ? demanda Quentil.

– Juste une salutation, je t'expliquerai », répondit l'Ondine qui semblait s'apaiser.

Une centaine de mètres plus loin, on apercevait un grand bâtiment en bois, devant lequel attendaient de très nombreuses personnes. Quand ils descendirent de la calèche, deux adolescentes les accueillirent. Sitôt qu'elles aperçurent l'Ondine, l'une des deux repartit en courant vers le bâtiment et, le temps qu'ils se mettent en marche, elle revenait, accompagnée de deux brancardiers, dirigés par une vieille femme marchant à grands pas et vêtue d'une large tunique de toile grise.

Lorsqu'il vit ses yeux entièrement blancs, Quentil devina que cette Ondine attendait l'Appel. En effet, la vieillesse frappait toutes les Ondines de cécité : elles perdaient une partie de leurs pouvoirs et s'en découvraient d'autres. Elles entraient dans une nouvelle phase de leur vie, le Renouveau, dans l'attente de l'Appel, le moment où elles rejoignaient la nature. Durant cette période de plusieurs dizaines d'années, parfois près du tiers de leur vie, ces Ondines se consacraient à réparer le vivant en pansant les blessures de la nature.

Il comprit que les Ondines aveugles abandonnaient le service de la cité et s'isolaient dans ce monastère qui servait de dispensaire. Elles restaient sans doute là tout le temps de leur Renouveau.

« Je suis Nemecq, nous allons nous occuper de vous, leur fit-elle. Emmenez-les aux soins », ordonna-t-elle aux brancardiers qui allongèrent Sente et détalèrent.

Puis elle se tourna vers les gardes pour les remercier. Ils se préparèrent à repartir avec la calèche.

« Merci encore, Baruliq, dit Quentil. Je te donne des nouvelles.

– Je passerai en prendre, promit le vieil égoutier avec émotion. Prends soin de toi, petit. »

Ils suivirent les brancardiers qui avançaient d'un bon pas, ils traversèrent un vaste hall où des soignants opéraient le tri des malades qui affluaient, puis ils passèrent le long des arches d'un cloître et débouchèrent dans une grande salle où l'on soignait les patients dans des alcôves séparées par des draps. Pendant le trajet, Nemecq les questionna succinctement, s'informant notamment de la nature de leurs blessures et de ce qui les avait causées. Malgré sa cécité, elle se déplaçait sans aide, évitant tous les obstacles avec la fluidité qui caractérisait les Ondins. Elle confia Quentil à un soignant qui l'allongea pour traiter ses nombreuses plaies.

« Je reviens te voir, dit Nemecq, je vais m'occuper moi-même de ton amie. »

Quentil se laissa aller, rassuré de se savoir lui et Sente entre de bonnes mains. L'homme entreprit de lui nettoyer le visage, enlevant le sang coagulé qui avait laissé des traînées noirâtres et qui empêchait d'évaluer les blessures. Quentil resta le plus stoïque possible, mais son visage le faisait horriblement souffrir. L'homme lui expliqua qu'il allait devoir lui suturer un certain nombre de coupures assez profondes. Il commença par appliquer un baume apaisant, puis il se mit à l'ouvrage.

« Votre nez devrait reprendre une forme acceptable, commenta l'homme après avoir terminé, mais vous garderez la pommette droite un peu enfoncée. Ce sera douloureux plusieurs semaines, le temps que les os se ressoudent. Il faudra aussi nettoyer régulièrement vos entailles : en tout, j'ai fait sept sutures. Nous vous donnerons un baume à passer dessus tous les jours. Aucune côte de cassée, mais vu les hématomes, la douleur n'est pas près de partir.

– Merci. Vous me direz quand je pourrai aller voir mon amie ?

– Tu peux venir », dit Nemecq qui revenait juste.

Quentil suivit l'aveugle jusqu'à la chambre de Sente. Très pâle, l'Ondine se reposait dans son lit qui faisait face au jardin. Elle tourna la tête et sourit en voyant entrer

Quentil. Il porta immédiatement le regard sur l'avant-bras amputé de Sente. Elle agita son moignon enveloppé de bandages.

« Ne sois pas inquiet, Nemecq m'a promis une belle greffe de main, dit l'Ondine d'un ton qu'elle voulait enjoué.

– Comment cela ? fit Quentil, surpris.

– Un truc de guérisseuse : elle va me préparer un greffon de je ne sais plus quoi.

– Une variété hybride d'orme noir, précisa Nemecq.

– Merci, dit Sente avant de continuer. Elle va faire tailler une main dans de l'orme encore vert et elle va en quelque sorte me la greffer. Après, nous ne ferons plus qu'un.

– Il va pousser sur toi ?

– C'est exactement ça ! termina Sente. Nemecq a des pouvoirs très spécifiques.

– Ce sont des pouvoirs qui viennent avec l'âge, pendant le Renouveau, leur expliqua l'Ondine. Ma cécité me fait voir la réalité autrement.

– Ce sera une expérience intéressante, remarqua Sente.

– Je vais vous laisser vous reposer. Nous discuterons demain lorsque Silahé viendra aux nouvelles. Nous pouvons dresser un autre lit pour toi, dit Nemecq à Quentil.

– Ce ne sera pas la peine. Ce fauteuil suffira pour que je veille sur elle, répondit Quentil en s'asseyant à côté du lit de la pisteuse blessée.

– Nous sommes frère et sœur de voyage, ajouta Sente.

– Merci de nous avoir accueillis, reprit Quentil, nous voilà soignés et en sécurité.

– Prenez tout le temps qu'il vous faut pour vous reposer, je reviendrai vous voir plus tard. »

L'Ondine aveugle quitta la pièce alors qu'une jeune fille entrait, apportant des tisanes fumantes et de quoi se restaurer. Sente et Quentil mangèrent quelques minutes en silence. Le jeune homme mâchait avec d'infinies précautions, roulant sa nourriture dans sa bouche à la recherche des endroits les moins douloureux de sa mâchoire. Sente attrapa la main de Quentil.

« Je suis désolée de ne pas t'avoir trouvé plus tôt.

– C'est déjà un miracle que tu m'aies retrouvé aussi vite. Je te croyais encore dans les Montagnes d'Argent.

– Finalement, je suis partie un mois après toi. Je me suis dit que je visiterais bien la cité. Pendant la descente du fleuve, Sylve m'est apparue en songe pour me prévenir.

– Elle est entrée en transe ? l'interrompit Quentil.

– C'est ça, elle m'a avertie que des Fomoires en avaient certainement après toi. Je n'étais plus qu'à quelques jours de la cité. J'ai immédiatement débarqué et j'ai fini par la route. Je suis tout de suite allée voir les Ondins à la citadelle qui m'ont orientée vers Silahé. Tu connais la suite.

– Silahé… se contenta de dire Quentil.

– C'est fou de la retrouver comme ça. Elle a bien changé, dit Sente.

– Elle vit chez les Nardenyllais depuis neuf ans, ce n'est pas rien. J'imagine que vous n'avez pas eu le temps de parler.

– De quoi ? le coupa Sente.

– De tout, de rien. Repose-toi. »

Tous deux se turent, laissant leurs regards vagabonder vers le fleuve.

Au fond de la petite pièce, une baie vitrée ouvrait sur une terrasse donnant sur un jardin, qui descendait vers le fleuve légèrement en contrebas.

Dehors, sur le deck en bois, de petits oiseaux bleus piaillaient et se chamaillaient, roulant sur le sol et soulevant de minuscules nuages de poussière en agitant le duvet de leurs ailes pour se nettoyer. La journée se terminait paisiblement, le soleil descendait au loin sur Nar-î-Nadin. Une légère brise leur apportait des odeurs sucrées qui émanaient d'un bouquet de frangipaniers blancs aux feuilles rares et aux branches coiffées de fleurs cireuses largement épanouies.

Sente dans son lit, Quentil dans le fauteuil, ils s'assoupirent quelques minutes. Un mauvais rêve réveilla Quentil en sursaut. Il scruta rapidement tous les recoins de la chambre, puis il laissa Sente endormie, passa par la terrasse, descendit en clopinant dans le jardin et se dirigea vers les bords du fleuve.

Un large ponton de bois le longeait, ainsi que les jardins du dispensaire, et de nombreux convalescents profitaient de la promenade ou regardaient le couchant, installés sur les bancs disposés de loin en loin.

Le jeune homme s'assit à même le bois du ponton, laissant ses jambes pendre dans le vide, un mètre au-dessus de l'eau. Des remous et de larges tourbillons soulevaient de petites vagues, et attestaient de la puissance du courant du fleuve. Les dernières embarcations rejoignaient les rives, usant d'une curieuse navigation biaisée, la seule possible pour traverser le Vhûn Gris lors des hautes eaux. Le jour baissait rapidement, et, de l'autre rive, les derniers rayons du soleil filtraient par intermittence d'entre des maisons hautes, l'éblouissaient par ces trouées et transformaient Nar-î-Nadin en un étrange ballet d'ombres.

Au beau milieu du flot se dressait l'île du Crabe-Fer qui intriguait tant Quentil. De ce côté-ci du fleuve, il pouvait apercevoir le même spectacle que depuis les docks : des entrepôts, des manufactures et des ateliers, tous reliés par des rails et un incessant défilé de tombereaux autour desquels des ombres s'agitaient. Avec la nuit, l'activité ralentissait, sans s'arrêter pour autant, comme ces fourneaux des mines des Montagnes d'Argent, que les Nains n'éteignaient en aucun cas, sous peine de mettre des jours entiers à retrouver la température adéquate. Ainsi, si les fumées noires qui s'élevaient et entouraient les tours du palais s'atténuaient avec l'obscurité, les gerbes d'étincelles jaillissant des cheminées parsemaient le ciel d'étoiles rougeoyantes et côtoyaient la pâle scintillation des astres. Entrant et sortant des bâtiments, on distinguait des spectres qui allaient et venaient, tout à leur mystérieuse besogne.

Quentil s'allongea pour se perdre dans le spectacle de la voûte étoilée et pour oublier l'activité des Nardenyllais et leurs objectifs obscurs. Appartenant au peuple des Tuatha dé Dana, il pouvait s'émerveiller de l'inventivité des humains, tout en sachant que la nature devait toujours prévaloir. Toute cette cité ressemblait à un théâtre d'ombres, construit par le maître des marionnettes pour détourner l'attention et dissimuler une œuvre autrement plus ambitieuse qui se tramait sur cette île si difficile d'accès.

Il finit par oublier ses épreuves et s'évada dans un ciel étoilé magnifique. Sur les contreforts des Montagnes d'Argent, ou encore en suivant les méandres du fleuve dans les plaines, il avait découvert, pour la première fois de sa vie, l'immensité stellaire. Au village des Ondins, ils n'apercevaient le ciel que par fragments, par des fenêtres ondoyantes, au hasard des clairières, ou au rythme de la chute des arbres. En certains lieux comme Trouble-Rives, où l'on surplombait légèrement la canopée, un grand tiers du ciel se dévoilait, jamais davantage. Depuis qu'il avait entrepris ce voyage, il avait pu se perdre à loisir dans un ciel sans limites, qui gonflait son cœur du désir brûlant d'un ailleurs qu'il ne faisait qu'entrapercevoir.

Plusieurs soirs avec Sente, lorsqu'ils se trouvaient chez les Nains, ils avaient marché une petite heure pour s'éloigner des lumières du grand hall et observer le ciel. Elle lui avait montré les deux seules constellations qu'elle connaissait : la Grande Ourse et son petit, puis ils en avaient inventé des dizaines d'autres, au gré de leur imagination fantasque.

Un des marins de la gabarre, plus contemplatif que les autres, plus patient aussi, avait initié Quentil à la lecture du ciel, lui désignant chaque soir avec constance les constellations remarquables : tout d'abord le Géant, les épaules larges, taillé en sablier, contenant dans sa diagonale deux des étoiles les plus brillantes du ciel, Bételgeuse et Rigel, puis partant de là, la magnifique Sirius qui permet de deviner le Grand Chien, et de l'autre côté du Géant, Aldébaran, l'œil du Taureau.

Minutieusement, Quentil traça les lignes imaginaires qui le menèrent jusqu'à Aldébaran, reconstituant une petite partie de la carte du ciel. Il acquérait là un savoir bien éloigné des préoccupations du village, mais il y voyait aussi une nouvelle intelligence du cosmos, un autre biais pour appréhender la place des êtres pensants au sein d'un grand tout.

Ses conjectures lui rappelèrent les longues discussions avec le Voyageur, lorsqu'ils reconstruisaient le monde jusque tard dans la nuit, ou qu'ils échafaudaient des hypothèses pour comprendre celui au sein duquel ils vivaient.

Quentil se souvint que le Voyageur lui avait expliqué que sa civilisation avait exploré l'espace en y projetant des machines. Le jeune homme avait écouté son ami en écarquillant les yeux, sans parvenir à comprendre exactement ce qu'avaient accompli les ancêtres du Voyageur. Ce dernier lui avait aussi appris que sa civilisation avait donné un nom à chaque étoile, ce qui semblait impensable, et que les constellations avaient toutes une histoire. Pour le peuple du Voyageur, chaque constellation portait ainsi le nom d'un héros, ou racontait une histoire mythique. Rien de semblable avec celles dont le marin avait parlé à Quentil et qui puisaient leurs noms dans l'immense bestiaire de la forêt : biche, géant, hydre, licorne, chien, ourse, et bien d'autres encore.

Après leur discussion, le Voyageur avait passé un après-midi à la bibliothèque du village, et il avait essayé de comparer les deux cartographies, n'ayant plus que ses souvenirs en ce qui concernait sa Cité. Il avait fait deux découvertes étonnantes. Tout d'abord, les noms des constellations ne correspondaient pas entre leurs deux civilisations, même si les regroupements restaient bien souvent les mêmes ; parfois, certaines constellations semblaient changer radicalement d'agencement, mais cela restait rare. En second lieu, en rassemblant ses maigres connaissances en astronomie, il avait remarqué que les noms des étoiles concordaient : Rigel, Bételgeuse, Sirius.

Tous deux y avaient vu la preuve onomastique que leurs deux mondes avaient certaines connaissances en partage et que, lorsque leurs savants pointaient du doigt les astres scintillants, ils utilisaient le même langage. La forêt avait chassé les hommes, la Cité avait dressé ses remparts, et ils s'entreregardaient depuis des centaines d'années, mais, de loin en loin, une réelle perméabilité subsistait entre ces deux univers. D'autres points de contacts existaient-ils et jusqu'où allaient-ils ?

Comme souvent quand il entrevoyait de nombreux possibles, le cerveau de Quentil ne parvenait plus à trouver le repos et se lançait dans une quête éreintante de vérités enchâssées dans des hypothèses vertigineuses. Pour calmer cette frénésie réflexive, il avait l'habitude d'ingérer de la scutellaire sauvage, une herbe aux propriétés relaxantes. N'en ayant pas à disposition, il marcha le long du fleuve pendant plus d'une heure, revisitant l'histoire des Tuatha dé Dana, des hommes et de la Cité d'où venait le Voyageur, analysant sa mésaventure avec les Fomoires, se remémorant chaque mot prononcé, essayant de trouver des correspondances, mais chaque question en amenait une autre, basée sur des analogies improbables. S'il croyait mettre à jour un réseau, ce dernier s'effilochait face à d'autres hypothèses et le chaos revenait.

La certitude de se trouver seul au bord du fleuve en pleine nuit le saisit soudainement. Une suée froide lui inonda le dos. Il jeta fébrilement des regards inquiets en direction des buissons, fit brusquement demi-tour et regagna sa chambre. Il s'écroula sur son lit et sombra dans un sommeil traversé de rêves agités.

Le lendemain matin, Sente et Quentil petit-déjeunaient sur la terrasse et en profitaient pour faire le point.

Nemecq entra et vint s'asseoir avec eux.

« Le vidame de la garde veut vous rencontrer dès ce matin, leur dit l'Ondine, l'air préoccupée.

– Et ce n'est pas une bonne nouvelle ? s'enquit Quentil.

– C'est la manière dont tout ceci se déroule qui ne me plaît pas, répondit l'aveugle.

– Explique-nous tout, en commençant par nous dire qui est le vidame, demanda Sente.

– Comme vous avez pu le constater, l'île est presque inaccessible et ça vaut pour tout le monde, même pour les Ondins.

– Comment ça ? la coupa Quentil. Les Ondins ne sont pas la garde rapprochée du seigneur des Nardenyllais ?

– Justement, plus depuis une dizaine d'années. Zeneth a progressivement écarté les Ondins pour les remplacer par des Nardenyllais de souche. Toute l'administration de proximité a été transférée dans divers donjons dispersés dans la ville. Les missions des Ondins ne concernent plus que la sécurité et l'administration de la cité. Parfois, nous sommes consultés sur d'autres questions, mais nous n'avons plus accès à l'île.

– Et le vidame ? interrogea Sente.

– C'est un Nardenyllais, il s'appelle Gallym, et il vient de plus haut sur le fleuve. En entier, cela donne Gallym Gen'Hrik Still Bonn. Je crois que la première partie de son nom signifie « de la famille des pousseurs de grumes », et la seconde partie « l'ouvreur de voies ». Pour le moment, il gère la sécurité de la cité, secondé par plusieurs Ondins, dont Silahé, expliqua Nemecq. Ce qui ne me plaît pas, c'est qu'il reprenne la main et ne laisse pas Silahé s'occuper de tout ça.

– Il est si terrible que ça ? dit Quentil.

– Il est très proche de Zeneth ; ça peut vouloir dire que toute cette histoire les intéresse ou les inquiète. Un signe de plus qu'ils ne nous font plus entièrement confiance.

– Nous serons prudents, sachant que nous n'avons rien à cacher, la rassura Quentil.

– Il faut aussi que vous m'expliquiez un peu ce qui se passe… »

Nemecq jeta un coup d'œil autour d'elle avant de prononcer les derniers mots en chuchotant.

« … je veux dire, avec les Fomoires. »

D'un geste sûr, elle attrapa la tisanière et se servit sans hésitation. Quentil leva un sourcil, surpris de l'habileté dont faisait preuve la vieille aveugle. Il croisa le regard de Sente, qui haussa les épaules en souriant.

« Vous le savez pourtant, reprit Nemecq, la vieillesse prive les Ondines de la vue, mais elle leur donne aussi de nouvelles capacités : je ressens davantage de choses, comme l'étonnement de Quentil à l'instant. C'est presque une renaissance. Et maintenant, allez-vous me raconter votre histoire ? »

Quentil prit la parole et relata toutes leurs aventures, depuis sa première rencontre avec les Fomoires, aux limites de Bois-Obscur, jusqu'à la venue de Zeneth et le départ du Voyageur. Nemecq connaissait déjà les événements saillants de son histoire, mais elle l'écouta avec un vif intérêt et souhaita en apprendre davantage sur le Voyageur, notamment lorsque Quentil expliqua que son ami venait de la Cité des hommes. Pour finir, il raconta ses propres pérégrinations, jusqu'à sa capture par les deux Fomoires. Il eut beaucoup de difficultés à trouver les mots justes car il évoquait pour la première fois des moments douloureux. Il réfléchissait en même temps qu'il se remémorait les coups, les questions et la terrible certitude qu'il ne survivrait pas. Il dut s'arrêter de parler pendant un long moment. Sente et Nemecq avaient chacune posé une main sur ses cuisses tremblantes. Il inspira bruyamment.

« Ce n'est pas moi qu'ils cherchaient, souffla-t-il. Je suis sûr qu'ils en veulent au Voyageur. Ils croient qu'il sait comment aller vers la mer, quelque chose comme ça. Ils nous ont confondus. »

Il se tourna vers Sente.

« Sylve ne t'a rien dit de plus ?

– Tu sais bien que les transes et les songes restent un moyen de communication très vague. Elle ne m'a transmis qu'une sensation urgente de danger te concernant, et c'est déjà beaucoup. »

Quentil opina, puis il ajouta :

« Ils m'ont demandé si j'avais trouvé un seuil, je n'ai pas bien compris.

– Un seuil ? s'étonna Nemecq.

– C'est ça, mais je ne me souviens plus de la formulation exacte : ouvert, trouvé ou passé, je ne sais plus.

– Je vais me renseigner auprès des autres, avança Nemecq. Je ne suis pas la plus savante, mais un seuil, le mot ne me dit rien. De toute façon, soyez prudents en parlant au vidame. Ne donnez aucune information qu'il n'aurait pas demandée. »

Ils laissèrent Nemecq pour se préparer rapidement. Deux gardes de la cité vinrent les chercher en calèche pour les mener au donjon principal. L'avenue qu'ils empruntèrent longeait sur sa droite des dizaines de jardins maraîchers où s'entassaient, entre deux haies, plusieurs strates de cultures qui tentaient d'occuper le moindre espace disponible. De l'autre côté, les cultures avaient laissé la place aux récents quartiers est de la ville. Paysans sans terres, ouvriers désœuvrés, petites gens cherchant une vie plus facile, les derniers arrivants s'installaient là, dans des maisons en briques bâties sur deux niveaux, entourées d'une cour où invariablement se dressait un arbre et où s'ébattaient quelques poules et jouaient des enfants. Plus ils avançaient vers le sud en direction du donjon, plus les propriétés devenaient vastes et les maisons imposantes. Ils passèrent devant plusieurs manufactures, et des commerces firent leur apparition.

Le donjon et ses bâtiments monumentaux attenants se voyaient de loin, comme le reste des bâtiments officiels. Bâtis avec la même pierre lisse et immaculée, ils reposaient sur un large pont aux arches trapues et surplombaient le Vhûn Bleu. De chaque côté du donjon, le pont, équipé d'un impressionnant système de bascule, pouvait laisser passer les bateaux les plus importants. Quentil scruta du mieux qu'il put le système de câbles et de poulies et les enchaînements d'engrenages puissants, noirs et graisseux, essayant de déterminer comment la mécanique parvenait à soulever une telle masse. Après ce pont à bascule, l'on pouvait entrer dans la cour intérieure du donjon ou bien suivre la route qui longeait le donjon auquel s'adossaient de nombreuses bâtisses. Elle passait sur le second pont et rejoignait les quartiers sud de la ville. Une fois dans la cour intérieure, la calèche s'arrêta et un garde les accompagna jusqu'au hall d'accueil.

L'ensemble monumental forçait l'admiration, et ce donjon qui sortait des eaux tumultueuses du fleuve, encadré de deux magnifiques ouvrages d'art, s'érigeait comme un des lieux de pouvoir de Nar-î-Nadin.

Toute la cité se pressait sous une grande halle couverte, faisant la queue devant de nombreux petits bureaux où des scribes escortés de gardes écoutaient les demandes et délivraient des laissez-passer pour permettre aux personnes de se rendre dans le service approprié. Parfois, ils servaient aussi d'écrivains publics et rédigeaient une doléance que l'administration traiterait par la suite. Tout ceci dans un brouhaha feutré, les gardes et les scribes appréciant peu les éclats de voix.

Précédés du garde, Quentil et Sente s'engagèrent dans un couloir qui traversait les bâtiments annexes et pénétrèrent dans le donjon lui-même. Ils montèrent jusqu'au premier étage, et leur escorte leur demanda de s'asseoir et de patienter dans une vaste antichambre.

D'autres personnes attendaient là, assises, l'air résignées. Il régnait un silence de plomb. Quentil et Sente échangèrent un regard sans oser parler. Au bout de plusieurs minutes, une porte s'ouvrit et un secrétaire se dirigea vers eux pour leur demander de le suivre. Ils passèrent d'une salle de réunion à un grand bureau lumineux, dont les vitrages, qui descendaient jusqu'au sol, donnaient sur le fleuve. Un homme se tenait face aux fenêtres, il se tourna vers eux en les entendant entrer.

Grand, mince, il portait un justaucorps violet aux revers discrètement brodés de fils dorés, un gilet de même couleur légèrement échancré qui laissait voir une chemise d'un blanc immaculé. Le col blanc orné d'une pierre noire mettait en valeur un visage sévère dont les yeux d'un noir profond attiraient les regards, bien plus que la large cicatrice qui s'enfonçait profondément dans sa joue droite. Sans un mot, il leur fit signe de s'asseoir dans les fauteuils d'un petit salon installé à la droite de son bureau. Il s'adressa ensuite à son secrétaire.

« Prévenez Silahé qu'ils sont arrivés. »

Puis il vint s'asseoir avec eux.

« Bienvenue au donjon principal. Je m'appelle Gallym Gen'Hrik Still Bonn, de par ma charge, je suis appelé "Monsieur le Vidame". »

L'homme fit une courte pause, il se laissa aller en arrière et croisa les mains sur son gilet pour les dévisager ouvertement. Un léger sourire arqua ses lèvres et plissa l'extrémité de sa cicatrice.

« Je ne sais que peu de choses sur vous : vous êtes Sente et Quentil. Une Ondine assez particulière et un fidèle des Ondins. Vous portez sur vous les stigmates des combats que vous avez menés dernièrement. »

Sente et Quentil se taisaient, se demandant ce que le vidame attendait d'eux. Gallym s'arrêta quelques secondes de parler, les regardant tour à tour. Machinalement, l'Ondine couvrit son moignon bandé avec sa main gauche. Quentil portait toujours un cataplasme sur la pommette, et plusieurs pansements cachaient les nombreux points de suture.

« Nous avons en ce moment dans nos cachots un individu particulièrement coriace, un Fomoire. Son corps est couvert de runes magiques, sa résistance est phénoménale et son mépris pour nous tous, inouï. »

Le vidame fit une nouvelle pause.

« Moi aussi, j'ai quelques stigmates. Bien que nous ne soyons pas un peuple de guerriers, j'ai combattu quelque temps ; mes compatriotes ne comprenaient pas cette humeur belliqueuse qui me caractérisait et me poussait à rejoindre nos mercenaires sur les marches. Tout ça pour dire que notre prisonnier me surprend ; d'ailleurs il ne dit rien. Pourtant, nous avons commencé à découper ses runes une à une pour les analyser. Il n'a pas tressailli. Seule Silahé a su me donner quelques informations et nous voilà plongés dans un fatras mythologique : les Ondins, les Tuatha, les Fomoires, les fils de Mildi. Je sais que notre seigneur Zeneth lui-même verse un peu dans ces fables, mais il me semble que c'est plus symbolique que concret pour lui. Enfin, je ne sais pas, je ne peux m'exprimer pour lui. Vous l'avez rencontré, je crois ? »

Le vidame fixait Quentil et le questionnait personnellement.

« En effet, brièvement, le temps d'une réunion avec notre conseil des anciens.

– Et il vous a offert un marché.

– C'est exact.

– Je crois savoir que vous avez été plus vif que vos anciens, je me trompe ? »

Quentil hésita quelques secondes avant de répondre. Cependant, il se souvenait très bien de la scène : les anciens discutaient avec Zeneth de la place qu'il fallait accorder aux anciens écrits et aux légendes. Quentil avait très rapidement compris que le seigneur des Nardenyllais attendait d'eux un service : que le Voyageur parte en exploration pour lui. Une quête longue et périlleuse.

« Je vois que vous êtes très proche du seigneur Zeneth », avança Quentil, montrant ainsi que le vidame lui donnait plus d'informations qu'il n'en récoltait.

Le vidame partit d'un grand rire.

« Vous avez raison, je devrais aller droit au but, reprit-il d'un ton abrupt. Je me demande si vous êtes venu ici pour connaître notre belle cité, ou bien si vous traquiez ces Fomoires. Et je me demande ce que vous savez d'autre. Est-ce que ces guerriers ont des vues sur l'Entrecroisement des Comptoirs ? Si ce n'est pas le cas, que cherchent-ils ? Tout ceci, Silahé, comme les autres Ondines et Ondins à notre service, n'ont pas su me le dire.

– J'ai quitté le village il y a plusieurs mois avec pour seul but de voir le vaste monde en commençant par les Montagnes d'Argent et la cité, expliqua Quentil. Je ne comprends pas pourquoi ces Fomoires s'en sont pris à moi.

– Moi, je crois comprendre », l'interrompit le vidame.

À ce moment, Silahé entra dans le bureau. Elle les salua et s'assit en face du vidame.

« Vous voilà enfin ! s'exclama le vidame. J'étais sur le point de dire à vos amis qu'à mon avis, les Fomoires se sont trompés de cible et ont cru attraper le Voyageur. Sinon, comment expliquer cette agression ? »

Quentil et Sente ne purent s'empêcher d'échanger un rapide coup d'œil. Cet échange n'échappa pas à Gallym.

« Je n'en sais pas plus que vous, assura Silahé. Mais, pourquoi en vouloir soudain au Voyageur ?

– Voilà exactement une question à laquelle j'aimerais avoir une réponse ! s'écria soudain le vidame. Tout ceci ressemble à un règlement de comptes entre les Ondins et ces guerriers, et j'aimerais être sûr que ce n'est que cela.

– Nous ne voyons aucune autre explication, renchérit Sente, et nous sommes conscients que tout ceci est très flou.

– C'est clair, grinça le vidame. Nous avons toute une garde d'Ondins et d'Ondines pour protéger la cité, mais si vous faites venir ici vos pires ennemis, sans même savoir comment ni pourquoi, alors vous ne nous êtes plus d'aucune utilité.

– C'est aussi le point de vue de Zeneth ? le questionna Silahé.

– Cela pourrait rapidement le devenir, répondit Gallym, glacial.

– Si cette discussion a pour but d'évaluer le contrat qui lie les Ondins et les Nardenyllais, je préfère y mettre un terme. Il vous faut en discuter avec les anciens, je ne peux parler au nom du village, énonça Silahé d'une voix ferme. Ma tâche ici est de conseiller le seigneur des Nardenyllais et d'assurer sa sécurité, c'est déjà beaucoup. »

Gallym se pencha légèrement en avant et joignit ses mains devant son visage, puis il planta ses yeux dans ceux de l'Ondine.

« Alors que conseillez-vous au vidame de l'Entrecroisement des Comptoirs, Silahé-des-Tuatha-dé-Dana ? Une menace pèse-t-elle sur nous ? Doit-on se garder de ces deux individus ? »

Silahé soutint pendant un moment le regard du vidame, tandis que Quentil et Sente ressentirent physiquement une vive tension entre les deux protagonistes. Silahé évaluait la situation et réfléchissait sans doute aux implications de ce que Gallym venait d'avancer. Puis, elle se laissa aller dans son fauteuil.

« Au vu des informations dont je dispose, je pense que Quentil a fait l'objet d'une méprise et qu'il a eu de la chance que Sente arrive à temps et vienne le chercher. Les Fomoires n'ont sans doute que faire de la cité. Mais nous sommes actuellement seize Ondins et huit Ondines au service de Nar-î-Nadin, je vais leur demander de laisser leurs missions actuelles et de quadriller les quartiers.

– Très bien, approuva le vidame, et vous vous ferez aider par les mages du donjon de la Garde.

– Si vous nous laissiez interroger le prisonnier, nous aurions peut-être plus de réponses », lança Silahé.

Sente et Quentil se regardèrent, étonnés que Silahé n'eût pas pu questionner le Fomoire. Ils mesuraient là à quel point les Nardenyllais se méfiaient des Ondins.

« Qui ça, nous ? demanda Gallym, ignorant délibérément le mouvement de surprise de ses interlocuteurs.

– Moi et l'Ondine Hnassya qui peut parfois pénétrer les cerveaux les plus récalcitrants.

– Très bien, vous pourrez l'interroger en présence de Taliq, le magicien du donjon », accepta le vidame.

Puis il se leva, signifiant ainsi que l'entretien prenait fin.

« Merci à vous trois de vous être déplacés », dit-il en guise de salut et il alla s'asseoir à son bureau, sans plus s'occuper d'eux.

La porte du bureau s'ouvrit, un garde les attendait pour les raccompagner. Silahé marcha avec eux en silence jusqu'à la sortie du donjon, puis elle mit une calèche à leur disposition.

« Vous devez retourner au monastère de l'Onde, vous

y serez en sécurité, leur dit Silahé. Je vais aller interroger le Fomoire et je vous retrouverai là-bas.

– La situation des Ondins devient compliquée, remarqua Quentil. Bientôt nous ne serons plus les bienvenus dans la cité.

– C'est bien possible et c'est disproportionné. Il y a quelque chose que je ne comprends pas, répondit Silahé. Nous verrons ça plus tard.

– J'ai mieux à faire, grimaça Sente, un greffon à me faire poser. »

Ils laissèrent donc Silahé partir de son côté et retrouvèrent Nemecq au monastère de l'Onde. La guérisseuse devait montrer la prothèse à Sente en début d'après-midi, et si cette dernière le voulait toujours, la pose se ferait immédiatement.

La main en bois que Nemecq apporta avec elle avait une patine surprenante : un marron très foncé, presque noir, et qui absorbait la lumière. De fines nervures plus claires la parcouraient et des nœuds d'un noir profond ressortaient sur certains reliefs : sur la tête du cubitus, ou sur certains métacarpes. Elle posa la main en bois sur les genoux de Sente.

« Touche-la et familiarise-toi avec elle, ordonna la vieille Ondine, parce que bientôt, ce greffon va s'enraciner en toi au sens propre.

– Ce sera douloureux ? demanda Quentil.

– Les deux premiers jours, c'est extrêmement douloureux. Le greffon enfonce ses racines dans le bras et fusionne avec les os et les tendons. Nous lui donnerons de puissants calmants et elle ne sera presque pas consciente. Après, elle ne sentira rien d'autre qu'un fourmillement pendant quelques semaines.

– Et elle s'animera vraiment ? questionna Sente.

– Exactement comme si tu avais une vraie main, mais

elle ne pourra pas te transmettre de sensations. Au début, ce sera compliqué de doser tes mouvements, notamment la pression exercée sur les objets, mais tu t'habitueras vite.

– Alors je veux le faire, trancha Sente. Je vais devenir une Ondine du peuple nain avec une main d'arbre.

– C'est dingue, acquiesça Quentil.

– Ce qui est dingue, comme tu dis, c'est votre capacité à vous lancer dans n'importe quelle aventure, remarqua Nemecq. Vous êtes étonnants. »

La guérisseuse donna une première tisane à Sente, puis plusieurs doses d'un mélange anesthésiant. Quentil, qui avait saisi la main encore valide de la jeune Ondine, sentit qu'elle se relâchait jusqu'à devenir inerte. Nemecq défit alors le bandage autour du moignon et y apposa la main artificielle. Elle les tint fermement soudés tout en chantonnant des charmes : un bourdonnement mélodieux s'éleva dans la pièce, un murmure qui apaisait autant qu'une rivière coulant entre des rives moussues. Des soubresauts parcoururent le bras blessé de Sente, elle gémit, et son front se couvrit de sueurs. L'Ondine aveugle continuait à fredonner, sans desserrer son étreinte. Quentil vit avec stupéfaction que la base de la prothèse se couvrait de filaments blanchâtres qui pénétrèrent lentement sous la peau de Sente, certains coururent le long de l'avant-bras, tournèrent autour, l'enserrèrent, soudant le moignon au bois, puis plongèrent à leur tour dans les chairs. Nemecq lâcha alors son emprise et prit des compresses pour éponger le sang qui commençait à couler abondamment autour des principaux points d'insertion des racines. Elle étala ensuite un baume cicatrisant et banda le bras de Sente.

« C'est fait », dit l'aveugle en soupirant et en s'asseyant, essoufflée.

Sa magie l'avait épuisée, elle baissa les paupières et se tut quelques minutes.

« Maintenant, il faut attendre jusqu'à demain matin.

Une soigneuse viendra lui donner des calmants toutes les deux heures. Tu peux la laisser, elle ne reprendra pas conscience.

– Je vais m'installer ici pour la veiller, je lui dois bien ça.

– Comme tu voudras, mais n'oublie pas que toi aussi tu dois te reposer et guérir. »

Quentil disposa deux fauteuils en vis-à-vis et s'installa le plus confortablement possible. Il observa un long moment le visage crispé de Sente et son regard erra sur les bandages et la main de bois. Le silence s'installa dans la petite chambre et Quentil s'endormit profondément.

À son réveil, il faisait nuit noire et il avait faim. Sente respirait bruyamment, toujours inconsciente. On avait posé sur la table un plateau avec de l'eau, du pain, du fromage et des fruits. Il commençait à manger lorsqu'il entendit des pas. Silahé entra dans la chambre. Ils échangèrent un regard et, pour ne pas réveiller Sente, Quentil suivit l'Ondine sur la terrasse.

« Quelles nouvelles ? demanda-t-il immédiatement.

– Il est mort, lâcha abruptement l'Ondine.

– Comment ça ?

– Je suis furieuse : nous avons commencé à le questionner et Hnassya avait toutes les peines du monde à pénétrer son esprit car ses runes de protection étaient très puissantes. Au bout de quelques heures, il a commencé à faiblir et par moments, il divaguait. Ce qu'il disait n'avait ni queue ni tête, mais nous avions bon espoir de recueillir quelque chose de compréhensible.

– Et alors ? le coupa Quentil.

– Alors, à un moment, Taliq a perdu patience et lui a fait un nœud à la carotide.

– Quoi ? s'exclama Quentil.

– Un truc de sorcier : un nœud avec ta propre veine,

tu l'entortilles si tu préfères. Je ne comprends pas l'utilité de son geste. »

Ils marchèrent un moment en silence, mais Quentil voulait davantage de détails.

« Tu te souviens de ce qu'il disait au moment où il est mort ?

– Je vois où tu veux en venir et j'y ai bien pensé. Il ânonnait des suites de mots sans aucun sens, quelques bribes de phrases. Il est mort en disant : “Ils étaient là avant nous, ils sont oubliés”, répéta Silahé.

– En effet, ça ne nous aide pas beaucoup, soupira Quentil.

– Comme tu dis.

– Pourtant j'ai le pressentiment que les Fomoires préparent quelque chose, et j'ai un sixième sens pour ce qui est des ennuis. Tu me diras que ça ne m'évite pas de me faire cogner, mais j'ai bon espoir que ça me serve un jour.

– Il y a aussi la question de leur localisation, ajouta Silahé. Ils semblent ne pas être trop loin du village et de la cité. Mais je ne vois pas comment ils pourraient dissimuler une tribu entière dans les environs. Entre les Montagnes d'Argent, Nar-î-Nadin et les Tuatha dé Dana, il y a de nombreuses caravanes, des voyageurs, des chasseurs, des prospecteurs. Je ne comprends pas où ils peuvent se cacher.

– Peut-être que ça a un lien avec ce que Baruliq m'a appris.

– Explique, le questionna l'Ondine.

– Il a remarqué que les Fomoires étaient arrivés d'un tunnel censé être condamné. Il se demandait ce qu'ils faisaient là-bas. Cela corrobore le peu qu'ils ont pu me dire, à savoir qu'ils cherchaient bien quelque chose. Peut-être ont-ils deviné ce qui se tramait sur l'île, peut-être que ça les intéresse ; je ne sais pas, tout est possible. »

Silahé ne répondit pas tout de suite. Ils arpentèrent les

pontons pendant quelques minutes, contemplant le fleuve et laissant libre cours à leurs pensées.

« Il ne faut pas nous précipiter, tempéra Silahé, mais cela semble notre seule option.

– De quoi ? s'enquit Quentil.

– Je réfléchissais à haute voix, s'excusa l'Ondine. Je pense qu'il faut retourner voir ce souterrain. La question est de savoir avec qui : seuls ou accompagnés des Nardenyllais.

– Je dirais plutôt accompagnés de Baruliq, proposa Quentil, car j'ai bien l'impression que les Nardenyllais ne veulent plus de nous chez eux.

– Tu as raison, acquiesça Silahé.

– Cela me fait voir d'un œil nouveau la proposition que Zeneth a faite aux anciens il y a quelques mois, continua Quentil. Il avait beau jeu de nous proposer d'annuler le tribut puisqu'il pense sans doute sérieusement à ne plus le renouveler.

– C'est vicieux, comme toujours de la part de Zeneth, constata l'Ondine.

– Croyait-il au moins à la possibilité de retrouver la mer ?

– Qui sait ? »

Ils s'arrêtèrent face à la pointe de l'île et observèrent ensemble les brasillements des cheminées et les escarboucles qui voletaient dans la nuit. L'étendue sombre du fleuve étouffait les bruits des forges. Les échos assourdis de roues battant sur les rails leur parvenaient d'entre les hangars.

Quentil finit par se tourner vers Silahé.

« C'est étrange de te retrouver ici, dans ces circonstances. »

L'Ondine lui fit face, ses lunettes réfléchissant par instants les lumières de l'île du Crabe-Fer.

« Je sais, c'est fou. Je serais tentée d'y voir un signe.

– Sente a eu beaucoup de mal à tourner la page.

– Et elle était sans doute la seule véritable attache que j'avais au village, mais nous étions très jeunes et je voulais vivre une vie aventureuse.

– Et alors ?

– J'ai été servie.

– Mais ?

– Il est impossible de faire confiance aux Nardenyllais et parfois, en servant leurs intérêts, je me suis compromise. Sauf que je suis engagée à vie à leur service.

– Les choses vont peut-être changer, avança Quentil.

– C'est possible : nous sommes de plus en plus tenus à l'écart. Ils vont probablement se débarrasser de nous.

– Il faudrait que cela se fasse en douceur, souhaita Quentil.

– Je préférerais. »

La lune se trouvait très haut dans le ciel lorsqu'ils revinrent vers le monastère. Dans sa chambre, l'Ondine tout juste greffée sommeillait toujours, assommée d'herbes parégoriques. Quentil se laissa tomber sur son fauteuil et réajusta les coussins. Silahé lança un long regard interrogateur sur la prothèse ligneuse, puis elle salua silencieusement Quentil et repartit. Le jeune homme ramena sa couverture sur lui, fronça les sourcils car ses côtes le faisaient toujours souffrir, et ne tarda pas à s'endormir profondément.

Ses préoccupations ne lui laissèrent pas de répit et il s'agita beaucoup dans son sommeil, revivant les violences qu'il venait d'endurer, subissant l'interrogatoire du vidame, ou courant dans des tunnels sans fin. Il se réveilla en sursaut, trempé de sueur, peinant à ouvrir les yeux, comme un rayon de soleil tombait juste sur son visage. Il se débattit maladroitement contre la lumière, grogna, trébucha et acheva de se lever en grimaçant.

Toujours allongée, bien éveillée cette fois, Sente l'observait en silence, amusée. Elle gardait les traits tirés et le visage pâle, mais elle semblait moins souffrir.

« Comment te sens-tu ? demanda-t-il en faisant jouer ses articulations et en essayant de détendre son dos malmené par le fauteuil.

– Aussi bien que quelqu'un qui laisse pousser un buisson sur son bras, blagua Sente.

– Aussi bien que ça ? Je suis rassuré, enchaîna Quentil. Mais tu as l'air épuisée.

– Tu verrais ta tête, tu m'envierais, dit-elle. Je crois que les herbes me font beaucoup de bien et beaucoup d'effet. Je suis comme dans du coton, avec une curieuse sensation de grignotage dans l'avant-bras. C'est presque effrayant si j'y pense. »

Elle leva son membre blessé. La prothèse suivit le mouvement, déjà fermement attachée à l'avant-bras.

« Et en même temps, c'est fabuleux, conclut-elle.

– Tu l'as dit, c'est fabuleux, d'autant plus qu'elle va bouger comme ton autre main. Décidément, les Ondines me surprendront toujours.

– Je pense que Nemecq est à part, parce que je n'ai jamais entendu parler d'une telle magie. Tu n'aurais pas faim ? »

Ensuite, tout en mangeant, le jeune homme rapporta à l'Ondine ce que Silahé lui avait dit.

Des exclamations de surprise les firent sortir sur la terrasse. Un spectacle inattendu s'offrit à eux.

6.

Va-t-il nous déchirer avec un coup d'aile ivre

> « Va-t-il nous déchirer avec un coup d'aile ivre
> Ce lac dur oublié que hante sous le givre
> Le transparent glacier des vols qui n'ont pas fui ! »
>
> *Stéphane Mallarmé*

Depuis la fenêtre de son bureau situé au septième étage du donjon principal, Zeneth avait une large vue sur la cité qu'il administrait depuis de très nombreuses années. Il aimait prendre le temps de la contemplation, car cette vision d'ensemble très concrète s'imposait à son esprit et avait pour vertu de le libérer et de lui permettre de divaguer. Son regard glissait de bâtiment en bâtiment, suivait quelques embarcations sur le fleuve, s'attachait à des détails. Ensuite, venaient invariablement la scrutation, puis les spéculations. Il quittait son balcon pour aller s'asseoir à son bureau et noter les idées qu'il avait eues, les liens qu'il avait établis. La gestion de la cité nécessitait une organisation rigoureuse, mais s'il ne se ménageait pas des espaces de réflexion, la routine l'emportait et cette dernière ne permettait pas le progrès. Et Zeneth faisait tout pour le développement de l'Entrecroisement des Comptoirs, et par là même, pour le profit de Nardenyllais qui n'attendaient que cela de lui : enrichissement et expansion.

Commerçants dans l'âme, les Nardenyllais avaient établi des comptoirs le long de toutes les routes connues et praticables, au bord de tous les fleuves navigables. Ils avaient très rapidement pris conscience que la connaissance des territoires leur donnerait un avantage certain sur les autres peuples. Ils avaient réussi à étendre leur maillage sur une très grande partie des territoires forestiers connus et habités. Concernant l'inconnu, ils finançaient des expéditions qui ne revenaient pas toujours.

Ils amassaient aussi toutes les informations possibles : toute découverte, toute transaction, toute hypothèse, même farfelue, pouvait faire l'objet d'une note que les scribes des comptoirs classeraient et compileraient avec des centaines d'autres. Tout ceci s'agrégeait ensuite dans les donjons de l'île du Crabe-Fer.

Peu nombreux – une cinquantaine de familles regroupant un petit millier d'âmes –, les Nardenyllais ne gouvernaient que les territoires adjacents à leur cité. À l'ouest du Vhûn Gris, les duchés, des régions sûres qui côtoyaient des alliées et des étendues forestières connues. À l'est, les Marches, des territoires tampons qui garantissaient la protection de la cité contre tout ce qui pouvait sortir du Dômaine et menacer ses habitants : des tribus en quête de rapines, des peuplades chassées par d'autres hordes guerrières, des bêtes belliqueuses qui refusaient de se voir imposer des frontières. Ainsi trouvait-on, en amont et à l'est du Vhûn Gris, la Marche des Ombres protégeant Nar-î-Nadin des choses inconnues qui sortaient régulièrement des larges pans inexplorés de la forêt, et la Marche Ripisylve, coincée entre les deux fleuves. À l'ouest du Vhûn Gris, le duché des Sèves, le duché en Chasse et le duché du Fleuve. En aval de la cité, à l'ouest, le duché des Nochers et à l'est, la Marche Fangeuse qui côtoyait les Abattis Cotticas. Le royaume nardenyllais ne s'étendait que sur quatre-vingts kilomètres autour de leur cité, un chemin fluvial balisé et sécurisé menait au royaume des Nains, avec lesquels les Nardenyllais entretenaient de fructueuses relations commerciales. Pour sceller cette entente, Zeneth avait souhaité qu'un Nain reste à demeure à Nar-î-Nadin pour lui servir de consultant. Ainsi, depuis plusieurs années, le Nain Denterneth conseillait Zeneth et participait aux discussions de politique extérieure.

Mis à part cette alliance commerciale, le territoire nardenyllais avait peu d'autres liens. Quelques routes plus ou moins sûres rejoignaient des peuples épars, ou encore des villages isolés comme celui des Ondins. Mais le Dômaine veillait et ne se laissait pas aisément traverser. L'épaisseur de son couvert enfouissait sous la verdure les itinéraires les plus audacieux et transformait en chemins oubliés les routes peu empruntées.

Les Nardenyllais dirigeaient aussi par procuration les quelques territoires alentour où séjournaient de rares peuples sédentaires, ne dispensant leurs conseils qu'avec parcimonie, ou par le biais de réseaux d'influence. Ils avaient compris que le contrôle des peuples leur rapporterait bien plus que la possession de leurs territoires. Ils avaient cherché à se répandre partout, et ils avaient réussi.

La plupart des Nardenyllais se satisfaisaient très bien de cette réussite : leurs affaires fructifiaient et leurs projets s'épanouissaient au soleil d'une prospérité éclatante. Par trois fois déjà, ils avaient accordé leur confiance à Zeneth nDunym ar Yun, qui les gouvernait depuis plus de trente ans. Le souverain devait cette longévité inhabituelle à son profond désintérêt pour le commerce : il ne s'enrichissait pas, ne recherchait aucune prise d'intérêts, et préférait se placer en arbitre inflexible des joutes mercantiles.

Très jeune, Zeneth avait adopté cette posture insolite pour un Nardenyllais ; il avait rapidement déçu son père en se tournant vers la recherche du savoir et en rejoignant les universités où il avait fait carrière. Il avait placé son ambition dans l'exploration de nouveaux territoires de la pensée, et pour ce faire, il avait rassemblé autour de lui un cercle d'esprits brillants, avides de connaissances, férus de toutes les sciences. Ils avaient entrepris des recherches extrêmement variées et avaient ouvert de nouveaux champs du savoir ; pour cette raison, ils avaient pris pour nom les polymathes. Les plus brillants d'entre eux, auxquels appartenait Zeneth, se faisaient appeler les multipotentialistes. Ils possédaient une vision éclatée du monde qui les entourait, envisageant chaque parcelle de savoir comme un fragment lié à d'autres par des centaines de connexions. Afin d'avoir accès à toujours plus de ressources, les polymathes l'avaient finalement aidé dans sa conquête du pouvoir. Depuis des dizaines d'années, grâce à sa protection, ils menaient leurs travaux dans le plus grand secret, entièrement affranchis des contingences matérielles.

Néanmoins, Zeneth connaissait très bien les intérêts de ses compatriotes et il s'occupait constamment de favoriser les échanges commerciaux par la diplomatie, la construction de routes, de ports, ou encore en sécurisant les comptoirs. Il déployait beaucoup d'énergie pour que les Nardenyllais le considèrent comme un juge fiable et un décideur averti, ce qui lui laissait les coudées franches pour s'occuper de projets autrement plus ambitieux et qui engageaient l'avenir de son peuple.

Ainsi, ce jour-là, il ne venait pas sur son balcon pour contempler la cité, mais pour suivre des yeux le renouvellement d'une expérience qui avait échoué une première fois : l'exploration par des moyens aériens. Allégé par de l'air chaud mélangé à un gaz tenu secret, un aérostat s'élevait lentement au-dessus de l'île du Crabe-Fer, tandis que des manœuvres s'affairaient autour d'un cabestan, laissant filer la longue élingue qui retenait le gros ballon et sa nacelle.

À son bord, trois géographes équipés de longues-vues s'apprêtaient à faire des relevés. Zeneth avait missionné plusieurs érudits qui avaient estimé qu'il faudrait s'élever à plus de mille mètres pour avoir une visibilité sur une bonne centaine de kilomètres à la ronde ; la réfraction due à l'humidité leur ferait sans doute gagner une dizaine de kilomètres, mais ils ne verraient pas plus loin. La courbure de la planète leur cacherait le reste des paysages. Avec un peu de chance, ils verraient les Abattis Cotticas et commenceraient à en détailler le labyrinthe, mais Zeneth et ses polymathes avaient d'autres objectifs, plus pragmatiques et plus secrets.

Au sol, de part et d'autre de l'immense cabestan, deux équipes entreprirent de libérer deux nefs très différentes de la première, plus volumineuses, chacune embarquant une baliste de chasse, plus légère que celles utilisées lors des sièges, plus précise aussi. Renforcés de plaques de cuivre et de liège, ces deux aéronefs devaient protéger le ballon principal. Ils se hisseraient moins haut dans l'azur, mais ils avaient pour mission d'abattre les drées.

En levant les yeux, Zeneth vit que les prédatrices tournoyaient déjà assez haut dans le ciel. Au nombre de trois, elles évoluaient sans doute à quelque mille mètres, leur plafond d'observation. L'expérience lui avait appris qu'elles piquaient dès que leur cible atteignait les quatre cents mètres.

Le ballon principal grimpait lentement, au gré des grincements de poulies et du filin métallique qui se dévidait, une cinquantaine de mètres plus bas, les deux nefs de défense se balançaient lourdement, les arcs pointés sur les drées dont les circonvolutions se resserraient en cercles menaçants.

Zeneth considérait ces agressions comme une des manifestations de la farouche opposition de la forêt à toute tentative exploratoire venant des Nardenyllais. Depuis une dizaine d'années, la cité se heurtait régulièrement à des forces peu commodes faisant barrage aux projets qui menaçaient d'empiéter sur la forêt. Le défrichage de nouvelles terres devenait très complexe, l'exploitation du fleuve en aval réveillait des créatures marines féroces, la végétation submergeait les nouvelles routes.

Ses concitoyens n'y voyaient aucune malice surnaturelle, aucun dessein des forces de la nature. Ils envisageaient ces événements comme des phénomènes isolés, et non comme une série de réponses organisées aux agressions que subissait le Dômaine. Zeneth préférait les garder dans cette ignorance.

Les polymathes ne s'y trompaient pas et ils l'avaient mis en garde contre les rebuffades de la nature et l'expansionnisme affiché de la cité.

Repliant ses immenses ailes blanches vers l'arrière de son corps, tout en amorçant une boucle magnifique, la première drée se laissa tomber en piqué vers le ballon. Elle joignit dans son dos les mains qu'elle possédait au niveau de l'articulation médiane de chaque aile, et tout son corps se tendit, du bec à la queue, pour devenir une flèche vibrante qui fendit l'air en sifflant : presque quatre mètres de plumes, d'os et de serres qui se précipitaient vers la fine enveloppe du ballon portant les géographes.

Zeneth entendit nettement le claquement de la baliste. Mais au lieu d'une flèche, tous les spectateurs virent un trait enflammé jaillir de la nef et littéralement transpercer la créature. En même temps, ils perçurent un cri de douleur suraigu. Ses équipes de chercheurs et de techniciens montraient une fois de plus leur savoir-faire : ils avaient réussi à rendre la baliste suffisamment mobile et précise pour suivre la drée en vol, et les projectiles assez véloces pour que l'animal ne puisse les éviter.

Ils n'auraient pu parvenir seuls à un tel niveau de technicité, mais au gré de leurs recherches et de leurs explorations, ils avaient rencontré des alliés inattendus, de nouveaux protagonistes qui, poursuivant une œuvre séculaire, souhaitaient rester cachés. Une entente secrète avait vu le jour et les polymathes avaient bénéficié d'un apport technologique considérable, pour une contrepartie qu'ils jugeaient dérisoire : la promesse d'une guerre que les Nardenyllais savaient déjà inévitable. Les multipotentialistes avaient eu accès à de nouveaux matériaux, à de nouveaux alliages, à de nouvelles techniques de forge. Leurs partenaires maîtrisaient même une magie que les savants de la cité ne connaissaient pas. Les balistes se métamorphosèrent alors en redoutables engins de mort.

La drée ouvrit ses ailes, s'enveloppa maladroitement dedans et chuta sans grâce, laissant derrière elle, à chaque cri, un sillage de feu bleuté et des cristaux de glace qui tombaient en poussière d'étoiles et disparaissaient en fondant. Tandis que la créature se rapprochait vivement du sol, sa longue queue à plumeau bleu claquait dans l'air. Tous attendaient l'impact, car Zeneth et son équipe avaient fixé comme objectif secondaire à cette opération la récupération d'une dépouille de drée à des fins d'étude.

Elle s'écrasa au beau milieu du quartier populaire d'Hillat Hamad, entre le monastère de l'Onde et le donjon principal. Une explosion sourde retentit, profonde mais peu bruyante. Pendant que le son s'évanouissait dans de longs échos, une intense lumière bleutée les aveugla, enveloppa une partie du quartier puis s'éteignit soudainement, ne laissant sur place qu'un étrange rayonnement opalescent.

Zeneth se précipita dans son bureau pour chercher une longue-vue qu'il braqua sur le lieu de la déflagration. La glace avait envahi plusieurs pâtés de maisons, statufiant les habitants en plein jour, recouvrant les rues d'un glacis céruléen, baignant le tout dans les vapeurs tremblantes du gel.

Zeneth sourit devant l'immense découverte qu'ils venaient

de faire. Il suivit du regard ses équipes qui arrivaient sur place pour opérer les premiers prélèvements et faire toutes les observations nécessaires. Un homme posa le pied sur la rue verglacée, le givre enveloppa son pied, enserra sa jambe et, tandis qu'il hurlait de peur et de douleur, le statufia sous les yeux affolés de ses camarades. Zeneth vit ses équipes refluer et commencer à mettre en place un cordon de sécurité.

Dans les cieux, les deux autres drées échangèrent plusieurs cris, prirent de la hauteur et disparurent. Le ballon continuait son ascension, et atteignait sans doute déjà les six à sept cents mètres. Plus aucun signe de prédateurs. Les Abattis Cotticas allaient-ils livrer quelques-uns de leurs secrets ?

Zeneth sortit de son bureau rapidement, expliqua à son secrétaire qu'il se rendait en ville et s'engagea dans l'ascenseur à contrepoids, suivi de Vinuss, son garde du corps – un guerrier slasch à la peau couverte de larges plaques de corne épaisse et aux yeux verdâtres. Lorsqu'ils parvinrent au rez-de-chaussée, son escorte encadrait déjà son carrosse. Avant de s'y engouffrer, talonné de près par le guerrier armuré, Zeneth ordonna que l'on fasse venir immédiatement les mages et les Ondins sur les lieux de la chute.

Ils atteignirent l'emplacement de la catastrophe dix minutes plus tard. De nombreux soldats contenaient une foule houleuse qui ne cessait de grossir. Les proches des victimes pleuraient, criaient, et certains cherchaient à se frayer un chemin. Des habitants du quartier essayaient de passer, ne comprenaient pas pourquoi ils ne pouvaient pas rentrer chez eux, puis restaient stupéfaits devant le spectacle qu'ils découvraient. Une vie de quartier venait de s'immobiliser. Hommes, femmes, enfants, animaux, la glace les avait tous pris soudainement, sans qu'ils aient le temps de s'en apercevoir, suspendant pour toujours des gestes quotidiens.

Les soldats n'avaient pas réussi à contrôler entièrement la pression des curieux et des mécontents, et dans la cohue, deux personnes de plus avaient succombé à l'attaque du gel, ce qui avait modéré les ardeurs du reste de la foule. Bousculant sans ménagement les badauds, l'escorte de Zeneth se fraya un passage ; le seigneur des Nardenyllais descendit de son carrosse et s'approcha de l'étendue gelée.

Il ressentit immédiatement le froid intense qui régnait sur le quartier sinistré. À mesure qu'il avançait, il comprit que le gel n'avait pas simplement recouvert les maisons et emprisonné les habitants. Une blancheur et une transparence surnaturelles avaient remplacé les couleurs des maisons, des clôtures et des végétaux. Les vêtements des habitants statufiés n'avaient plus aucune teinte. La drée avait transformé toute chose en glace translucide. Le quartier miroitait au soleil et une fine vapeur commençait à s'élever. Quelques gouttelettes apparurent et se mirent à tomber au sol. La chaleur de l'après-midi allait maintenant faire disparaître le cauchemar, et Zeneth se demanda ce qu'il resterait du quartier dans quelques heures.

Il fit boucler le secteur sur plusieurs pâtés de maisons, donnant comme consigne de repousser la foule sans ménagement. Quelques minutes plus tard, d'autres carrosses et des calèches arrivèrent, ses mages, dont plusieurs polymathes, et ses conseillers ondins et ondines en descendirent. Il y eut un moment de stupéfaction ; puis, chacun essaya de comprendre quelles forces œuvraient dans le quartier.

Zeneth retourna s'asseoir dans son carrosse et attendit les premières conclusions. Le mage Taliq vint le voir au bout de quelques minutes.

« Nous avons un problème, seigneur Zeneth, commença le mage.

– Je suis d'accord, ironisa Zeneth, mais j'attendais des observations beaucoup plus précises de ta part. Tu fais un piètre multipotentialiste.

– Ne ris pas, reprit le mage. Il n'y a plus aucune trace de magie. Tu devrais venir voir.

– Comment ça ? s'étrangla-t-il.

– Rien du tout. Il n'y a plus que de l'eau. Gelée, c'est sûr, mais rien que de l'eau. »

Zeneth jaillit hors du carrosse, juste à temps pour voir que l'Ondine Sitelle se risquait sur la glace. Il ne se passa rien, aucun tentacule de gel n'essaya de l'agresser. Elle s'avança lentement sur l'avenue glissante, observa pendant quelques secondes un passant statufié et se dirigea vers un arbuste. Elle se saisit d'une branche qu'elle cassa en plusieurs morceaux.

« C'est bien de la glace, cria-t-elle. Il n'y a rien d'autre ici. »

Tous s'avancèrent alors, certains glissèrent, se retinrent à des statues qui se brisèrent, mais le constat demeurait le même : le quartier ressemblait à une immense création de glace, un cimetière morbide et frissonnant. Aux premiers rangs de la foule contenue par les soldats, des habitants poussèrent des cris de stupéfaction et d'horreur en comprenant que leurs proches avaient disparu et qu'il n'en restait que de l'eau. Sentant leurs parents désemparés, des enfants se mirent à pleurer. La rumeur grossit et se transforma rapidement en grondement de colère, des cris et des insultes fusèrent et les huées se tournèrent rapidement contre les mages et les conseillers, qui représentaient ceux qui avaient fait abattre la drée. La soldatesque repoussa brutalement les plus vindicatifs, maîtrisa les bousculades et contint la hargne populaire.

Les savants qui exploraient la désolation glacée ne trouvèrent rien au point d'impact, si ce n'est quelques murs écroulés, mais il n'y avait aucune trace de la créature.

Dans quelques heures, tout aurait disparu, aspiré par le sol, retourné à la nature. La drée avait annihilé un pan entier de Nar-î-Nadin.

Zeneth s'apprêtait à remonter dans son carrosse, lorsqu'il vit Denterneth s'avancer vers lui. Corseté comme à son habitude dans une armure noire en cuir rigide, le vieux diplomate arborait un air préoccupé.

« Seigneur Zeneth, je suis préoccupé par ce que je viens de voir, commença le Nain.

– La destruction du quartier ? le coupa Zeneth.

– C'est une conséquence désastreuse de votre conquête des airs.

– Nous n'avons fait que nous défendre, protesta Zeneth.

– Vous empiétez sur le territoire des drées sans y avoir été invités, je vous avais mis en garde.

– Nous en avons déjà débattu, et je sais que nous sommes en désaccord, mais nous estimons avoir le droit d'explorer ces territoires à notre guise.

– Moi, je vous parle d'équilibre, répliqua le vieux Nain, mais j'ai peur que ce soit peine perdue.

– Nous prendrons le temps de rediscuter de tout ceci, répondit le seigneur des Nardenyllais. Pour l'instant, je dois gérer cette catastrophe. »

Zeneth remonta dans son carrosse et invita Taliq à le suivre. Les deux hommes se connaissaient bien : ils avaient presque grandi ensemble et partageaient les mêmes rêves. Ils avaient formé ensemble le groupe des polymathes et si Taliq avait souhaité rester dans l'ombre pour poursuivre ses recherches, il avait activement soutenu Zeneth dans sa conquête du pouvoir.

« Tu sais que c'est encore un coup de semonce ? remarqua Taliq, une fois installé.

– Je sais, et pas des moindres, grommela Zeneth. Le vieux Denterneth vient de me le rappeler. Nous devons temporiser avec eux, sinon ils ne nous soutiendront peut-être plus très longtemps.

– Impressionnant, en attendant, commenta Taliq. Nous pouvons toujours nous dire que les trois gugusses que nous avons envoyés là-haut auront fait quelques relevés exploitables.

– Je serais étonné qu'ils aient eu une vue sur toute l'étendue du Gosier.

– Peut-être, approuva Taliq, mais ce sera déjà un début. Qu'est-ce qui te tracasse ?

– Je ne peux m'empêcher de penser que les Abattis Cotticas pourraient être le delta d'un fleuve intérieur. Le Vhûn ne rejoindrait pas la mer.

– Un fleuve endoréique ? C'est une simple hypothèse et nous l'avons déjà explorée. Ce n'est pas ça le problème. Que se passe-t-il ? Tu sembles douter de notre entreprise…

– Quand je vois ce qu'une drée peut nous faire alors même que nous l'abattons, je suis de plus en plus persuadé que seule la magie peut réellement nous aider à progresser. Les prouesses techniques ne suffisent pas, gagea Zeneth.

– Je partage ton point de vue, approuva Taliq, mais nous touchons au but grâce à nos nouveaux alliés et aux dernières cartes que nous avons mises à jour. Nous allons briser notre enfermement en utilisant des forces hermétiques auxquelles nous n'avions jamais eu accès. Nous y sommes presque ! »

Zeneth commanda au carrosse de reprendre le chemin du palais. Les deux multipotentialistes observaient la foule qui se massait devant le quartier bouclé par les soldats ; les visages se succédaient, étonnés, ébahis, tristes, parfois terrorisés ou seulement inquiets. Son regard s'arrêta quelques secondes sur un faciès familier ; ils se dévisagèrent brièvement, Zeneth reconnut une cicatrice, un regard perçant aussi. Il cligna des yeux, ébloui, car la glace étincelait sous le soleil déclinant de la fin d'après-midi. Lorsqu'il chercha à nouveau Quentil dans la foule, il ne le retrouva pas. Il s'enfonça dans son siège et fit rapidement le vide dans son esprit. Les Ondins ne devaient plus l'inquiéter et il lui fallait se focaliser sur l'œuvre en cours, sans perdre de vue ses alliés. Taliq avait repris son bavardage, continuant à estimer l'état d'avancement de leurs plans et le chemin qu'il leur restait encore à parcourir.

Après avoir vu le halo bleuté et entendu l'explosion, Quentil avait laissé Sente pour courir jusqu'au lieu de l'impact, à quelques centaines de mètres du monastère de l'Onde. Croiser le regard de Zeneth ne le surprit pas : il se doutait bien que le seigneur des Nardenyllais supervisait de près ou de loin toutes ces expériences. Il suivit des yeux le carrosse qui repartait, puis il se rapprocha du cordon de soldats. Il reconnut aussi dans la foule le Nain qui avait accompagné Zeneth à Sráidbhaile quelques mois auparavant. Quentil héla Silahé qui discutait devant l'étendue glacée. L'Ondine le rejoignit.

« C'est fou ! ahana Quentil, épuisé par l'effort que lui avait demandé sa course.

– Oui, je ne pensais pas qu'il oserait abattre une drée, opina Silahé.

– Comment ça ?

– Ils avaient déjà envoyé un aérostat il y a quelques mois, mais les drées l'avaient détruit. Je vois que Zeneth n'a pas renoncé, lui expliqua l'Ondine.

– À quoi cela lui sert-il ?

– Officiellement, à topographier le Gosier, mais je suis sûre qu'il a d'autres motivations.

– Que vas-tu faire ?

– N'oublie pas que j'ai fait allégeance à Zeneth, le mit en garde Silahé. Une allégeance qui permet aux Ondins de rester tranquillement là où ils sont, ce qui, pour l'instant, semblait leur convenir. Je ne ferai rien qui puisse nuire aux Nardenyllais et je ne m'immiscerai pas dans les affaires de Zeneth.

– Excuse-moi, se reprit Quentil. Je sais que tu as fait le choix de servir Zeneth pour nous protéger tous ; et en aucun cas je ne voudrais que tu trahisses un sacrifice nécessaire.

– Tu devrais aller te reposer, lui conseilla Silahé, tu as une tête de déterré.

– Tu as raison, je vais retourner au monastère. »

Quentil fendit la foule et reprit la grande route qui se trouvait complètement encombrée. Des badauds affluaient de toute la ville pour voir le spectacle incroyable d'un quartier entièrement réduit en glace. Les soldats avaient toutes les peines du monde à arrêter la marée humaine qui se pressait dans toutes les ruelles adjacentes, et la cohue devenait indescriptible. Les attelages ne pouvaient plus faire demi-tour et il devenait compliqué de s'extraire de l'attroupement. Quentil joua des coudes, parvint à se frayer un chemin et à rentrer chez les Ondines.

Les jours qui suivirent la chute de la drée, Quentil et Sente profitèrent de l'hospitalité de Nemecq et prirent un repos bien mérité. Le jeune homme enchaîna les nuits de douze heures, passant ensuite ses journées à lézarder dans le jardin ou à flâner sur le mail en bois. Il ne pouvait s'empêcher d'observer longuement l'île du Crabe-Fer, ses fumées noires, le sourd rougeoiement des fours à cuivre, les escarboucles qui jaillissaient des forges et les étincellements métalliques des pièces de machinerie qui transitaient d'un atelier à un autre. Une inquiétude ombrageuse dont il n'identifiait pas la source obscurcissait de plus en plus souvent sa fascination pour ce qui se construisait dans ces hangars.

En revanche, il s'émerveillait des progrès de Sente : au bout de quelques jours, elle put s'entraîner à utiliser sa prothèse comme une main normale pour saisir des objets. Il lui fallait encore se concentrer lorsqu'elle enserrait quelque chose de fragile, ceci afin de doser l'intensité de la pression exercée. Elle cassa plusieurs verres et assiettes avant de trouver le juste milieu entre une préhension efficace et une empoignade destructrice. Lorsqu'elle faisait jouer ses articulations de bois, les nœuds d'un noir profond s'animaient sur le dessus de ses doigts : ils se dilataient à chaque fois qu'elle fermait son poing, tandis que les nervures se concentraient et se rapprochaient si elle ouvrait la main. Le spectacle les fascinait tous les deux et ils passèrent de longs moments à observer la prothèse se mouvoir.

Un matin, ils virent plusieurs Ondins faire irruption dans le jardin, armés, équipés de pied en cap pour la route et accompagnés d'une Silahé à l'air mécontente. Quentil et Sente connaissaient tous ceux qui arrivaient : deux guerrières, Stritch et Halliv, vêtues de cuir souple renforcé aux articulations, le mage Dûrsil, son bâton de pouvoir et ses innombrables bagues, la pisteuse Linssa et le guerrier humain Torv, un géant qui portait cotte de mailles et hache à double tranchant. Tous venaient très certainement directement du village et semblaient avoir voyagé rapidement.

Quentil et Sente allèrent à leur rencontre, contents de voir des visages connus. Le jeune homme échangea une longue accolade avec Linssa et Halliv, des compagnes de veillée. Sente avait formé toute l'équipe aux interventions rapides et aux missions éclair en forêt ; elle les serra tous dans ses bras, heureuse et émue de les voir au monastère. Silahé attendit quelques minutes et prit la parole.

« Si j'ai bien compris, vous avez pris la route dès que les Fomoires se sont enfuis. Six jours pour arriver jusqu'à nous, c'est un record.

– Sauf qu'ils sont arrivés bien avant nous, l'interrompit Linssa, je ne comprends pas comment c'est possible.

– Je me pose la même question, acquiesça Silahé, et je

vais faire la lumière là-dessus. Peut-être que ce n'étaient pas les mêmes et qu'ils étaient déjà sur place. Je verrai. Ce qui me préoccupe maintenant, c'est de vous voir tous ici.

– Comment ça ? protesta Stritch, la meneuse du groupe.

– Si je compte aussi Sente et Quentil, expliqua Silahé, vous êtes maintenant sept guerriers aguerris sur le sol nardenyllais, et pour être plus précis, à quelques centaines de mètres du palais. Ceux qui s'occupent de la sécurité du palais auront de quoi être nerveux.

– Je comprends, opina Sente. Que veux-tu que nous fassions ?

– Comment vous vous sentez, tous les deux ? répondit abruptement l'Ondine.

– Tu veux savoir si nous pouvons voyager ? ironisa Quentil.

– Nous pouvons voyager. Tu veux nous voir partir quand ? la devança Sente.

– Le plus tôt possible. »

Le reste de l'équipe assistait médusé à l'échange, jusqu'à ce que Torv prenne la parole.

« On ne se connaît pas bien, mais je suis venu ici pour aider Quentil à la demande des anciens. Je viens de me taper six jours au galop, sans dormir. Alors je vais me poser au moins deux jours. Même si c'est dans une cellule, ça me va. »

Silahé ne sourcilla pas et lança un regard évaluateur au colosse.

« Je ne préfère pas : tu me mettrais la prison sens dessus dessous, blagua-t-elle. Prenez le temps qu'il vous faut, mais sachez que vous n'êtes pas les bienvenus. Demandez à Sente et Quentil quel accueil ils ont eu de la part du vidame de la cité. Je suis désolée, mais deux gardes devront surveiller vos allées et venues.

– Merci, Silahé, conclut le mage Dûrsil. Nous partirons dans deux à trois jours grand maximum. »

Silahé les salua rapidement et tourna les talons. Tous s'entreregardèrent et se mirent à rigoler : Sente et Quentil, parce qu'ils retrouvaient des amis qu'ils avaient quittés depuis plusieurs mois, pour le reste de l'équipe, parce qu'ils récupéraient les deux aventuriers en bonne santé, malgré les séquelles de leur rencontre avec les Fomoires.

Tous allèrent trouver Nemecq pour lui signifier qu'ils ne logeraient pas au monastère, mais en ville, ceci afin de libérer de la place et pour ne pas perturber le calme du dispensaire. Sente et Quentil la remercièrent pour ses soins et promirent de lui donner des nouvelles.

Ils se dirigèrent ensuite vers l'auberge du Fleuve où Quentil avait logé avant que les Fomoires ne le capturent. Le tenancier ne montra aucune surprise en voyant arriver Quentil ; il esquissa un vague grognement qui laissait entendre que Baruliq l'avait tenu informé d'une partie des péripéties en passant chercher les affaires de son ami.

Ils s'installèrent dans un joyeux chahut, avant de se retrouver dans la salle commune pour réclamer à grands cris un repas consistant et des pintes de bière. Le patron se renfrogna définitivement à la vue de Sente écrasant sa première chope entre ses doigts malhabiles, tandis que le fou rire s'emparait des autres convives. Lorsque Dûrsil improvisa un chant en l'honneur des chopes défuntes, l'homme comprit que la soirée allait s'éterniser. Il avait raison. La seule concession qu'ils firent à leur fatigue fut de ne pas changer d'auberge, mais de rester solidement assis à trinquer jusqu'au petit matin.

Sente et Quentil prirent avidement connaissance des dernières nouvelles du village. La décision de Sylve et de Vàatta ne les surprit pas, et ils posèrent de nombreuses questions sur l'avancée du projet et sur les villageois qui avaient exprimé leur désir de suivre la caravane.

Quentil avait retrouvé Halliv avec un vif plaisir. Il avait plusieurs fois par le passé recherché sa compagnie, mais la jeune Ondine ne l'avait jamais réellement encouragé, bien plus intéressée par des hommes moins timides et plus virils que le jeune hydraulicien. Ce soir-là, il comprit ce que Sente lui avait expliqué : sa balafre, ses neuf mois de voyage et ses blessures l'avaient transformé physiquement, mais aussi émotionnellement et mentalement. Dans le regard de Halliv, il vit une certaine surprise et un intérêt nouveau pour sa personne. Il se laissa aller à une certaine hâblerie, s'amusant de lui-même en costume d'aventurier, mais ne trouvant pas ce rôle désagréable.

Même très fatigués, ou très enivrés, certains parvinrent à remonter à l'étage, d'autres, comme Dûrsil et Torv, n'essayèrent même pas de gravir les escaliers et s'endormirent à même leur banc. L'œil brillant, mais la démarche incertaine, Quentil suivit Halliv jusque dans la chambre de cette dernière. Ils entrèrent tous deux en titubant, et après des baisers enflammés, la jeune Ondine se débarrassa de ses vêtements d'un air provocateur. Quentil essaya de faire de même, mais ses côtes le lançaient encore trop pour qu'il puisse fanfaronner. Il grimaça et se laissa choir sur le lit pour tenter d'ôter son pantalon, Halliv vint l'aider en riant. Allongé sur le dos, il vit l'Ondine se pencher sur lui, puis il sombra dans un sommeil sans rêves.

Quentil se réveilla seul aux alentours de midi. Il chercha ses affaires pendant quelques minutes avant de comprendre qu'il ne se trouvait pas dans sa chambre. Il descendit d'un pas mal assuré vers la salle commune, espérant trouver un solide café. Derrière le comptoir, le patron de l'auberge le regarda d'un air placide.

« Le mieux pour rester digne, c'est d'avaler un bon steak avant de boire. »

Quentil lui lança un regard interrogateur, se saisit du café fumant que l'homme lui tendait et sortit sur la terrasse où il entendait ses amis bavarder. Tous se tournèrent vers lui lorsqu'il apparut, plissant les yeux sous l'agression du soleil.

« Passé une bonne nuit ? lui grogna Torv, tandis qu'il s'asseyait.

– Trop courte, répondit évasivement Quentil.

– J'ai gagné, fit calmement Torv à Dûrsil, il a dormi. Quelle pitié ! »

Dûrsil regarda Quentil avec mépris, ce dernier rougit, se racla la gorge et lança un coup d'œil gêné à Halliv. Le mage et le guerrier partirent d'un grand éclat de rire, les autres se contentèrent de sourire.

« Vous êtes lourds, je n'en reviens pas, leur jeta Halliv.

– Bravo, j'ai compris, maugréa Quentil. Vous vouliez savoir. En effet, je ne suis pas très en forme, c'est ce qui se passe quand on se fait tabasser par les Fomoires.

– Ne réponds pas, conseilla Sente, ça les encourage.

– Vous feriez mieux de vous reposer, rétorqua Quentil, parce que ce soir, nous avons du travail.

– Explique-toi, chef », ironisa Stritch.

Quentil leur fit un compte rendu détaillé de son enlèvement et de ce que Baruliq lui avait expliqué des égouts normalement condamnés qui donnaient sur le réseau de l'île du palais. Il conclut en affirmant sa volonté d'aller explorer ces tunnels, étayant cette décision par son intime conviction que les Nardenyllais avaient des projets dangereux que le jeune homme qualifia de complots. Il ne pouvait dire ce que ciblait Zeneth, mais la manière dont il avait choisi d'abattre une drée montrait sa détermination et le danger qu'il représentait pour ceux qui s'opposeraient à lui.

Ils discutèrent tout d'abord de l'opportunité de se lancer dans une opération d'espionnage, alors même que les Ondins au service de Zeneth ne pouvaient plus se rendre sur l'île du Crabe-Fer et encore moins approcher du palais. Mais leur esprit aventureux l'emporta, ils oublièrent les mises en garde de Silahé, et l'échange s'orienta rapidement vers la manière de procéder. Les anciens avaient sans doute diligenté l'équipe la plus rapide du village, mais aussi la plus indisciplinée, formée d'individus qui devaient une bonne partie de leur formation à Sente, laquelle ne se caractérisait pas par son obéissance aveugle aux règles ou aux convenances.

7.

Les grandes forges soufflent leur haleine ronflante

« Les grandes forges soufflent leur haleine ronflante, pareille à des mugissements de lion apocalyptique ; les hautes cheminées jettent au vent leurs panaches de flammes, et l'on entend des bruits de métal qui roule, de métal qui sonne, de marteaux énormes qui retombent. »

Guy de Maupassant

Baruliq avait refusé de leur laisser un plan ; il avait préféré partir avec eux, au motif qu'ils pourraient avoir besoin de ses connaissances pour s'orienter. Ils revinrent à l'endroit où ils avaient combattu les Fomoires, puis, guidés par l'égoutier, ils s'engagèrent dans un collecteur de plusieurs mètres de diamètre, et progressèrent tous en file indienne le long d'une banquette de visite, sorte de trottoir surélevé surplombant les eaux usées qui s'écoulaient. Ils marchèrent presque une heure, avant d'arriver à un immense déversoir d'orage. Deux autres collecteurs s'y jetaient. Pendant quelques secondes hors du temps, ils se crurent revenus en forêt en entendant le bruit incongru de la cascade. Ils suivirent des passerelles en fer rouillé et se faufilèrent dans un collecteur de moindre importance qu'ils suivirent quelques minutes. Arrivés à une chambre de jonction où se répandaient plusieurs conduits d'évacuation, ils pénétrèrent dans un petit égout équipé d'un unique trottoir très étroit et où ils ne pouvaient pas toujours se tenir debout. De loin en loin, des tuyaux déversaient des eaux usées et des immondices qu'un léger courant emportait et qui passaient en flottant juste à leurs pieds. Baruliq ralentit le pas, jusqu'à ce qu'ils débouchent sur une pièce presque vide au fond de laquelle ne parvenait qu'un unique égout.

« Nous sommes sous le fleuve. Normalement, c'est une chambre de visite ordinaire. Il devrait y avoir plusieurs égouts qui y arrivent. Mais avec la séparation des réseaux, elle ne reçoit plus qu'un flux. C'est de là-dedans que vos Fomoires revenaient ; à ma connaissance, ça devrait être un cul-de-sac. »

Stritch positionna Baruliq au milieu du groupe, Torv ouvrit la marche, immédiatement suivi du mage. Ils avancèrent prudemment jusqu'au bout du tunnel. Là, une brèche béait dans un mur qui devait condamner le tunnel et séparer le réseau de la ville de celui de l'île et du palais. Torv lança un bref regard à Stritch, il franchit le tas de gravats, imité par Dûrsil. Ils disparurent à peine quelques secondes, puis Dûrsil réapparut et les invita à avancer. L'ouverture donnait sur un tunnel de briques, au sol de terre battue et qui s'allongeait du nord au sud, dans le sens du fleuve, le long de l'île. Ils décidèrent de remonter le boyau vers la pointe de l'île. Il n'y avait plus aucune trace de canalisation, de déversoir ou d'égout, leurs pas résonnaient dans un immense couloir et, malgré la proximité du fleuve, il n'y avait pas d'humidité dans l'air, juste une vague odeur terreuse mêlée à quelque chose d'indéfinissable et qui s'apparentait à de la pierre broyée ou du silex.

Ils marchèrent ainsi plusieurs dizaines de minutes, jusqu'à ce que les parois de droite du tunnel changent radicalement d'apparence : de larges plaques de fer rivetées remplacèrent les briques, tandis que la voûte reposait sur des poutres massives maintenues au sol par des plots de mortier. Les plaques de fer semblaient s'enfoncer profondément dans la terre et s'élever au-dessus du plafond. Ils s'arrêtèrent pour sonder cette cuirasse qui leur rendit un son plein et peu sonore. Rien ne reliait les plaques métalliques rivetées au reste du tunnel, comme si ce dernier longeait une construction autonome. Ils reprirent leur avancée, quand, au bout de quelques minutes, Halliv posa son oreille contre une plaque d'acier et leur fit signe de faire de même : ils perçurent distinctement un battement lointain, de longs coups sourds et réguliers. Intrigués, ils pressèrent le pas et finirent par entendre clairement d'étranges claquements provenant de l'autre côté de la paroi.

« On dirait un tunnel de service, dit Quentil à Baruliq.

– C'est bien possible, mais on n'utilise jamais ça dans les réseaux d'égouts. Il servirait à surveiller quoi ?

– Je ne sais pas, une immense boîte en fer, hasarda Quentil.

– Une boîte que les Fomoires recherchaient, intervint Sente. Ce sont eux qui ont percé le mur ; ils ont dû venir jusqu'ici.

– En tout cas, nous arrivons au bout de l'île, constata Baruliq, nous ne devrions pas tarder à tourner vers l'est.

– Si nous refaisons surface, nous allons peut-être comprendre ce qu'ils fabriquent sur cette île », espéra Quentil.

Ils se turent à nouveau, laissant place à un silence pesant, animé des seuls cognements répétés, obsédants. Les vibrations se répercutaient en écho jusque dans leurs os. L'étrangeté du lieu leur imposait un mutisme étouffant.

Au lieu du coude attendu, leurs torches éclairèrent finalement un escalier métallique à paliers, accolé aux plaques de fer. Le tunnel s'arrêtait là. Une faible lueur descendait jusqu'à eux, et ils perçurent quelques sons assourdis : des glougloutements, des grincements et des frottements désagréables qui leur provoquèrent des frissons. Stritch n'hésita pas et monta rapidement les marches, comme pressée d'échapper à l'atmosphère oppressante du passage, impatiente de comprendre ce qui se tramait autour d'eux. Tous la suivirent : ils passèrent trois paliers successifs avant de déboucher sous un hangar immense, constitué de plusieurs entrepôts assemblés. Ils s'immobilisèrent, muets de stupéfaction. Éclairée de loin en loin par des opalines enchaînées qui pendaient aux poutrelles des plafonds, une machine colossale reposait au fond d'une excavation monumentale dont les contours disparaissaient dans la demi-obscurité. Le tunnel qu'ils avaient suivi faisait le tour des fondations de cette cale. Ils distinguaient difficilement la mécanique dans sa globalité, car les éléments n'apparaissaient que fugitivement entre les ombres, parmi les lueurs rougeâtres des forges, et d'étonnants rais de lumière blanche qui perçaient d'énormes cuves couchées.

« On dirait un bassin de radoub », chuchota Quentil à Stritch.

Elle ne sembla pas comprendre, pas plus que le reste de l'équipe ; il leur expliqua rapidement.

« Ce truc ne peut pas flotter ! s'exclama Torv.

– Je n'ai jamais rien vu de tel, ajouta Sente.

– Moi non plus », approuva Baruliq.

Ils commencèrent à suivre le parapet, lorsque les opalines se mirent à briller plus intensément, jusqu'à illuminer le gigantesque atelier.

« Elles détectent notre présence, commenta laconiquement le mage.

– C'est raté pour la discrétion », déplora Stritch.

Le reste de l'équipe se taisait et fixait, médusé, le prodigieux assemblage mécanique, rutilant de cuivre et d'acier. Il y avait bien là quelque chose comme une embarcation insensée, étayée d'échafaudages en bois pour la maintenir à l'horizontale et dont le fond légèrement incurvé reposait au sol. Elle devait mesurer presque cent mètres de long, sur une soixantaine de large ; la coque, entièrement en acier bruni percé de nombreux hublots, s'élevait à cinq mètres du sol et l'apparentait davantage à une barge démesurée qu'à un navire. Au centre de sa proue, une énorme chaîne d'entraînement portait de monstrueux godets, trapus, griffus et qui reposaient sur un support replié et prêt à se déployer devant la barge. De part et d'autre, deux bras articulés s'allongeaient contre la coque. Leurs extrémités se terminaient par des pinces de près de deux mètres, au-dessous desquelles oscillaient deux scies circulaires dont les dents étincelaient d'un éclat funeste.

Ils avancèrent lentement vers l'arrière de la barge.

« C'est un engin à vapeur », établit Quentil.

Baruliq hocha la tête d'un air entendu, les autres manifestèrent à nouveau leur incompréhension.

« Une machine qui peut se déplacer avec la force de la vapeur, développa le jeune homme. Il y en a une sur le port. Mais je n'avais jamais entendu dire que ça pouvait naviguer. »

Il demeurait stupéfait par le degré de technicité de la bête inerte, dont il parvenait néanmoins à identifier certains organes. En son centre, trois boîtes à feu fermées par des grilles semblaient illuminées de l'intérieur, mais au lieu du ronflement d'un brasier, une plainte lugubre s'en échappait, profonde et glaçante et qui passait du grave à l'aigu en leur provoquant des frissons désagréables. Accolées à un bouilleur ovale et joufflu, elles se préparaient à surchauffer l'eau qui monterait en pression dans le dôme surplombant cette chaufferie. Des tuyaux de cuivre parcouraient toute l'embarcation pour distribuer la vapeur aux nombreux cylindres à pistons : ceux placés juste sous le bouilleur actionnaient un train d'engrenages dont la force démultipliée mettrait la chaîne à godets en mouvement. D'autres équipaient les bras mécaniques pour l'instant inertes, et à l'arrière de l'embarcation, des volants à inertie se préparaient à lancer la rotation de deux magnifiques roues à aubes, indépendantes l'une de l'autre et qui occupaient toute la largeur de la poupe. Le poste de commande se dressait entre la poupe et les chaudières, et l'on voyait à l'intérieur de multiples manettes et leviers, ainsi qu'un escalier à vis.

Sur le pont, Quentil distinguait de nombreux mécanismes, comme un cabestan qui servait à relever les godets, mais il ne comprenait pas le fonctionnement de certaines autres pièces : des palans et des élingues soutenaient deux toboggans télescopiques en cuivre, deux énormes cuves en fonte noire semblaient contenir les rouages d'un dispositif mystérieux, de nombreux tuyaux souples couraient le long des mécanismes. Il y avait même des monceaux de tissus et des treuils.

La pisteuse Linssa leur fit signe de se taire.

« Il y a du monde dans la cale, ils montent l'escalier. »

Tous se précipitèrent derrière des matériaux stockés sur le bord du bassin à sec, et attendirent en retenant leur souffle. Deux hommes débouchèrent sur le pont, parlant entre eux dans une langue inconnue. Grands, torse nu, la peau extrêmement blanche, entièrement glabres, sans même de sourcils ni de cils, ils levèrent les yeux avec surprise vers les opalines qui brillaient de tous leurs feux et ils échangèrent quelques mots incompréhensibles. Puis ils s'approchèrent des chaudières et l'un d'eux posa la main sur le revêtement en fonte. Immédiatement, toutes les veines de son bras se mirent à scintiller tandis qu'il murmurait sombrement. En quelques secondes, un fin réseau luminescent parcourut son corps et il sembla bientôt recouvert d'une résille phosphorescente. Son compagnon en fit autant. À l'autre extrémité du hangar, une porte s'ouvrit et plusieurs hommes de même apparence entrèrent, tenant en main leurs outils de forge. Ils se dirigèrent vers la barge et s'arrêtèrent sur le bord opposé du radoub. L'un d'eux tenait une longue tige en fer terminée par un crochet, il leva la main et, les doigts grands écartés, il tourna sur lui-même, les yeux écarquillés, explorant psychiquement tout l'atelier. Dûrsil tressaillit depuis leur cachette et ferma les yeux, comme pris d'un malaise.

« Vous êtes venus jusqu'à nous, Ondins ! » hurla l'homme blanchâtre, pointant leur cachette du doigt.

Sa voix tremblait et tout son corps s'illumina de pulsations blanches tandis qu'il parlait.

« Venez donc observer notre œuvre de plus près, continua l'homme. Plus de petits secrets entre nous. »

Toute la compagnie des Ondins avait les yeux fixés sur Dûrsil qui haletait et avait du mal à retrouver son souffle.

« Ne tentez rien, leur conseilla ce dernier, je sens d'autres éléments encore invisibles. »

Stritch se montra la première, suivie de Halliv et des autres. Tous se dévisagèrent en silence. Puis, l'homme à la tige de fer, sans aucun doute le chef de la troupe, s'avança vers eux. Comme ses congénères, il mesurait presque deux mètres, la peau laiteuse et glabre, parcourue de veinures lumineuses.

« C'est une bonne chose que nous nous rencontrions, avança-t-il. Juste avant que notre machine n'entame son périple et que vous n'acceptiez votre déclin.

– De quoi tu parles ? Et vous êtes qui ? l'interrompit Torv.

– Nous ne sommes plus à l'âge des guerriers, affirma l'homme en lui jetant un regard amusé. En ces temps-là, vous nous aviez vaincus et chassés de nos terres. Non ! Les guerriers et les magiciens sont loin maintenant, éparpillés dans la forêt en petits bouts de peuples. Il reste quelques légendes auxquelles, m'a-t-on dit, vous vous raccrochez comme des perdus.

– Et quelle place avez-vous dans ces récits ? le questionna Dûrsil avec impatience.

– Toi, tu es le mage, tu as l'habitude qu'on t'obéisse. Mais moi, je n'obéis à personne. »

L'homme hurla cette dernière phrase, et ses mots prirent la consistance d'une puissante onde de choc qui percuta le mage et le projeta au sol. Le groupe d'Ondins se précipita pour l'aider à se remettre debout, mais Dûrsil se releva tranquillement en riant.

« Celui-là, je l'ai vu venir de loin, s'amusa-t-il. Tu dis que le temps des magiciens est révolu, mais tu aimes les petits tours. Tout ceci ne nous dit pas qui vous êtes.

– Des espèces de vers blancs ? » gouailla Torv, ce qui provoqua quelques sourires chez ses amis, mais la tension restait palpable.

Les Ondines avaient porté les mains à leurs lunettes et tous avaient saisi les poignées de leurs armes.

« Je vois que vous avez fait connaissance », lança une voix que Quentil et Sente reconnurent immédiatement.

Le vidame venait d'entrer à son tour, escorté de plusieurs hommes en armure.

« Pas exactement, le reprit Quentil. Vos amis ne se sont pas encore présentés.

– Parce qu'ils sont nos hôtes et que c'est à moi de les introduire, rétorqua le vidame. Je vous présente donc les oubliés de votre histoire : malheur aux vaincus, comme on dit sur les champs de bataille. Vous les avez chassés, vous avez pris leurs terres et vous n'avez pas retenu cet épisode honteux dans vos chroniques.

– Si. Je me souviens de certains récits mentionnant la première bataille de Mag Tured et la défaite des Fir Bolgs, les Hommes-foudre, rectifia Dûrsil.

– Ce n'était pas une bataille ! s'emporta le Fir Bolg.

Vous nous avez envahis par surprise, chassés de nos terres et exterminés.

– Je ne sais rien de cette bataille, expliqua Dûrsil. Nous n'avons conservé dans nos annales que la seconde bataille de Mag Tured, un combat épique contre les Fomoires qui opprimaient tous les peuples des rivages.

– Et pour cause, tonna le Fir Bolg, vous avez caché les atrocités que vous avez commises.

– Je pensais les Fir Bolgs disparus : je comprends mieux maintenant les étonnantes prouesses techniques des Nardenyllais. »

Dûrsil pointa son bâton sur les chaudières et se concentra un instant.

« C'est une abomination ! s'exclama-t-il. Vous avez enfermé des élémentaires dans cette machine ! Vous les avez asservis.

– Ils n'ont aucune conscience de ce qu'ils sont, cracha le chef des Fir Bolgs. Ils pleurent leur liberté perdue sur ce plan, mais ils s'habitueront à n'être libres que dans les limbes. »

Un des Fir Bolgs, qui campait près des chaudières, passa en une fraction de seconde de la barge vers le parapet où s'était massée la compagnie des Ondins. Il tenait fermement à la main un marteau de forgeron aux extrémités rondes, son bras brillait de plus en plus violemment.

« Vous serez les premiers Ondins à payer, gronda-t-il.

– Pas maintenant, pas comme ça », ordonna le vidame.

Le Fir Bolg lança un bref regard à son chef, qui lui intima de reculer.

« Nos amis ondins vont repartir par la grande porte, poursuivit le vidame. De toute façon, nous n'avons plus rien à cacher : nous allions mettre notre machine en marche.

– Quelle coïncidence ! ironisa Quentil.

– En effet, concéda le vidame. Mais des Fomoires venus

d'on ne sait où, la chute de la drée, des Ondins qui vont et viennent, tout ceci a précipité nos plans. Nous vous conduisons au monastère, où vous resterez sous bonne garde ; Zeneth n'en a pas fini avec vous. »

Torv et Dûrsil se tournèrent vers Stritch qui éloigna ses doigts de ses lunettes et leur fit signe d'avancer. Les Fir Bolgs se dispersèrent et avant que les Ondins n'aient quitté le hangar, ils entendirent les vannes s'ouvrir et l'eau commencer à envahir le bassin de radoub.

Une vingtaine de gardes les accompagnèrent. Les hangars assemblés qu'ils laissaient derrière eux se trouvaient à l'extrémité nord de l'île ; deux palissades successives isolaient toute la zone du reste de l'île. Ils empruntèrent l'unique entrée, une route doublée d'une voie ferrée, le tout gardé par de nombreux soldats armés jusqu'aux dents.

Les premières lueurs de l'aube éclairaient d'une lumière froide l'île du Crabe-Fer. Ils passèrent ensuite le long des fonderies et des manufactures. L'activité reprenait dans les ateliers et Quentil ne put s'empêcher de scruter avec curiosité les moindres détails de ce qu'il voyait. Des ouvriers arrivaient de la ville et reprenaient le travail, le ronflement des forges s'amplifiait, les fumées s'épaississaient et les usines de l'île enveloppèrent le palais du vacarme de l'industrie. Quentil repensa en frissonnant à l'immense machine qui dormait encore et que les Fir Bolgs allaient réveiller.

Ils marchèrent presque vingt minutes et arrivèrent jusqu'à un corps de garde où des chariots débâchés les attendaient. Tous y montèrent et ils prirent le chemin du monastère de l'Onde. Ils repassèrent sur le pont du donjon principal et longèrent le quartier détruit par la drée et toujours interdit à la circulation. La glace avait fondu, l'eau avait coulé jusqu'au fleuve en imprimant au sol de profonds sillons et, sur une centaine de mètres de circonférence, il n'y avait plus rien que de la terre spongieuse, imbibée des restes liquides des maisons, des bêtes et des personnes qui avaient vécu là. Ils virent avec étonnement que des plantes poussaient déjà, à peine une dizaine d'heures après la catastrophe. La nature reprenait ses droits avec vivacité, en se nourrissant des fluides laissés là, des âmes mêmes de ceux que le cataclysme avait surpris, montrant qu'elle se trouvait partout, toujours prête à ressurgir d'où on ne l'attendait pas.

Une fois arrivés, ils se dirigèrent immédiatement vers les bords du fleuve, à cent mètres à peine de la pointe de l'île.

Et ils attendirent.

Ils gardaient à l'esprit les images du monstrueux navire métallique et des Fir Bolgs à son bord, en se demandant à quelles fins ils l'avaient conçu. Ils finirent par s'allonger au soleil levant, se reposant d'une nuit riche en émotions. Non loin d'eux, les soldats les surveillaient. Lorsque Nemecq avait demandé ce qui se passait, ils l'avaient rapidement mise au courant. Elle avait demandé aux hommes d'armes de repartir, mais ils avaient refusé et leur avaient ordonné de rester groupés et d'attendre les instructions du seigneur Zeneth.

Le bassin à sec mit plusieurs heures à se remplir. En plus du bruit des ateliers de l'île, un profond ronflement monta progressivement des hangars des Fir Bolgs et une épaisse fumée grise s'en éleva. Il y eut des claquements violents, des bruits de chaînes, et dans les grincements aigus des roues à aubes qui se mettaient lentement à tourner, la machine sortit de la cale sèche.

Nar-î-Nadin se tut.

Les énormes chaudières en fonte montaient en pression, dans les hurlements des élémentaires emprisonnés, le vacarme des jets de vapeur, les tremblements des plaques de fer contre lesquelles vibraient les dizaines de cylindres où tapaient les pistons. Des fumerolles s'échappaient de chacun d'entre eux, nimbant la bête toute rutilante au soleil levant d'un halo inquiétant. Des tuyaux pompaient l'eau du fleuve et l'acheminaient vers les bouilleurs. La barge s'immobilisa au milieu de l'eau, se stabilisant en faisant jouer lentement ses deux roues à aubes contre le courant. Les habitants de la cité se précipitaient sur les berges pour contempler le monstre de cuivre et d'acier qui occupait plus du tiers du lit du fleuve.

Des dizaines de Fir Bolgs s'agitaient sur le pont, obéissant aux ordres hurlés par leur chef, qui se tenait debout sur le toit de la cabine centrale. Des éclairs zébraient leurs corps à chaque effort, dévoilant à tous la puissance d'un peuple jusque-là inconnu.

Intrigués par le vacarme, tous les occupants valides du monastère s'approchèrent des bords du fleuve, où ils se figèrent, saisis par le spectacle. Nemecq et d'autres vieilles Ondines aveugles avaient aussi fait le déplacement et, le visage tendu vers la barge, elles analysaient chaque son et ressentaient les énergies magiques à l'œuvre.

Dans des ahanements sourds, aidés des deux palans qui desservaient toute la barge, les manœuvres finirent d'élever les deux cheminées télescopiques qui atteignirent les dix mètres de haut, puis ils déplièrent les monceaux de tissus entassés sur le pont, et amenèrent de larges tubes qui crachaient une vapeur abondante. Les Fir Bolgs, qui semblaient insensibles à la chaleur, les fourrèrent dans les manchons des tissus qui commencèrent à gonfler. Lentement, deux sphères gonflées d'air chaud s'élevèrent. Les Fir Bolgs y fixèrent des nacelles en osier, arrimèrent les aérostats à deux treuils et laissèrent filer les câbles, disposant les deux ballons à la verticale du tribord et du bâbord de l'embarcation ; un va-et-vient de tuyaux acheminait en permanence de l'air chaud. Un système de cordes et de poulies amènerait des hommes à bord des aéronefs.

Sous les yeux inquiets des spectateurs, les Fir Bolgs vérifièrent que les rouages des deux balistes fonctionnaient sans heurts. Plusieurs hommes blanchâtres s'installèrent dans la cabine centrale et les deux bras articulés s'éveillèrent. Ils firent jouer les pinces monumentales qui claquèrent dans les airs ; puis, chaque scie circulaire siffla sa complainte funèbre. Enfin, le toboggan qui soutenait la chaîne à godets se déplia, et dans un cliquetis assourdissant, le mécanisme se mit à tourner lentement, plongeant les godets dans l'eau et les ramenant avec la régularité d'une horloge.

La barge semblait prête. De nombreux éléments de la machine restaient encore au repos, mais certains spectateurs reculaient par réflexe, des parents partirent précipitamment en emmenant leurs enfants, d'autres s'interpellaient et se demandaient ce que la chose flottante allait faire.

« C'est une satanée drague géante, siffla Baruliq. Mais pour draguer quoi, j'en sais fichtre rien.

– C'est monstrueux, frissonna Halliv en se serrant contre Quentil.

– Qu'est-ce qu'ils vont faire de ce truc ? » grommela Torv.

Alors qu'ils s'apprêtaient à échanger sur leurs théories respectives, plusieurs carrosses entrèrent dans le monastère et vinrent vers eux, stoppant net leur discussion. Des gardes se déployèrent dans le jardin, bloquant toutes les issues. Zeneth en personne venait à leur rencontre. Le seigneur des Nardenyllais s'avança vers eux, suivi du vidame et d'une Silahé à l'air ombrageux. Plusieurs de ses secrétaires se tenaient légèrement en retrait, ainsi que le mage Taliq, deux hommes en armure et le Nain Denterneth, qui avait accompagné Zeneth chez les Ondins et qui avait parlé au Voyageur. Un serviteur apporta un fauteuil qu'il posa au milieu de la pelouse et dans lequel Zeneth prit place ; on amena ensuite un parasol pour le protéger du soleil.

« Alors, commença Zeneth d'un air badin, que pensez-vous de mon monstre d'acier ?

– Vous l'avez dit, répondit Stritch, c'est monstrueux. C'est contre nature.

– Exactement, confessa Zeneth, c'est le terme. La nature ne peut pas nous aider, alors nous avons décidé de procéder autrement.

– Comme lorsque vous avez abattu cette drée ? s'offusqua Sente.

– Vous comprenez vite, se moqua le vieil homme.

– Et maintenant ? lança Dûrsil. Vous avez fait un pacte avec des forces que vous ne maîtrisez pas. Pourquoi ?

– Pour traverser les Abattis Cotticas, répondit Quentil. Ils comptent sur ce truc pour ne pas s'enliser dans les marais.

– Toujours aussi perspicace, le félicita Zeneth. En effet, je vous présente mon Crabe-Fer, ma limule : l'Avaleur de Mangroves. Il va nous tracer un chenal tout droit à travers ces marais, ou pour être plus précis, cette mangrove. Nos dernières explorations nous ont révélé que le dédale des Abattis Cotticas ne se transforme pas exactement en marais, car l'eau y est très légèrement salée.

– Et vous vous êtes dit que tout ceci est sans doute l'immense delta d'un fleuve qui se jette dans la mer, termina Quentil.

– C'est notre pari, approuva Zeneth. Nous allons opérer une trouée franche dans ce fouillis d'arbres et aboutir à la mer. Et si cette mangrove se transforme à nouveau en fleuve, nous en suivrons le fil jusqu'à son embouchure.

– Cela pourrait prendre des années, lui fit remarquer Sente.

– Nous avons le temps : nous sommes prisonniers ici, avança Zeneth. D'ailleurs, à propos d'endroit où vivre, j'ai ici quelques parchemins à remettre aux anciens. »

Zeneth fit signe à l'un de ses secrétaires d'approcher. L'homme portait un coffret en bois laqué, qu'il présenta à tous, ouvert. À l'intérieur, sur un tissu rouge, reposaient plusieurs parchemins fraîchement scellés à la cire.

« Ces parchemins font des Ondins les légitimes propriétaires des terres qu'ils occupent actuellement. Plus de tribut, plus de pacte, vous êtes libres.

– Pourquoi ? demanda froidement Stritch.

– Tout d'abord, pour respecter ma parole : le Voyageur est parti depuis presque un an, et je m'étais engagé à vous libérer quelle que soit l'issue de son périple. Ensuite, parce que ce tribut n'a que trop duré et qu'il est temps de faire preuve de magnanimité. Les Ondins qui me servent sont donc autorisés à rentrer chez eux.

– Autorisés ou chassés ? » intervint alors Silahé en se détachant de la garde de Zeneth.

Quentil remarqua que le vidame se déplaçait lui aussi légèrement, de manière à pouvoir s'interposer. Une tension palpable s'installait.

« En ce qui te concerne, je veux que tu partes au plus tôt, répondit Zeneth. Je ne suis plus sûr de ta loyauté.

– Ça a le mérite d'être clair, répliqua Silahé.

– Et cela te sauve la vie, dit alors le vidame. Car qu'aurions-nous fait d'une Ondine déloyale ?

– Il est inutile de menacer l'une d'entre nous », gronda Stritch en avançant d'un pas, suivie de près par Torv et Halliv.

La garde de Zeneth se resserra autour de lui.

« Ma garde va vous raccompagner aux portes de la ville avec Silahé, coupa Zeneth. Le reste des Ondins et des Ondines partira au plus vite ; je laisse quelques jours au monastère pour s'organiser.

– En fait, vous vous détachez de nous pour laisser le champ libre aux Fir Bolgs, avança Quentil. Vous nous vendez : vous pensez qu'ils auront raison de nous.

– Je ne sais pas quels sont les projets de mes alliés, affirma Zeneth.

– Nous saurons nous défendre s'il le faut, lança Stritch. Je prends ces parchemins en sachant que ce n'est pas un cadeau. Nous rentrons », dit-elle au reste de la troupe.

Elle s'apprêtait à tourner les talons, lorsque le Nain qui se tenait en retrait s'avança.

« Seigneur Zeneth nDunym ar Yun, je dois à mon tour faire une annonce.

– Je vous écoute, Denterneth », répondit le seigneur des Nardenyllais.

Le Nain s'approcha de quelques pas dans son armure noire, regarda le groupe d'Ondins et salua Sente la demi-Naine d'un signe de tête. Puis il observa un instant l'Avaleur de Mangroves, passa lentement sa main dans sa barbe tressée et se repositionna face à Zeneth qui attendait patiemment, comme s'il savait ce à quoi le Nain réfléchissait.

« Depuis de longues années, je suis l'ambassadeur des Nains ici, à Nar-î-Nadin, et j'ai été le témoin de votre ascension, de vos nombreuses découvertes. Vous m'avez souvent demandé un avis éclairé et vous m'avez souvent écouté aussi. Mais depuis quelque temps, je suis de plus en plus heurté par les décisions qui sont prises. Le cercle restreint des polymathes est devenu votre seul conseil, et vos projets sont bien trop démesurés pour que je les comprenne. Cette dernière alliance, ce tournant vers la technicité comme unique solution à vos rêves, d'ailleurs, nous ne pouvons l'observer sans frémir. Mon peuple va cesser de vous soutenir et se tenir en retrait. Je vais retourner aux Montagnes d'Argent et rendre compte de ce qui se passe ici.

– Je nous savais en désaccord, mais pas au point de rompre des relations profitables à tous. Êtes-vous sûr de vouloir vous isoler à ce point ? interrogea Zeneth, le regard soudain durci.

– Il ne s'agit pas de s'isoler, plutôt de s'éloigner de

celui qui provoque déjà la colère de la nature et qui rompt un équilibre autrement plus important que nos relations commerciales, expliqua le Nain.

– Alors nous ne nous comprenons plus, conclut Zeneth. Je préfère que vous quittiez la ville au plus vite.

– Je vois que là s'arrêtent les faux-semblants, trancha Denterneth.

– Attention à ce que tu vas dire, Nain, le coupa le vidame en portant la main à son épée.

– Je vous trouve soudain très agressifs, fit le Nain sans s'émouvoir. Comme je le disais, les masques tombent. »

Il leva les mains en signe de soumission.

« Mais tout est dit : je vais quitter Nar-î-Nadin. »

Zeneth n'ajouta rien de plus. Il se leva et retourna à son carrosse. Les soldats accompagnèrent la compagnie des Ondins jusqu'à leur auberge pour qu'ils prennent leurs affaires et quelques victuailles. Silahé avait déjà son sac à dos avec elle, une épée longue et un arc. Poussés plus qu'escortés jusqu'aux portes de la ville, ils ne purent que jeter un dernier coup d'œil à l'Avaleur de Mangroves, à ses chaudières où hurlaient des élémentaires emprisonnés, surplombé de ses deux aéronefs, le tout enveloppé de vapeurs de fin du monde. Ils détournèrent leurs regards, gênés, honteux de laisser une telle abomination entamer sa course folle.

Ils passèrent la grande porte et sa herse relevée, les poternes ; et, après le tumulte des voyageurs, des caravanes et des marchands qui faisaient viser leurs titres de passage, ils empruntèrent la grande route qui traverserait le duché des Sèves et les mènerait jusqu'au territoire des Ondins. En débarquant de la gabarre, Quentil avait abordé la cité par son centre, et n'avait jamais exploré les faubourgs qui s'étendaient hors les murs de Nar-î-Nadin.

Assez rapidement, les matériaux de construction des

maisons devinrent plus simples, la pierre ou les colombages nobles cédèrent le pas aux briques façonnées d'argile et de paille et aux murs de torchis raidis par des éclisses. Les habitations se rassemblaient en blocs compacts, serrées les unes contre les autres, soutenant mutuellement leurs étages tors, laissant à peine assez de place pour que les eaux usées ruissellent jusqu'aux fossés de la route desquels s'exhalait une redoutable puanteur.

Le brun foncé des murs et des toitures plates s'imposait à l'œil, accentué par un voile de poussière persistant. Des tissus battant aux portes et aux fenêtres apportaient quelques touches de couleur. Des ruelles viraient entre ces bâtiments construits à la hâte, et, ombragées de tissus bariolés, elles dessinaient une étrange mosaïque aux jointures colorées.

Des venelles à la grande route, on observait l'incessant ballet des vendeurs de fruits et de légumes, des porteurs d'eau, des femmes avec leurs baquets de linge : une vie grouillait, pressée, insoucieuse de l'insalubrité des quartiers, attendant que Nar-î-Nadin les accueille intra-muros et les éclabousse de sa bonne fortune.

En attendant cette ascension, les gens d'ici piochaient dans les berges du fleuve pour en extraire de l'argile qu'ils mélangeraient aux ajoncs arrachés des méandres les moins profonds. Dans les arbres de la forêt qui n'avait de cesse de s'éloigner de la cité, ils taillaient des poutres et sciaient des planches pour les beaux quartiers, puis avec le reste du branchage, ils fabriquaient les éclisses et les lattes qu'ils rempliraient de torchis pour façonner les murs de leurs maisons. Ainsi, des chariots chargés de bois, de briques séchées, ou de mèches de torchis arrivaient constamment sur les chantiers des faubourgs, où les débris arrachés à la forêt et au fleuve s'amoncelaient pour former des habitats fuligineux, dans lesquels des humains s'entasseraient, sans savoir réellement pourquoi ils venaient là : par crainte des créatures des profondeurs des sous-bois, dans l'espérance d'une vie plus facile, et avec l'espoir étrange que le nombre garantirait la solidarité et l'entraide.

Une multitude d'enfants de tous âges couraient pieds nus en riant et en criant, bousculant les passants qui, la plupart du temps, les apostrophaient avec bonhomie, comme si les adultes les laissaient ainsi goûter à une liberté que la vie encombrerait bien assez tôt de ses fardeaux. Quentil suivit des yeux une petite troupe de gamins qui s'amusaient à se poursuivre, les uns juchés sur les dos des autres, zigzaguant entre les charrettes chargées de matériaux.

Il se questionna sur leur rapport à la nature, eux qui n'avaient sans doute connu que ce dédale de terre séchée, les bords du fleuve, et peut-être, dans leurs explorations les plus hardies, l'orée des forêts. De quoi rêvaient-ils ? Quels adultes deviendraient-ils ? Il se prit à considérer les abîmes qui les séparaient : d'un côté, ses compagnons, lui-même et les Ondins, poursuivant mythes et rêves, mais aussi les nombreux peuples qui sillonnaient les forêts ; venaient ensuite les Nardenyllais, leur technicité et leur soif de savoir, avec eux, les Fir Bolgs et leur magie insensée ; et enfin, des humains qui s'aggloméraient autour de Nar-î-Nadin comme des éphémères ayant perdu leurs ailes. Quels fils pourraient désormais les relier tous ? N'envisageraient-ils jamais le monde qui les entourait d'un même œil ?

« Tu es bien pensif, l'interpella Sente qui avait laissé le groupe avancer et avait ralenti pour se trouver à la hauteur de Quentil.

– Je me rends compte que nous n'aurons bientôt plus rien en commun avec ces gamins. Je me demande même ce qu'ils peuvent bien penser de nous lorsqu'ils nous voient partir ainsi vers la forêt.

– Il suffit de leur demander », lui répondit Sente qui descendit de son cheval et héla un blondinet d'une dizaine d'années, occupé à les regarder passer en croquant dans un fruit.

L'enfant s'approcha d'eux, suivi de deux autres curieux, un légèrement plus grand à la peau très noire et un plus jeune aux cheveux ras et qui arborait un large sourire édenté.

« Bonjour, petits, commença l'Ondine. Savez-vous qui nous sommes et est-ce que vous pouvez deviner où nous allons ? »

Les trois enfants ne répondirent pas tout de suite : fascinés, ils fixaient la prothèse de Sente.

« Alors ? insista-t-elle.

– C'est de la vraie magie ? demanda le blondinet.

– On peut dire ça, mais ça fonctionne comme une vraie main. Vous ne voulez pas essayer de deviner ce que nous faisons ?

– Vous êtes des guerriers et des magiciens, proposa le plus grand.

– C'est vrai, confirma Quentil. Et où allons-nous ?

– Vous ne le savez pas ? s'amusa le plus petit en souriant de toutes ses dents tombées.

– Si, bien sûr que si… Mais je veux voir si vous, vous avez une idée. Pour savoir si vous avez l'habitude de voir des gens comme nous, expliqua Sente.

– Des fois, il y a des gens un peu comme vous qui passent. Je crois qu'ils vont vers le duché des Sèves pour garder les frontières, rendit compte l'enfant noir.

– Moi, je n'ai jamais vu des lunettes comme les tiennes, l'interrompit le plus petit.

– Ses yeux font de la magie, alors elle les cache, expliqua mystérieusement Quentil qui se tourna ensuite vers le plus grand. Et contre quoi allons-nous défendre le duché ?

– Des monstres de la forêt ! cria le plus jeune en grimaçant. Des elfes et des vieux tout barbus qui nous tapent avec des haches.

– Tu dis n'importe quoi ! intervint le blondinet qui avait fini de manger son fruit. Il n'y a que les monstres de la forêt. Les elfes, ça n'existe pas ! Et les Nains, ils ne font que creuser et ils ne nous attaquent pas.

– Et tes yeux, ce sont des yeux d'Ondine, ajouta le plus grand. J'en ai déjà vu aux portes de la ville, j'y étais avec mon père. Il dit que tu es dangereuse.

– Uniquement si on m'embête, précisa Sente. Merci de nous avoir répondu, les garçons.

– Alors, on a bien deviné ? demanda le plus petit.

– Presque, dit Quentil. Nous sommes bien des guerriers et des magiciens, mais nous allons traverser le duché des Sèves ; ensuite, nous rentrons chez nous, dans la forêt.

– Et vous viendrez vous installer ici après ? questionna le blondinet.

– Certainement pas, protesta Quentil. Nous avons un coin bien à nous et qui nous va bien.

– Amusez-vous bien, les gamins », lança Sente.

Ils reprirent leur route, laissant les enfants les regarder partir, un peu interloqués de savoir que ces voyageurs-là préféraient la forêt à la cité. Halliv, voyant qu'ils discutaient, les avait attendus un peu plus loin.

« Vous demandiez votre route ?

– Pas loin. Je leur demandais si l'humanité empruntait toujours le même chemin. À entendre leurs réponses, je pense que nous nous éloignons les uns des autres, constata le jeune homme en caressant machinalement sa balafre.

– Je ne me suis jamais définie comme faisant partie de l'humanité, même au sens large, précisa Halliv.

– Tu es au-dessus de ça, grinça Quentil.

– Il y a quelques années, tu aurais pu me le reprocher ; mais j'ai changé, comme toi d'ailleurs, le reprit la jeune Ondine avec un sourire. Il y a quelques années, par exemple, tu ne m'aurais pas parlé comme ça. Et pour répondre à ta question, je fais partie d'un tout, de la nature, sans rien de plus.

– Je suis désolé, je suis énervé. Au fond, tu as sans doute raison : nous faisons partie d'un tout et certains essaient de s'en détacher, ou de se placer dans une position dominante qui brise un équilibre. »

Halliv rapprocha sa monture de celle de Quentil et lui caressa affectueusement la cuisse. Ce dernier se redressa un peu et lui sourit.

« Vous voilà bien philosophes après une nuit blanche, railla Sente. Pour l'instant, je ne pense qu'à une chose : avancer le plus vite possible pour sortir de cette poussière et de ce bruit, trouver un coin pour poser le camp et dormir !

– Je te suis, approuva Quentil. J'en ai assez de toutes ces histoires. Je rêve de mon lit et d'une bière à l'auberge des Levées. »

8.

The wise man said just raise your hand

« The wise man said just raise your hand
And reach out for the spell
Find the door to the promised land[1] »

Scorpions

Quentil oublia rapidement son désir de rentrer chez lui au plus vite pour profiter pleinement d'un voyage de retour en excellente compagnie. Ils abordèrent finalement les douze jours de route comme une excursion, et en profitèrent pour faire connaissance avec Silahé, dont la tournure d'esprit maussade se mua tout d'abord en ironie amère, puis en acceptation. La bonne humeur de la petite troupe l'aida à faire contre mauvaise fortune bon cœur. Les blagues épaisses de Dûrsil et de Torv lui permirent aussi de reprendre goût à une forme de légèreté que les complications des dernières années lui avaient fait oublier.

Néanmoins, elle s'isolait parfois pour faire le deuil de neuf années de sa vie, passées au service des Nardenyllais. Un soir, Sente la rejoignit et vint s'asseoir à côté d'elle.

1. Le sage dit qu'il suffit d'ouvrir la main, et d'attraper le sortilège pour trouver la porte vers la terre promise.

Le brouhaha de l'auberge se diluait dans l'air du crépuscule, les enveloppant d'une atmosphère animée mais feutrée.

« Pas facile de supporter ce bazar chaque soir, dit Sente en lui tendant une chope de bière.

– C'est vrai que tes copains sont en grande forme.

– C'est aussi pour ne pas parler sans cesse de ce que nous avons vu ; nous ne savons pas quoi en faire, ni quoi en penser.

– Je comprends. Moi aussi, j'ai l'impression d'avoir loupé quelque chose.

– Raconte. »

Silahé se tourna vers Sente, la fixa quelques secondes de ses lunettes réfléchissantes, se rappelant sa jeunesse trop hardie. D'un geste vif, elle passa la main dans la chevelure embroussaillée de la pisteuse, rejetant sur ses épaules des mèches qui barraient son visage.

« C'est vrai que nous avons un peu de temps devant nous », soupira-t-elle.

Silahé avala une longue gorgée de bière et expliqua à Sente comment, trop à l'étroit dans sa vie d'Ondine, elle avait fait un choix radical. Elle avait quitté Sráidbhaile, et avait décidé de servir un maître puissant et exigeant. Elle avait découvert, ébahie, l'immense Nar-î-Nadin. Elle avait combattu pour Zeneth aux frontières de la Marche Fangeuse, elle avait accompagné le vidame dans des expéditions hasardeuses entre les Abattis Cotticas et le duché des Nochers, elle avait également remonté les fleuves pour sécuriser des comptoirs isolés. Comme les autres Ondins au service de Zeneth, elle avait aussi participé activement au quotidien de la cité. Elle avait aidé le guet des quartiers nord à s'organiser lorsque les fangeux sortaient du fleuve pour piller des entrepôts, elle avait en outre passé des nuits entières sur l'eau avec les pêcheurs, pour leur apprendre à déjouer les pièges des sirènes qui remontaient parfois le

Vhûn jusqu'à Nar-î-Nadin. Ainsi, pour l'avoir parcouru en tous sens, elle connaissait maintenant l'Entrecroisement des Comptoirs mieux que personne.

Elle avait vécu plusieurs vies pendant ces quelque neuf années, finalement passées très vite. Mais elle se rendait compte maintenant que tout ceci ne lui avait jamais laissé le temps de prendre le recul nécessaire à la réflexion. Elle n'avait rien vu venir, et les événements de ces derniers jours lui avaient brutalement dessillé les yeux.

« J'ai détourné le regard pendant des années. Zeneth a tout fait pour nous distraire, et j'ai bien voulu m'activer à son service. C'était excitant, c'était ce que je recherchais, constata amèrement Silahé.

– Tu n'as rien à te reprocher.

– Oui et non, et il va bien falloir que je l'accepte.

– C'est sûr. Viens donc chanter avec Torv, c'est le meilleur moyen de reprendre pied. »

Sente attrapa le bras de Silahé et la força à se relever, puis, main dans la main, elles se dirigèrent vers l'auberge.

La route qui allait de Nar-î-Nadin au bourg des Ondins et qui continuait sur une centaine de kilomètres filait au plus court, large et droite, parfaitement sécurisée, ponctuée tous les quarante à cinquante kilomètres de relais postaux. Ainsi, pour leur retour, ils profitèrent pleinement de leur statut d'émissaires et s'arrêtèrent chaque soir dans une auberge pour changer de montures, dormir, manger et vider quelques chopes.

Leurs conversations revenaient souvent sur les Fir Bolgs et surtout sur cet Avaleur de Mangroves qui avait sans doute commencé son œuvre destructrice. Ils conservaient du spectacle du monstre mécanique s'avançant sur l'eau le sentiment amer de leur impuissance. Sente et Quentil, notamment, regrettaient de ne pas avoir pu échanger davantage avec Nemecq.

Ils arrivèrent au village en fin d'après-midi. Quentil et Sente avaient voyagé plus de neuf mois. Ils s'immobilisèrent à l'entrée de la clairière qui s'étendait juste devant les portes du village et où se tenait habituellement le marché.

Quentil jeta machinalement un regard au banc installé sous le figuier-brume. Quelques mois plus tôt, il aurait trouvé le Voyageur assis là, en train de discuter avec Déneth. Mais son ami ne l'attendait pas, nul ne savait où il vagabondait, sans doute à explorer les forêts, et le jeune homme se rendit compte que ces moments ne reviendraient pas. Il avait caressé l'espoir fugace de le retrouver là, comme par enchantement. Il passa ses mains sur son visage pour effacer de son esprit une réalité fantasmée. Il posa les yeux sur la palissade, un unique arbre, un banyan aux innombrables troncs qui entouraient Sráidbhaile, il vit ses compagnons qui saluaient les gardes et revint à la réalité lorsque Sente lui donna une bourrade amicale de sa main en bois.

« Il ne pouvait pas être là, tu sais.

– Je sais, répondit-il lentement, c'était comme un espoir fugitif, un truc bizarre.

– Nous sommes tous là, et ça va continuer à bouger ! lança-t-elle.

– En avant, gronda-t-il, le Balafré-qui-encaisse-comme-un-troll et Ondine-la-Naine-à-la-main-de-bois sont de retour.

– Et nous ne faisons que passer. Nous entraînerons notre caravane vers l'ouest, nous allons devenir des légendes vivantes ! claironna-t-elle.

– Dites donc, Encaisse-comme-un-troll et Main-de-bois, et si nous y allions ? les interpella Halliv.

– Toi, commença Quentil, tu voudrais aussi un nom d'aventurière…

– N'essaie même pas, rétorqua-t-elle en pointant un

doigt menaçant vers lui, tu ne me connais pas assez pour ça.

– Très bien, Menace-avec-son-doigt, allons-y », lâcha Quentil en accélérant le pas.

Ils saluèrent les deux gardes et prirent le chemin de leurs maisons respectives. Stritch avait prévenu les anciens de leur retour et ils auraient sans doute à rendre compte très vite auprès du conseil.

Sente se dirigea d'un pas pesant vers sa maison, une ancienne forge que Krûll, le Nain guerrier et explorateur, avait entièrement remise à neuf, non pas pour relancer l'activité, mais pour garder un lien symbolique avec ses racines. « S'il n'y a pas de montagnes dans votre forêt, il y aura au moins une forge des Nains. » Des souvenirs se pressaient, encombraient son esprit, alourdissaient sa démarche et l'écrasaient physiquement. Elle s'arrêta devant sa porte et hésita, la main tendue vers la poignée. Vaincue par le chagrin, elle se laissa glisser au sol, le dos appuyé contre le mur, soufflant bruyamment pour essayer de chasser un sentiment d'oppression grandissant.

« Tu es partie neuf mois pour ne pas avoir à rentrer chez toi, mais il fallait bien rentrer un jour. »

Sente releva la tête et aperçut ses trois layonneurs, Durtal, Thurnir et Henns, immobiles devant le portillon, un peu gênés de la voir aussi affectée.

« Nous sommes venus au plus vite, expliqua Durtal en dansant d'un pied sur l'autre. On se doutait que tu aurais besoin de compagnie ce soir.

– Vous êtes les meilleurs ! » s'exclama Sente en se relevant.

Elle les étreignit tour à tour et ils entrèrent ensemble dans la maison de Krûll, qui devenait de fait celle de Sente. Ses amis avaient bien entendu amené de quoi fêter dignement son retour tout en lui rapportant les derniers événements saillants de la vie au village. Le départ de nombreux Ondins s'organisait, et ils lui signalèrent avec fierté qu'ils faisaient partie des premiers à avoir rejoint Vàatta et Sylve. Mais l'inquiétude gagnait les responsables de cette énorme caravane car Sylve avait disparu depuis vingt jours, depuis le départ de la troupe envoyée au secours de Quentil à Nar-î-Nadin. Personne ne l'avait revue, elle avait juste laissé un mot assez mystérieux à Vàatta disant que la caravane devait l'attendre et qu'elle suivait une intuition. Depuis, Sylve n'avait plus donné signe de vie. Vàatta continuait à organiser les préparatifs, mais l'angoisse étreignait chaque jour davantage ceux qui se nommaient « le peuple en marche ». Sylve avait initié le mouvement et tous comptaient sur elle pour donner le signal du départ. Sente convint que vingt jours d'absence méritaient une enquête : ils iraient voir Vàatta dès le lendemain et reprendraient les recherches en rayonnant autour du village à la recherche d'indices ou de traces de son passage.

Pendant que Sente racontait à ses compagnons tout ce qu'elle avait vu chez les Nardenyllais, un garde vint la convoquer à une réunion du conseil, le lendemain en milieu de matinée. Les anciens voulaient avoir un compte rendu précis de l'expédition à Nar-î-Nadin.

Reprenant le fil de son récit, Sente confia à ses amis que Zeneth avait probablement pour but de fixer définitivement les Ondins sur leurs terres. Le seigneur des Nardenyllais savait sans doute déjà que certains Ondins ne voulaient plus de leur statut de locataires et préparaient leur exode. Le Voyageur ne lui ayant pas tracé de chemin jusqu'à la mer, Zeneth, en fin stratège, avait prévu de longue date un plan de substitution et, aidé des Fir Bolgs, il pensait bien trouver la mer seul et en revendiquer les rivages.

Les Ondins ne devaient en aucun cas accepter une telle issue et tous tombèrent d'accord sur le fait que leur départ n'en avait que plus d'importance. Ils voyaient bien qu'ils manquaient d'informations, et ils espéraient que les anciens en sauraient davantage sur ce nouvel ennemi. Sente avait ressenti de la haine chez les Fir Bolgs. Ils avaient pourtant échangé peu de mots, mais leur détestation des Ondins perçait dans leurs regards fiévreux et dans leur volonté presque palpable d'en découdre. Dûrsil leur avait fait part de son inquiétude, car ils avaient décuplé leur puissance en asservissant de purs esprits. Les Hommes-foudre avaient dévoyé leurs pouvoirs afin de réussir à emprisonner les forces primaires des élémentaires. Le mage ondin considérait cela comme une forme perverse d'alchimie, qui amalgamait des esprits à des machines. Que les Fir Bolgs cherchent une revanche devait inquiéter les Ondins.

Ils débattirent aussi jusque tard dans la nuit de la conduite à tenir concernant Sylve, se demandant ce qu'ils feraient s'ils ne la retrouvaient pas, certains voulant partir au plus vite, quitte à baliser leur itinéraire pour qu'elle les rattrape, d'autres n'imaginant pas partir sans elle. Tous leurs arguments épuisés, à court de bière et d'alcool, ils se séparèrent, le cerveau en ébullition, et allèrent prendre quelques heures de repos.

Sente ne dormit presque pas. Elle repassa dans toutes les pièces de la maison, sachant qu'à plus ou moins long terme, elle allait la quitter définitivement : un second deuil s'annonçait. Debout au milieu de l'atelier de Krûll, elle se dit qu'elle allait perdre définitivement son père.

Une vapeur agréable d'agrumes vint piquer les narines de Sente, la força à se tourner en grognant, puis à ouvrir lentement les paupières. Le soleil dardait à peine ses premiers rayons vers ses fenêtres, lui indiquant ainsi qu'il était encore tôt.

« Les gars, c'est très gentil d'apporter le petit déjeuner, mais je vais dormir encore un peu.

– Je ne suis pas un gars, répondit la voix goguenarde de Vàatta. Je suis désolée, mais nous avons à parler avant que tu ne rencontres le conseil. »

Sente se redressa lentement dans son lit avec un soupir de résignation et tendit la main vers la tasse de tisane que tenait la grand-mère. Cette dernière arborait un grand sourire.

« Pourquoi tu souris comme ça ? grommela Sente.

– Je suis heureuse de te revoir… J'ai un excellent pressentiment pour la suite et je sais, maintenant que vous êtes rentrés sains et saufs, que nous allons retrouver Sylve et partir tous ensemble.

– Tu peux en être sûre. Et dès que le conseil nous aura entendus, je partirai à la recherche de Sylve. »

La jeune Ondine se leva et s'habilla rapidement. Elles allèrent s'attabler dans la cuisine où Sente se resservit de la tisane.

« Explique-moi donc pourquoi Sylve est partie », demanda-t-elle à Vàatta.

Les deux Ondines échangèrent longuement, croisant les informations qu'elles avaient toutes les deux, essayant d'obtenir une vision plus claire et plus large de l'histoire qui se tramait et impliquait les Ondins, les Fir Bolgs, les Fomoires et les Nardenyllais. Puis, en sortant de chez Sente pour se rendre sur la place du village, elles rencontrèrent de très nombreux villageois qui convergeaient au même endroit. Pour parvenir à la salle du conseil, elles durent se frayer un passage dans une foule assez compacte. De nombreuses personnes les saluaient, certains lançaient des encouragements à Vàatta, d'autres félicitaient Sente, sans qu'elle comprenne exactement pourquoi.

Voyant arriver la moitié du village, les membres du conseil se hâtèrent de déménager leurs sièges dehors, pour tenir audience devant le bâtiment. Ils seraient donc bientôt installés, ne resterait plus qu'à attendre que les derniers membres de l'équipe de Stritch se mettent en place.

Il y avait là le conseil au grand complet : leur chef, le chasseur Sinth, Haliger l'érudit, Déneth le charpentier, Laminel, une herboriste, et Balàr le philosophe.

Sente et Vàatta s'assirent au premier rang, face au conseil et à côté du reste de l'équipe, dont pas un ne manquerait à l'appel : Quentil et Halliv arrivaient juste, et l'on pouvait voir Torv fendre la foule de ses larges épaules pour parvenir bon dernier jusqu'à eux.

« Merci à tous d'être venus si nombreux, commença Sinth en se redressant et en levant les bras pour demander le silence, qu'il obtint en quelques secondes. Vous êtes ici parce qu'une nouvelle très importante vient de nous être apportée par le groupe de Stritch qui était parti chez les Nardenyllais prêter main-forte à Quentil. »

Sinth brandit un des parchemins que Zeneth avait remis aux Ondins.

« Ce parchemin porte le sceau de Zeneth et nous donne, sans contrepartie, toutes les terres que nous occupons actuellement. D'autres parchemins précisent les relevés et les distances et libèrent aussi les Ondins encore chez les Nardenyllais de tout service envers eux. Nous sommes ici chez nous ! » asséna Sinth en forçant la voix.

Il y eut des cris de joie, des hourras, certains se levèrent en applaudissant et en scandant : « Plus de tribut ! » Mais d'autres, dont tout le groupe de Stritch faisait partie, restèrent silencieux et attendirent que la liesse retombe. Les claquements de mains s'espacèrent, remplacés tout d'abord par quelques sifflements, puis de nombreuses huées.

« Nous étions déjà chez nous ! gronda Torv.

– Nous ne sommes pas des esclaves ! fit une voix dans la foule.

– Nous partirons quand même », conclut une autre.

Un indescriptible brouhaha s'ensuivit à la grande surprise de Sente qui ne pensait pas que de telles divisions séparaient les villageois. Chacun exprimait son opinion d'une voix forte, provoquant de nombreuses réactions ; certains se dressaient en tempêtant, des groupes gesticulants se formèrent et Sente crut que la situation allait échapper au contrôle des anciens. Elle sursauta lorsque Vàatta se leva d'un bond en criant :

« Silence ! Écoutons la suite. Des informations importantes vont nous être données. »

Le calme se fit presque instantanément. Sinth lui lança un regard peiné, comme s'il la tenait pour responsable des dissensions qui régnaient sur le village.

« Merci, Vàatta, reprit-il froidement. Nous allons maintenant écouter Quentil : ce qui s'est passé à Nar-î-Nadin doit être porté à votre connaissance à tous. »

La foule stupéfaite écouta Quentil leur narrer la succession des événements. À de nombreuses reprises, des exclamations de surprise ou de rage fusèrent, l'obligeant à s'arrêter et à attendre que le calme revienne. Lorsqu'il expliqua comment Zeneth les avait chassés de la cité, les villageois laissèrent libre cours à leur colère.

« Il s'est servi de nous et il nous renvoie comme des mendiants ! lança un Ondin en se levant. Il nous fait la charité en nous donnant nos propres terres. »

« S'il croit que nous lui serons reconnaissants, il se trompe », enchérit un autre.

« Quentil a raison : il nous vend aux Fir Bolgs », cria une femme.

« Nous les attendons de pied ferme », dit un dernier, brandissant un poing provoquant.

Balàr finit par se lever en réclamant à nouveau le silence.

« Le conseil a déjà entendu Silahé hier soir. Et afin de préparer cette réunion publique, nous avons demandé au bibliothécaire de faire quelques recherches sur les Fir Bolgs pour compléter le peu que nous savons déjà. Il va nous dire ce qu'il a réussi à trouver. »

L'homme à la tignasse blonde, toujours hirsute, se redressa lentement, les yeux rougis et les traits marqués par une nuit de lectures intenses.

« Certains d'entre nous avaient déjà vu le nom des Fir Bolgs dans des textes peu connus. Balàr savait par exemple que les Tuatha dé Dana les avaient rencontrés en débarquant sur les rives de notre monde et qu'ils avaient vécu quelque temps ensemble. Laminel avait avec elle un livre de contes où ils apparaissent comme de redoutables mages qui emprisonnent les orages. De mon côté, j'ai trouvé d'autres éléments qui appartiendraient à la face cachée de notre histoire. »

Comme le Gardien se raclait la gorge et toussotait, le bibliothécaire fit une pause et attendit posément.

« Je suis maintenant certain que ceux qui ont écrit notre histoire se sont aussi arrangés pour en faire disparaître progressivement les moments les moins glorieux. Je n'ai retrouvé aucun texte qui parle explicitement des Fir Bolgs, de leurs coutumes ou de leur territoire. Ils sont évoqués ici ou là dans des chroniques, comme on parlerait d'un voisin discret. Quelques rares contes les mettent en scène, mais d'une manière tellement exagérée que rien n'est plausible. Mais j'ai retrouvé dans les tablettes de Phinéas le Mince un passage très intéressant. Phinéas était juriste, aux premiers temps des Ondins, avant leur exil. Il explique avoir été interpellé par les descendants d'un peuple qui maîtrisait la magie des éclairs, et qui prétendaient avoir été spoliés de leurs terres. Le passage est assez court, quelques pages à peine, mais il semble bien, à le lire, que les Tuatha dé Dana auraient vaincu et chassé les Fir Bolgs uniquement pour agrandir leur territoire.

– Nous n'aurions pas attaqué un autre peuple sans raison », l'interrompit le Gardien d'un ton offusqué.

Fâlmur secoua sa crinière blonde, l'air peiné. Il soupira ostensiblement et reprit.

« Il n'est pas question de nous ici, mais de ceux qui sont peut-être nos ancêtres : les Tuatha dé Dana. Nous ne sommes pas comptables de leurs erreurs, nous sommes des Ondins et des humains rassemblés par une même culture. J'évoque ici d'autres temps, peut-être même des mythes dont nous aurons du mal à définir les fondements. Ce serait de la fierté bien mal placée que d'essayer de dédouaner les Tuatha.

– Attention à vos propos, maître archiviste, gronda le Gardien, vous insultez nos ancêtres.

– Et il est puéril de se demander qui a porté le premier coup. De plus, si vous et d'autres érudits ne cachiez pas certaines vérités au reste du village, il y aurait moins d'approximations et de soucis. Toujours est-il que les Fir Bolgs sont un peuple puissant qui, comme les Fomoires, cherche à se venger des descendants des Tuatha.

– Nous allons donc être vigilants, mais il semble bien qu'ils soient occupés ailleurs, avec cette machine monstrueuse, avança Sinth.

– Et que faisons-nous pour cette abomination ? interrogea Déneth.

– Comment ça ? répliqua Balàr.

– Est-ce que nous laissons les Fir Bolgs et les Nardenyllais détruire les Abattis Cotticas ? Même les Nains n'approuvent pas de tels projets. »

Les membres du conseil restèrent silencieux un instant, s'observant les uns les autres, se demandant qui prendrait la parole et si chacun devait s'exprimer en son nom propre. Devant leurs atermoiements, Sente se leva.

« Lorsque nous avons été chassés de Nar-î-Nadin, j'ai jeté un dernier coup d'œil à cette immense machinerie qui flottait, qui fumait et qui levait vers le ciel des scies et des pinces énormes. J'ai entendu les hurlements des élémentaires enfermés. Je peux vous dire que je n'étais pas fière. J'avais l'impression de fuir un combat, je me suis sentie lâche. »

Rattrapée par ses émotions, Sente s'arrêta de parler quelques secondes. Elle ravala les sanglots d'un chagrin qu'elle avait ignoré, trop occupée par ses compagnons et leur voyage de retour.

« J'ai également vu tomber une drée, gronda-t-elle, et ça aussi c'est abominable. »

Sente leva sa main en bois au-dessus de sa tête. Les nervures noires des nœuds sinuèrent en volutes, et animèrent la patine marron foncé du bois. La main dressée absorbait la lumière et attirait inexorablement les regards. Tous observaient, fascinés, les racines qui s'enroulaient à la base du poignet de Sente et s'enfonçaient dans les chairs en laissant de nombreux renflements qui se mêlaient aux tatouages de son avant-bras.

« La voilà, notre science ! Elle est dans notre magie, dans le lien avec la nature et avec les peuples qui nous entourent ! Je suis une Ondine, je suis une Naine, et j'emporte un fragment de forêt partout avec moi. »

Sente se rassit. Un silence étonné acueillit sa déclaration. Puis Quentil se redressa à son tour et dit d'une voix forte :

« Sente parle au nom de tous ceux qui reviennent de l'Entrecroisement des Comptoirs. Cette drée qui tombe et cette machine qui apparaît, moi aussi, ça me reste en travers de la gorge. Après, je ne sais pas ce que nous devons faire, mais je suis certain que nous ne devons pas fermer les yeux. »

Les villageois commencèrent à discuter entre eux, et un fort brouhaha s'installa.

Certains reprochaient aux anciens leur pusillanimité, car en refusant de quitter le confort du village, ils engageaient les Ondins dans une forme de résignation qui les menait au crépuscule de leur peuple. Une partie de ces villageois allait jusqu'à les considérer comme des pleutres, qui n'auraient plus la hardiesse d'affronter le Dômaine et le destin des Ondins, destin dont ces mécontents n'avaient qu'une représentation imprécise, entre gardiens des savoirs ancestraux et protecteurs de la nature.

D'autres accusaient le manque de rigueur des anciens, qui n'avaient pas interdit la formation de la caravane et qui laissaient partir les forces vives de Sráidbhaile. Pour ces derniers, le conseil aurait dû prendre parti très clairement, ce qui aurait fortement tempéré les velléités de départ. Ils accusaient aussi les anciens de précipiter le déclin des Ondins en scindant leur peuple en deux.

Les membres du conseil échangèrent rapidement entre eux. Sinth se leva enfin.

« Nous ne déciderons pas maintenant de ce que nous ferons : le conseil fera des propositions. Nous irons peut-être rencontrer Zeneth et lui faire part de nos remarques, c'est une possibilité. Aujourd'hui, nous voulions que chacun puisse entendre toutes les nouvelles. Je pense que c'est chose faite.

– J'ajouterai une dernière chose, intervint Stritch en se levant, un peu embarrassée. Je n'avais pas encore tranché si je me joindrais à la caravane ou pas. Je me disais que j'avais le devoir de protéger le village et que je ne devais pas l'abandonner. Mais j'ai vu Nar-î-Nadin et ce que les Fir Bolgs sont capables de faire. Zeneth veut nous clouer sur place avec ce don, et si cela ne tenait qu'à moi, je le lui renverrai bien au visage. J'ai discuté avec toute mon équipe et nous sommes résolus à partir à la recherche de nos rivages. »

Des cris de surprise et des murmures s'élevèrent dans la foule. Stritch lança un regard à ses hommes, cherchant du soutien. Dûrsil se dressa comme un ressort.

« Nous sommes un peuple d'explorateurs ! Nous nous établirons entre mer et forêt, là est notre place.

– Bien dit, Dûrsil ! s'écria Torv en étreignant le mage. Nous partons à l'aventure ! »

Sinth donna le signal de la fin de la réunion dans une cacophonie complète.

Dès le lendemain, Sente déploya ses layonneurs pour essayer de retrouver des traces du passage de Sylve. Le propriétaire de l'auberge située à l'entrée du village, juste au bord de la route, avait bien aperçu Sylve passer très tôt le matin de son départ, mais personne ne l'avait croisée ensuite. Au bout de deux jours, Sente avait abandonné l'idée de retrouver une quelconque trace de l'Ondine.

La vie reprit au village, mais Sente n'y retrouvait pas la tranquillité qui y régnait quelques mois auparavant. Le départ divisait profondément les habitants. Ceux qui souhaitaient rester éprouvaient des sentiments mêlés. Sa voisine les lui avait d'ailleurs expliqués très simplement : qui les protégerait des Fomoires, et maintenant des Fir Bolgs, si tous les guerriers et les mages décampaient ? Elle se sentait abandonnée et prisonnière d'une décision qu'elle n'avait pas voulue. Chez d'autres villageois, Sente percevait une grande colère, tantôt parce qu'ils estimaient avoir payé un assez lourd tribut aux Nardenyllais et qu'ils voulaient occuper une terre qui leur appartenait maintenant, tantôt parce qu'ils ne comprenaient pas que l'on puisse filer à la recherche d'un pays chimérique.

Dans les rangs des volontaires à l'exode, il y avait beaucoup de jeunes gens, des employés, des saisonniers, toute une partie de la population qui avait peu de possessions et qui ne laisserait pratiquement aucun bien matériel derrière elle. De l'autre côté, de nombreux commerçants refusaient de partir, car ils ne parvenaient pas à abandonner ce dont ils avaient hérité de leurs parents ou ce qu'ils avaient construit au fil des années. Ainsi, une fracture séparait les possédants des travailleurs, ce qui compliquait les débats et amplifiait les rancœurs.

Malgré tout, Sente évaluait le nombre des partants à plus du tiers de la population. Elle avait reconstitué son équipe : en plus de Durtal, Thurnir et Henns, elle avait intégré les deux jeunes Ondines qui avaient interpellé Vàatta et elle avait eu la bonne surprise de voir Quentil se joindre à eux. Comme le groupe de Stritch qu'avait rallié Silahé, ils aidaient les futurs voyageurs à préparer leur caravane. Les deux équipes, treize compagnons en tout, faisaient le point régulièrement avec Vàatta et ils estimaient que le départ pourrait avoir lieu sous une dizaine de jours. Le village commençait à vivre au ralenti : certains villageois n'effectuaient plus leur service, au prétexte qu'ils partaient sous peu. Sente et Stritch essayaient de maintenir la surveillance du village, mais les équipes qui quadrillaient les alentours de Sráidbhaile avaient surtout pour mission de rechercher toute trace du passage de l'herboriste disparue.

Pourtant, Sylve passa au travers des mailles de leur surveillance et fit irruption un soir, au bout du jardin de Vàatta. Cette dernière se trouvait sur sa terrasse à discuter avec Sente, lorsqu'elles entendirent un intense bouillonnement en provenance de la petite rivière qui longeait le fond du terrain. Elles se redressèrent, mais l'obscurité ne leur permit pas de voir ce qui se tramait. Les bruits de remous s'arrêtèrent et au bout de quelques secondes, elles distinguèrent une ombre qui s'avançait lentement vers la maison. Sente récupéra rapidement ses deux sabres et se prépara au combat. La silhouette avançait lentement, hésitant, claudiquant jusqu'à trébucher dans l'herbe. Vàatta reconnut alors sa petite-fille. Elles se précipitèrent vers Sylve et l'aidèrent à marcher jusqu'à un fauteuil. Sente eut un hoquet de surprise en s'apercevant que son amie saignait abondamment. Elles écartèrent les pans de son manteau et virent que deux fléchettes en acier se trouvaient profondément fichées dans son ventre. Sente ne posa aucune question et courut chercher le guérisseur. Elle trouva Gwenth chez lui ; il se saisit de sa trousse et la suivit.

Vàatta avait allongé Sylve sur son lit. La jeune Ondine avait le teint cireux et essayait de parler alors que sa grand-mère lui demandait de rester tranquille. Le guérisseur s'assit immédiatement à côté de la jeune femme. Il ferma les yeux, posa une main sur le front de Sylve qui s'endormit instantanément. Il passa rapidement les mains sur tout le corps de la blessée, puis s'adressa à Vàatta et à Sente.

« Elle a perdu beaucoup de sang, elle est épuisée. Je ne vois rien d'autre. Elle aura besoin de s'hydrater : préparez une tisane régénérante pendant que je m'occupe des blessures. »

Vàatta alla s'affairer dans sa cuisine tandis que Sente restait avec Gwenth. Ce dernier ôta les deux fléchettes en acier et s'occupa de recoudre et de panser les blessures.

La pisteuse prit les deux pointes pour les étudier : il s'agissait du projectile d'une arme fomoire, une petite arbalète qui se fixait sur l'avant-bras, identique à celle qui avait atteint le Voyageur par le passé. Le Fomoire au visage balafré qui utilisait cette arme avait donc à nouveau croisé la route de Sylve. La dernière fois, Gîl'hrum, l'Avaleur de Lames, avait blessé le père de Sente à mort avant que son compagnon, nommé le Briseur de Rêves, ne l'achève, puis ils avaient fui. Sente serra les dents et prit plusieurs inspirations pour étouffer la colère qui montait en elle. Elle se promit de tuer le Fomoire la prochaine fois qu'elle le verrait. Cette pensée l'apaisa et elle reporta son attention sur la blessée.

Gwenth avait terminé ; Sylve dormait, très pâle, le visage fortement contracté. Elle avait beaucoup maigri aussi. Sente remarqua alors qu'il émanait d'elle une forte odeur de sueur ; en s'approchant, elle vit la crasse qui maculait les vêtements de Sylve. Elle ne portait pas de marques de liens sur les poignets ou les chevilles, elle n'avait donc pas été captive. Sente en déduisit que l'Ondine n'avait simplement pas pris soin d'elle depuis plusieurs jours. Cette négligence pouvait s'expliquer si Sylve avait retrouvé et espionné les Fomoires pendant plusieurs semaines. Pour quelles raisons n'avait-elle pas voulu ou pu revenir à Sráidbhaile, elle le leur expliquerait en se réveillant. La pisteuse croisa le regard de Gwenth.

« Vous pouvez la changer et la laver, ce ne sera pas du luxe. Manipulez-la avec précaution, c'est tout. Elle va dormir encore quelques minutes. Elle se rétablira sans problème. Dans quoi s'est-elle fourrée ?

– Tu as reconnu le dard comme moi. La question serait plutôt : qu'est-ce qu'elle a découvert de si important ? le corrigea-t-elle.

– Tu as raison. Avant, c'était son mari qui se mettait dans de telles situations ; ils font fort, tous les deux !

– Je pense que c'est pour lui qu'elle fait tout ça.

– J'en suis sûr, approuva Gwenth. Dois-je prévenir le conseil ?

– Je ne préférerais pas, je le ferai plus tard. Mais je ne veux pas t'obliger à quoi que ce soit.

– Aucun problème. Je vous laisse. Je repasse demain matin.

– Merci, Gwenth. Bonne nuit. »

Sente s'assit près du lit de Sylve, bientôt rejointe par Vàatta. Elles attendirent en silence.

« Le carnet ? » demanda soudain Sylve dans un souffle.

Les deux femmes s'entreregardèrent et Vàatta se saisit du sac de sa petite-fille et fouilla dedans. Elle en extirpa le long carnet recouvert de toile noire que le bibliothécaire leur avait remis.

« Page treize, la pierre, les séquoias-lave, susurra l'herboriste qui luttait pour se réveiller complètement.

– Calme-toi, grogna Vàatta. Il ne va pas s'envoler, ce carnet. Prends le temps de te remettre un peu. Essaie de boire. »

Vàatta lui donna de la tisane, puis l'Ondine s'apaisa et se rendormit. Le silence s'installa dans la chambre, et les deux femmes se laissèrent aller dans leurs fauteuils pour prendre un peu de repos. Elles finirent par s'assoupir.

Les premières lueurs du petit matin éclairaient la chambre lorsque Sylve se réveilla tout à fait.

« J'ai dormi longtemps ? » fut sa première question.

Vàatta s'étira et alla tout d'abord ouvrir la fenêtre avec un air pincé.

« Juste la nuit, l'informa Sente. Comment te sens-tu ?

– Blessée au ventre, ironisa Sylve. Je crois que j'ai faim et que j'ai besoin d'une bonne douche.

– Nous sommes d'accord avec tout ça, dit Vàatta. Nous parlerons après. »

Une fois l'Ondine lavée et rassasiée, elles se rassirent autour du lit pour écouter son récit.

« J'ai trouvé les Fomoires, déclara-t-elle pour commencer.

– Ça, nous avions deviné, lança Sente.

– Chez eux, à plusieurs centaines de kilomètres d'ici.

– Tu as trouvé les artefacts ? Tu as réussi à te déplacer avec ? bondit Vàatta.

– Bien sûr, acquiesça Sylve d'un air faussement modeste.

– Explique !

– J'y viens, grand-mère. Quand j'ai feuilleté le carnet de notes et de croquis, j'ai tout de suite reconnu un des rochers.

– Et tu ne m'as rien dit, gronda Vàatta.

– Ne m'interromps pas sans cesse, s'amusa Sylve. Je me suis souvenue que le Voyageur m'avait décrit précisément un endroit qu'il aimait beaucoup à Bois-Obscur : une énorme pierre penchée surgissant du sol, encadrée par deux séquoias-lave. C'est l'endroit précis où le Fomoire les avait attaqués lorsqu'il y était avec Quentil.

– Je me souviens bien de cet épisode, intervint Sente. C'est d'ailleurs la première fois que nous entendions parler des Fomoires et de ce bâtard de Gîl'hrum.

– C'est ça, acquiesça Sylve. Je suis donc allée voir ce rocher de plus près, j'ai posé les mains dessus, j'ai immédiatement senti une vibration, et je suis partie.

– Où ça ? demanda aussitôt Vàatta.

– Ça, je ne l'ai découvert que bien plus tard, parce que j'ai dû faire pas mal d'expérimentations et de déplacements. Et à un moment donné, je suis tombée par hasard sur le campement des Fomoires.

– C'est fou ! intervint Sente.

– Ils se sont installés près d'un immense alignement de pierres dressées, je pense que c'est le carrefour de tous ces passages. Mais je ne crois pas qu'ils le maîtrisent complètement parce qu'ils n'arrivent pas à utiliser toutes les portes.

– Tu les as observés combien de temps ? s'inquiéta Vàatta.

– J'ai fait de nombreux allers-retours. Il y a un couloir circulaire couvert avec des pierres qui mènent un peu partout. Je restais là à essayer de les écouter, et je repartais dès que quelqu'un arrivait.

– Pendant trois semaines ?

– J'ai fait pas mal de déplacements. La pierre de Bois-Obscur est reliée à une série d'autres pierres qui forment un sillage, comme disent les Fomoires, une sorte de chemin. Et il y a une seule des pierres de ce chemin qui mène chez eux.

– Et finalement, tu t'es fait prendre, conclut Vàatta.

– Exactement. Hier matin, je suis retournée chez les Fomoires pour leur laisser un message, mais ils étaient plusieurs là-dedans, un hasard. Toujours est-il qu'ils ne manquent pas de réflexes : avant que j'aie eu le temps de repartir, ils m'avaient touchée. J'ai filé et me voilà.

– Et dans quel état ! s'exclama Vàatta. J'ai eu la peur de ma vie en te voyant hier soir !

– Pour leur laisser un message ? répéta Sente, incrédule.

– Je leur propose de collaborer pour découvrir comment fonctionnent les sillages, expliqua Sylve.

– Collaborer avec les Fomoires ! s'écria Sente.

– Je sais, ça paraît fou, mais ils ont fait une découverte fabuleuse et je pense qu'ils sont dans une impasse.

– Discuter avec Gîl'hrum ! Le type qui a tué mon père en le frappant dans le dos !

– Travailler avec eux ne veut pas dire que tu ne régleras pas tes comptes avec Gîl'hrum.

– J'aimerais bien savoir comment.

– Je te promets que tu auras ta vengeance, mais je vois là un moyen formidable de parcourir de grandes distances. Et je sens aussi qu'il y a un lien avec le Voyageur, ça pourrait m'aider à retrouver mon mari, insista Sylve.

– Je sais que tu as raison, sauf qu'il va me falloir un peu de temps.

– Et tes nouveaux amis, comment sont-ils censés nous répondre ? intervint Vàatta.

– Ils doivent laisser une réponse devant la pierre de Bois-Obscur.

– C'est pratique : c'est à une journée de marche, grommela Sente.

– Et le conseil ? s'enquit Vàatta.

– Je n'en sais rien, avoua Sylve. On verra lorsqu'on aura une réponse. »

Les trois Ondines discutèrent encore quelque temps, puis Vàatta et Sente laissèrent Sylve se reposer. Elles avaient décidé que Sente se rendrait à Bois-Obscur avec l'équipe de Stritch pour voir si les Fomoires avaient laissé un message. Pour le moment, elles avaient l'intention de ne pas mêler le conseil à cette affaire.

Sente battit le rappel des équipes, prétextant un signal d'alerte sur une glyphe du côté de Bois-Obscur. Ils partirent immédiatement, lourdement armés. Pour l'occasion, les deux nouvelles recrues de son groupe chevauchaient leurs petits dragons. L'une, très brune, les cheveux courts, fine et musculeuse, se nommait Blish ; l'autre, plus petite, fortement charpentée, très vive, répondait au surnom de Vive. Elles appartenaient toutes les deux à des lignées de chevaucheuses. Dans ces familles, la tradition voulait que les nouveau-nées soient emmenées sur les bords de la rivière, en amont de Trouble-Rives, afin de faire connaissance avec les dragons qui y vivaient. Parfois, lors de cette rencontre, un lien se tissait entre de très jeunes dragons et l'enfant. Les Ondins rentraient alors au village avec leur bébé et le jeune dragon qui l'accompagnerait toute sa vie. Il y avait ainsi au village une vingtaine d'Ondines qui possédaient un dragon aux immenses yeux bleu foncé, profonds comme des mers. Après le départ de Sente, puis celui du Voyageur, les anciens avaient détaché Blish et Vive de la garde pour qu'elles viennent aider l'équipe de layonnage et de sécurisation des routes et sentiers. Elles avaient rapidement fraternisé avec les trois pisteurs, heureuses de changer de mission et d'élargir leur champ d'action jusque-là restreint aux frontières immédiates de Sráidbhaile.

La petite troupe s'achemina rapidement aux limites du territoire des Ondins. Ils traversèrent le hameau abandonné de Sourde-Saule, dépassèrent les bornes frontières et s'engagèrent sous les sombres frondaisons de Bois-Obscur. Plus petits, plus touffus, les arbres occultaient toute lumière, raréfiant la végétation, conférant aux sous-bois un aspect fantomatique et désert. À quelques centaines de mètres du rocher, sur un signe de Stritch, les douze aventuriers s'écartèrent les uns des autres et adoptèrent une formation en pointe de flèche ; Torv et Dûrsil se placèrent à l'avant.

Ils progressèrent alors plus lentement, dans un silence pesant, uniquement troublé par quelques craquements de brindilles et par les battements lents des ailes des deux dragons qui planaient autour d'eux.

Ils aperçurent au loin la percée où poussaient les scutellaires que le Voyageur et Quentil avaient cueillies quelques mois plus tôt. Soudain, Dûrsil s'accroupit en leur faisant signe de s'arrêter. Stritch se porta à sa hauteur.

« Je sens une présence très puissante, droit devant.

– Un seul individu ? demanda Stritch.

– Sans doute, mais beaucoup plus fort que tout ce que j'ai pu approcher jusque-là.

– Sois plus précis.

– En cas d'affrontement, nous risquons de perdre beaucoup de monde », pronostiqua le mage.

Sente les avait rejoints et avait entendu la fin de leur échange. Le soleil déclinait et ses derniers rayons éclairaient la clairière d'une lumière dorée, empêchant d'apercevoir ce qui pouvait se tenir au pied des séquoias-lave, dont ils distinguaient les troncs rouges.

« Alors nous y allons à deux, Stritch et moi, proposa Sente.

– Ça me va, approuva la chef d'équipe. Si ça dégénère, vous foncez dans le tas, pendant que Blish repart immédiatement au village pour rendre compte. »

Sente et Stritch se relevèrent et traversèrent la clairière d'un même pas, éblouies par le couchant. Sente nota que les premiers boutons des scutellaires apparaissaient et fleuriraient d'un bleu magnifique d'ici à quelques semaines. Elle ne put s'empêcher de s'extraire de l'instant pour caresser les plumets duveteux des graminées, elle ressentit la chaleur du soleil sur son visage, elle perçut même les bourdonnements des insectes qui voletaient autour des premières fleurs.

À l'approche de l'orée des arbres, elles s'immobilisèrent toutes les deux. Vibrant d'une énergie palpable, accroupi, quelqu'un les attendait. Il se leva. Il mesurait plus de deux mètres et tenait à la main une imposante hache à double tranchant. Les deux Ondines attendirent.

« Je suis le Guide ; et vous, qui êtes-vous ? »

Sa voix très grave ne semblait pas venir de lui, mais résonnait profondément autour d'elles. Elles frémirent comme s'il les avait touchées. Elles se ressaisirent et avancèrent.

« Je suis Stritch, je commande ce groupe. Nous sommes venus pour prendre connaissance de la réponse des Fomoires.

– Vous êtes nombreux », constata le guerrier solidement bâti.

Le Guide les dépassait largement de deux têtes. Torse nu, musculeux, le corps couvert de runes de pouvoir et de cicatrices, il dardait sur elles un regard calme et pénétrant. Par instants, une aura sombre s'échappait de lui en volutes fugitives, provoquant chez elles des vagues de peur qu'elles peinaient à contrôler.

« Nous ne savions pas à quoi nous attendre, finit par répondre Stritch.

– Il n'y a que moi. Je parlerai au nom de tout mon peuple.

– Et nous, nous parlerons au nom des Ondins qui vont quitter Sráidbhaile et entamer une quête des rivages d'antan, expliqua Sente.

– Et les autres ? demanda le géant.

– Pour l'instant, ils resteront là, répondit Stritch.

– Ces Ondins-là ont perdu une partie d'eux-mêmes, alors que vous, vous cherchez à vous retrouver, affirma le Guide.

– Quelle est votre réponse ? » l'interrompit Sente, de plus en plus fébrile devant la présence imposante du Fomoire et impatiente de savoir quelle attitude adopter. Le Guide émit un rire sonore et franc.

« Nous coopérerons tous ensemble, il en va aussi de la survie de mon peuple : nous avons trop erré.

– Comment faisons-nous maintenant ? le questionna Stritch.

– Nous pouvons accepter qu'un Ondin vienne observer le Cercle des Géants et discuter avec nos astrologues.

– Une seule personne ? objecta Stritch. Je pense que deux, ce serait un minimum. Comment être certains qu'elles seront en sécurité ?

– J'accepte les deux envoyés et je me porterai garant de leur survie. Et puis, je crois savoir que l'une d'entre vous a déjà exploré le sillage d'Aldébaran.

– Elle a été attaquée, accusa Sente.

– Vous ne pouvez pas nous en vouloir », répliqua le Guide.

Sente marqua un temps d'arrêt. L'aura qui roulait autour d'elle, la profonde résonance de la voix du Fomoire, tout concourait à la déstabiliser. Elle revoyait les blessures de Sylve et la chute de son père. Elle éprouva à nouveau la brûlure de la lame qui lui avait tranché le poignet.

« Tu souhaites ajouter quelque chose ? » lui demanda le Guide, la délivrant ainsi du sentiment d'oppression qui la gagnait.

La pisteuse ne souffla qu'un mot :

« Vengeance.

– Explique-toi, lui intima patiemment le colosse.

– Mon père se battait contre un des tiens, le Briseur de Rêves, quand Gîl'hrum l'a frappé mortellement dans le dos. Je veux venger son sang.

– Les choses ne sont jamais aussi simples, l'avertit le Guide. Il y avait un combat, et vous avez tous lutté pour vos vies, Fomoires et Ondins. Ce n'était pas un duel. Néanmoins, si Gîl'hrum accepte, tu pourras l'affronter.

– Ça me va, approuva sombrement Sente.

– Quand pensez-vous venir ? les interrogea le Guide.

– Dans deux jours, à midi, deux Ondines emprunteront le sillage, proposa Stritch.

– Très bien. Nous vous attendrons. »

Le Fomoire les salua, s'approcha de l'énorme rocher penché, posa sa main dessus et disparut, les libérant du joug de sa présence. Un peu étourdies, les deux Ondines fixèrent un moment la roche, puis firent demi-tour. Elles virent Dûrsil se diriger vers elles, ayant sans doute compris que le Fomoire les avait quittées.

« Ne parle à personne de mon arrangement avec le Guide, glissa rapidement Sente à la guerrière, ils ne me laisseront pas le faire, tu es la seule à pouvoir me comprendre. »

Stritch scruta Sente quelques secondes.

« Très bien, acquiesça-t-elle, alors que leur compagnon arrivait à leur hauteur.

– Alors ? demanda le mage avec impatience.

– Nous allons chez les Fomoires dans deux jours, lui annonça Sente.

– C'est le conseil qui va être content, commenta Dûrsil.

– Je n'ai parlé qu'au nom de la caravane, expliqua Stritch, je les laisse en dehors de tout ça.

– De toute façon, nous verrons bien », conclut Dûrsil, pragmatique.

Lorsque Sylve prit connaissance de l'invitation, elle ne leur laissa pas le choix : c'est elle qui irait chez les Fomoires et elle souhaitait que Sente l'accompagne. Elles discutèrent longuement de la manière de communiquer ces informations au reste du village et décidèrent de ne plus tenir le conseil informé : après tout, l'organisation du départ se faisait sans eux et ils n'avaient jamais cherché à s'impliquer dans cette aventure.

Sente ne comprenait pas que le conseil ne réagisse pas davantage aux événements. Les anciens prenaient acte de tout ce qui se passait, mais ils n'émettaient pas d'avis, ils ne faisaient part à personne de leurs analyses, ni ne proposaient d'alternatives. Pour en avoir beaucoup parlé avec Vàatta, elle en avait conclu que ce silence trahissait de profondes dissensions internes : les anciens, ne parvenant pas à se mettre d'accord sur une position commune, ne disaient rien. Pour autant, ils se trouvaient dans une impasse, car le départ inéluctable d'une partie des villageois les obligerait à faire des choix individuels. Plutôt que de préparer Sráidbhaile à une vie différente, ils se plaçaient en observateurs impuissants des changements, des querelles, du chaos à venir.

Une réunion se tiendrait le soir même pour informer la caravane de tout ce qu'elles savaient. Stritch et Sente présideraient cette rencontre.

Pour montrer aux candidats à l'exode que le projet se concrétisait et prenait de l'ampleur, Sente et Stritch avaient demandé à tous leurs compagnons de les entourer lors de la réunion. Sente se trouvait en confiance car Quentil, sachant qu'elle n'aimait pas parler en public, lui avait proposé de se tenir près d'elle, pour compléter son propos si besoin.

« Il serait de bon ton que Main-de-bois et Encaisse-comme-un-troll soient ensemble, côte à côte », lui avait-il glissé.

Elle avait ri de la blague, heureuse aussi que Quentil ne l'oublie pas, malgré son idylle avec Halliv.

Les villageois venant de plus en plus nombreux à ces réunions, ils avaient investi la grande prairie où paissaient d'habitude les imposants laineux. Une petite estrade se dressait là pour l'occasion ; Sente, Stritch et Quentil y avaient pris place. Devant eux, face à la foule qui se rassemblait, se tenaient tous leurs compagnons, pas très à l'aise de se trouver ainsi exposés.

Sente parcourait l'assemblée du regard, lorsqu'elle vit arriver Déneth et Laminel. Ils s'approchèrent comme le reste des habitants et attendirent. Leur venue ne passa pas inaperçue : il y eut des murmures et des regards en coin. Stritch décida de ne pas laisser le trouble s'installer et prit la parole.

« Bonsoir à tous. Ce soir, nous parlerons peu du départ en lui-même, ni de l'avancée des préparatifs. Nous allons vous donner des informations sur des découvertes que nous avons faites et qui pourraient nous aider dans notre quête. Mais avant tout, je remercie Déneth et Laminel d'être présents et j'en déduis qu'ils se rallient à notre projet. »

Stritch avait parlé d'une voix forte. Elle marqua un temps d'arrêt, attendant une réponse des deux anciens. Sente apprécia que Stritch prenne les choses en main, car la guerrière savait se faire entendre et avait l'habitude de s'exprimer très directement, sans se soucier de l'opinion de ses interlocuteurs.

« En effet, nous nous rallions à la caravane, chacun en notre nom propre. Nous nous joignons à cette quête », répondit Laminel.

Des villageois applaudirent, d'autres lancèrent des encouragements et des remerciements aux deux sages.

« Merci beaucoup, reprit Stritch. Venons-en maintenant à nos nouvelles. Elles vont peut-être vous faire peur et vous inciter à refermer les portes de Sráidbhaile pour y rester à l'abri, mais sachez que nous ne sommes pas inconscients et que nous agirons toujours avec votre accord et dans le souci de protéger tout le monde. »

Elle dévoila alors aux villageois présents les messes basses du conseil des anciens, les documents cachés, le bannissement des parents de Sylve, les accords secrets avec les Nardenyllais, l'existence des portes et les voyages de Sylve. La présence des Fomoires à une journée de marche du village et l'accord qu'elles venaient de passer avec eux provoquèrent des cris de surprise, des mouvements dans la foule. Stritch interrompit son discours pour laisser les émotions s'exprimer et pour que les villageois échangent entre eux.

Quand elle réclama le silence, ses paroles se perdirent dans un brouhaha encore plus dense. Elle se tourna vers Sente pour lui demander du soutien. Cette dernière hésita, mais Quentil la poussa doucement en avant.

« Parle des Fir Bolgs, ça va détourner leur attention », lui conseilla-t-il.

Sente avança sur l'estrade et leva haut sa main artificielle, sans rien dire. Le membre en bois produisit l'effet escompté ; et petit à petit, l'attention de l'assistance se fixa sur elle.

« Je sais que les Fomoires nous font peur. Je les ai combattus deux fois. La première fois, mon père est mort ; la seconde, j'y ai perdu une main. »

L'Ondine marqua une pause pour observer son auditoire : tous les regards se focalisèrent à nouveau sur sa prothèse.

« Mais c'est un ennemi que nous connaissons de mieux en mieux, alors que nous ne savons pratiquement rien des Fir Bolgs.

– Et les Nardenyllais ? cria un homme dans la foule.

– Et leur alliance avec les Fir Bolgs ? compléta Sente. Nous ne savons pas quels sont leurs objectifs, mais je ne souhaite pas leur laisser les rivages qui ont vu débarquer les Tuatha dé Dana. Nous sommes les gens de la déesse et nous avons été trop longtemps éloignés des océans.

– Qu'est-ce qui va se passer avec ces portes ? demanda une jeune femme qui se tenait au premier rang.

– Nous ne savons pas exactement, mais peut-être qu'elles

nous permettront de voyager beaucoup plus rapidement. Nous ne pouvons pas ignorer une telle découverte, affirma Sente.

– Est-ce que ça veut dire qu'ils peuvent débarquer à Bois-Obscur quand ils veulent ? hasarda une autre femme, visiblement inquiète.

– C'est à peine à une journée de marche, renchérit sa voisine qui serrait un enfant sur ses genoux.

– Nous mettons en place une surveillance constante à Bois-Obscur, les informa Stritch, et nous devons continuer nos préparatifs.

– Sauf qu'avec ce départ qui se profile, nous sommes complètement désorganisés, asséna un Ondin d'une voix forte, tout en se mettant debout avant de poursuivre. Encore aujourd'hui, j'ai entendu Misshug dire à l'auberge des Levées qu'il manquait des volontaires, notamment pour les tours de garde pendant la nuit. Les Fomoires pourraient s'introduire dans le village sans que personne s'en rende compte.

– Calme-toi, l'ami ! fit Torv en se redressant. Nous allons être plus vigilants. Et si les Fomoires ont de mauvaises intentions, nous saurons les recevoir.

– Facile à dire pour toi ! lança un homme corpulent. Tu es un guerrier. Mais pour nous tous, qui ne savons pas nous battre ?

– Je vais voir avec Misshug quels sont ses besoins et pourquoi tout est si désorganisé, commença Sente.

– Parce que je fais mes bagages et que je n'ai pas le temps d'aller curer les fossés ! la coupa un vieil homme goguenard.

– Je le sais, répondit-elle, et nous allons régler tous ces problèmes un à un. »

La jeune Ondine se rassit et laissa Stritch prendre le relais. De très nombreuses questions continuaient à jaillir sans discontinuer de la foule inquiète. Il y avait devant eux des mères avec leurs enfants qu'elles rassemblaient nerveusement autour d'elles ; certaines serraient la main de leurs compagnons. Ces derniers se tenaient très droits, essayant au mieux de rassurer leur famille, mais leurs yeux cherchaient des réponses et du soutien. Certains dans la foule se taisaient et secouaient la tête lorsque les craintes se faisaient trop irrationnelles. Ceux-là partiraient quoi qu'il arrive. D'autres semblaient partagés et écoutaient attentivement. À l'incertitude du voyage s'ajoutait la crainte d'un ennemi séculaire.

Toute à ses pensées, Sente n'entendit pas Stritch la solliciter. Cette dernière lui posa la main sur l'épaule.

« Je l'ignore, mais Sente et Sylve en sauront plus dans deux jours », dit-elle en regardant Sente avec insistance.

La pisteuse eut un sourire forcé.

« Bien sûr », approuva-t-elle sans savoir de quoi il s'agissait.

Elle parcourut du regard la foule toujours insatisfaite et reprit :

« Nous n'avons pas toutes les réponses, mais nous devons nous faire confiance. Vous aussi avez peut-être des idées et des choses à proposer. En continuant à partager nos préoccupations, nous trouverons des solutions. Personne n'a jamais dit que Sylve, Vàatta, Stritch, moi-même et les autres allions vous emmener vers la mer. Non : nous partons tous ensemble et nous aviserons. Pour ce soir, nous n'avancerons pas davantage. Allons prendre du repos. »

Ils descendirent tous de l'estrade tandis que les villageois se dispersaient lentement, bon gré mal gré, certains en râlant.

« Je suis impressionné par l'énergie que vous déployez tous, leur dit Déneth en s'approchant.

– C'est un magnifique projet, et je ne veux pas l'ignorer plus longtemps, ajouta Laminel qui les avait rejoints.

– Merci, c'est important que des membres du conseil soient avec nous, répondit Stritch.

– Nous ne sommes plus membres du conseil, précisa Laminel.

– J'imagine bien, ils ne pouvaient pas laisser passer ça, grinça Quentil.

– Tu as raison, approuva Déneth. Vous nous direz comment nous pourrons être utiles. »

Sylve se remit très rapidement car Gwenth pratiqua sur elle de nombreux enchantements de cicatrisation et de guérison. Elle se reposait et préparait son départ avec Sente. Vàatta leur avait fait part de ses réticences à les voir s'aventurer chez les Fomoires, mais les deux Ondines avaient fait la sourde oreille. La pisteuse gardait obstinément – et secrètement – son duel en ligne de mire ; Sylve avait, elle, la certitude qu'elle trouverait dans le cercle des monolithes le moyen de rejoindre le Voyageur.

Elles partaient avec un équipement très complet, prêtes pour une campagne exploratoire de plusieurs semaines. Tous leurs amis avaient émis une opinion sur ce qu'il fallait obligatoirement emporter et elles avaient longuement lutté pour que leurs sacs à dos ne se chargent pas trop de toutes ces bonnes intentions : capes de camouflage, opaline luminescente, longue-vue, cordelettes, grappin, rations, trousse de secours complète. Dûrsil avait fait le tour des enchanteurs du village et leur avait donné plusieurs objets magiques, ainsi que quelques fioles d'élixirs. Stritch, quant à elle, leur avait trouvé à chacune une veste de combat en cuir, renforcée de plaques d'un métal très léger. Sente se sentait dans son élément, elle se revoyait en train de se préparer avec son père pour de longues expéditions, lorsqu'ils vivaient sur les contreforts des Montagnes d'Argent. Sylve avait un peu protesté, se trouvant embarrassée par tout cet attirail, mais aussi bien Stritch que Dûrsil étaient restés inflexibles.

Lorsque les deux équipes décidèrent de partir rejoindre le monolithe penché de Bois-Obscur, elles trouvèrent sur le chemin un convoi composé de tous les anciens, accompagnés du Gardien, du maître de la garde du jour, du Veilleur et de Gwenth. Tous allaient assister au départ de Sylve et de Sente, au rapprochement annoncé des Fomoires et des Ondins. La fille de Krûll ressentait une fébrilité palpable chez tous ses compagnons. Le couvert de la forêt et leur propre nervosité les oppressaient. Ils marchaient en silence, chacun ressassant ses craintes et ses peurs ancestrales, parfois même ses fantasmes.

Non loin de la roche penchée, le Gardien du village avait installé un campement chargé de surveiller ce qui pourrait sortir de la pierre. Il y avait là une dizaine de guerriers dont trois chevaucheurs de dragons.

Sente s'approcha la première du monolithe. Elle n'éprouvait aucune peur, mais une certaine excitation, une réelle envie de franchir de nouvelles limites et de découvrir encore un ailleurs. Elle lança un coup d'œil à Sylve qui hocha la tête. Tous les regardaient fixement, il n'y aurait pas d'au revoir. Quentil leva le poing à l'intention de Sente pour lui souhaiter le meilleur. L'Ondine posa sa main en bois sur le monolithe, se concentra un instant comme Sylve le lui avait expliqué, et disparut.

9.

Le vent se lève !… Il faut tenter de vivre !

> « Le vent se lève !… Il faut tenter de vivre !
> L'air immense ouvre et referme mon livre,
> La vague en poudre ose jaillir des rocs !
> Envolez-vous, pages tout éblouies ! »
>
> *Paul Valéry*

Sente déboucha devant un petit monolithe massif et large, bientôt imitée par Sylve. La forêt les entourait, bruissant comme à l'accoutumée, mais quelques détails dans la végétation, un léger changement de luminosité, indiquèrent à la pisteuse qu'elles avaient parcouru une très grande distance.

Sylve ne lui laissa pas le temps de se féliciter de sa réussite, ni de s'extasier sur ces déplacements instantanés.

« Maintenant, n'oublie pas, tu as quatre voies qui s'ouvriront à toi : deux t'aspireront vers l'avant, une vers l'arrière dans le même sillage, la quatrième, c'est vers Gilgal Refaim. Toi, tu files vers une impression d'entassement énergétique. C'est difficile à expliquer, mais tu comprendras à peine tu auras posé la main sur la pierre. »

Sente se fondit dans l'artefact minéral et arriva au milieu d'un large couloir de pierres dressées, à ciel ouvert. Sylve la suivit presque immédiatement. La pisteuse tourna plusieurs fois sur elle-même : d'imposants peulven l'entouraient et soutenaient vers l'intérieur du cercle des dalles énormes qui couvraient sans nul doute une autre allée. L'entassement mégalithique concentrait une énergie presque palpable, comme une vibration continue qui résonnait en elle.

Elles perçurent toutes deux la présence du Guide avant même de le voir. Accompagné de plusieurs guerriers immenses et tatoués de la tête aux pieds, il s'approcha et les salua.

« Bienvenue dans Gilgal Refaim, le Cercle des Géants.

– Merci de nous accueillir, répondit Sylve. Je suis sûre que nous allons nous aider mutuellement.

– Je l'espère, mais avant de vous autoriser à explorer cet endroit, je vais laisser l'Ondine à la main de bois effacer une dette de sang. »

À la surprise de Sylve, Sente acquiesça et suivit le Guide qui avait tourné les talons.

« Sente, que se passe-t-il ? demanda Sylve en les suivant.

– Ne t'inquiète pas, rien qui remette en cause ton exploration. Je vais juste permettre à cet enfoiré de Gîl'hrum de rejoindre ses ancêtres.

– Quoi ! s'étrangla la jeune Ondine.

– J'en ai pour quelques minutes. Après, nous nous mettrons au travail. »

Sylve ne décela pas la moindre émotion dans la voix de son amie, juste une intense concentration. Ils débouchèrent devant le cercle monolithique. Le campement fomoire s'étendait tout autour, et, au centre d'un vaste espace dégagé, l'Avaleur de Lames attendait, tenant fermement à deux mains une épée à double tranchant. De nombreux spectateurs se tenaient là, murmurant en regardant les deux Ondines. Les enfants les montraient du doigt. Elles représentaient un ennemi ancestral qu'ils n'avaient jamais vu, décrit dans les contes et les histoires narrées le soir auprès du feu. Sente posa ses affaires au sol. Elle sortit de leurs étuis ses deux sabres, les fit tournoyer lentement dans ses mains pendant quelques instants, puis s'immobilisa.

« Vous vous affrontez pour régler une dette de sang, annonça le Guide d'une voix forte. Il n'y aura pas d'autre vengeance à l'issue de ce combat. »

Il se tut et Sente s'avança. Les deux combattants se déplacèrent lentement, tournant l'un autour de l'autre, s'observant en se rapprochant, jusqu'à ce qu'une longueur de lame les sépare. Gîl'hrum se fendit en avant, piquant de sa pointe vers la poitrine de Sente, d'un pas chassé il se rapprocha encore, releva sa lame vers le menton de l'Ondine qui s'effaça ; le Fomoire passa à côté d'elle dans un souffle, rabattit violemment son arme derrière lui, empêchant Sente de le frapper dans le dos. Elle avait à peine bougé pendant ce bref assaut. Elle se replaça, glissant ses pieds sur le sol, puis elle fit rouler ses épaules tout en pointant ses sabres en avant, à hauteur du visage de Gîl'hrum. Elle attaqua en alternant des moulinets que le Fomoire para les uns après les autres ; l'Ondine poussa davantage son assaut, forçant l'adversaire à s'installer dans une routine défensive qu'elle brisa soudainement en accélérant, et en remplaçant un tournoiement du sabre droit par un coup de pied circulaire qui tapa dans le plat de la lourde épée du Fomoire et la fit dévier de sa trajectoire. L'Ondine plongea sa lame dans l'ouverture et l'enfonça profondément dans le ventre de Gîl'hrum. Il eut un hoquet de surprise et de douleur et planta son regard dans les lunettes de l'Ondine. Lâchant son second sabre, elle attrapa son arme à deux mains, maintenant le Fomoire debout, presque collé à elle. Au bout de quelques secondes, il s'affaissa complètement, elle le laissa glisser au sol et se recula.

Penchée en avant, les mains sur les genoux, Sente contempla un moment le corps qui gisait devant elle et

Sylve vit que son amie pleurait. Elle s'approcha d'elle pour lui poser une main sur l'épaule.

« Laisse partir ton père, lui murmura-t-elle à l'oreille, il n'aurait pas voulu que tu sois prisonnière de sa mémoire. »

Sente acquiesça et se redressa. Les Fomoires n'avaient pas bougé et attendaient que leur Guide conclue le duel.

« Ton père peut être fier de toi. Tu viens de disposer d'un de mes meilleurs guerriers. »

Il se tourna et s'adressa à son peuple d'une voix puissante :

« Ce combat s'achève avec honneur. Nous ferons des funérailles dignes de Gîl'hrum. Maintenant, les deux Ondines vont nous aider à comprendre Gilgal Refaim. Personne ne doit les importuner, elles sont sous ma protection. »

Les spectateurs commencèrent à se disperser, certains vinrent récupérer le corps de l'Avaleur de Lames. Deux hommes s'approchèrent des Ondines. Comme de nombreux Fomoires, le premier les dépassait d'une tête. Les cheveux longs d'un noir de jais, une courte barbe taillée avec soin, des yeux perçants et attentifs, il portait une longue robe noire à capuche et tenait à la main le bâton noueux des jeteurs de sorts.

« Bienvenue, je me nomme Grander'Tyl, ce qui signifie "le Saccageur de Runes". Je suis avec mon ami Berse'Ktir, le Dénombreur d'Étoiles, astrologue de son état. Nous vous accompagnerons dans Gilgal Refaim, si vous le voulez bien. »

L'astrologue leur sourit et esquissa un salut. Plus petit que son compagnon, plus âgé aussi, les yeux rieurs et curieux, entièrement chauve, vêtu d'un long manteau brun, il tenait à la main un rouleau de papier et quelques feuillets reliés entre eux.

« Je suis enchantée d'être ici, dit Sylve, ce sera très utile de vous avoir avec nous. J'imagine que vous avez déjà fait bon nombre de découvertes.

– J'ai pris nos notes avec moi, répondit Berse'Ktir. Mais je vous propose de commencer par visiter le site, même si je crois savoir que vous êtes déjà venue plusieurs fois.

– C'est vrai, mais je n'ai pas été très bien accueillie lors de mon dernier passage, plaisanta Sylve.

– Il est vrai que nos deux peuples sont ennemis depuis toujours, et ces derniers temps, nous ne nous sommes rencontrés que dans la violence. Pourtant, nous avons toujours poursuivi le même but. Il est peut-être temps de nous y consacrer tous ensemble. Je pense sincèrement que cette trêve est la bienvenue, leur confia Grander'Tyl.

– J'espère qu'elle durera, dit Sylve.

– Pour ne parler qu'en mon nom, je suis d'accord, approuva Berse'Ktir.

– Moi aussi, appuya Grander'Tyl. »

Tous attendaient que Sente donne aussi son point de vue, mais elle se trouvait perdue dans ses pensées. Elle prit soudain conscience qu'ils fixaient tous leur attention sur elle.

« Pareil : j'ai réglé mes comptes, c'est tout. Je ne souhaite aucune guerre. »

Ils entrèrent dans le Cercle des Géants et commencèrent à en parcourir les allées, tout en examinant les monolithes un à un. Les deux Fomoires leur expliquèrent quelles découvertes ils avaient faites et quelles portes ils avaient réussi à emprunter.

Ils parvinrent ensemble à la salle centrale et s'arrêtèrent devant l'entrée. À l'intérieur régnait toujours la même obscurité, épaisse, impénétrable et menaçante. L'astrologue prit une torche qu'il lança dans la pièce ; elle avala le trait lumineux sans un bruit. Sylve pénétra l'ombre compacte et dense et s'avança à tâtons. Elle ressentit aussitôt un froid piquant, puis, petit à petit, la froidure s'immisça sous ses vêtements et s'attacha à sa peau comme une viscosité humide et désagréable. Comprenant qu'elle ne viendrait pas à bout des ténèbres, elle choisit de quitter la pièce.

« C'est impénétrable, constata-t-elle.

– Impressionnant, en effet, dit l'astrologue. Et rien ne peut percer cette obscurité. Si l'on reste trop longtemps, on peut même ressentir une certaine agressivité.

– Savez-vous qui a construit cet endroit ? demanda Sente.

– C'est très difficile à dire, répondit Grander'Tyl. Il n'y presque aucune trace d'écritures ou d'éléments qui pourraient nous aider.

– Presque ? releva Sylve.

– C'est-à-dire que nous avons retrouvé une unique stèle, mais en dehors du cercle. Et cette stèle est rédigée avec des runes fomoires et ondines.

– Incroyable ! Et que dit-elle ? s'enquit Sylve.

– Les caractères nous sont connus, mais pas la langue ; pourtant, certains de nos érudits parlent de très nombreuses langues.

– On pourrait voir cette stèle ? demanda Sente.

– Bien sûr, allons-y », dit Grander'Tyl.

Ils quittèrent le Cercle des Géants et le contournèrent pour se trouver à l'opposé du campement. Une stèle d'un mètre de hauteur se dressait à l'écart des monolithes, au milieu d'un espace dont on avait arraché les broussailles et les arbustes.

« Elle était cachée par la végétation. L'un des nôtres est tombé dessus par hasard », expliqua Grander'Tyl.

Les deux Ondines s'approchèrent pour observer les traits runiques, fins et réguliers, qui alternaient à chaque ligne, de l'ondin au fomoire. Elles reconnaissaient bien les caractères, mais ne purent en comprendre le sens.

Sylve s'assit dans l'herbe. Tout autour d'elle, la forêt

bruissait de mille sons familiers. Des fromagers magnifiques ombrageaient l'étendue empierrée de Gilgal Refaim. Un Fomoire se reposait sur la fourche d'un de ces géants à l'écorce grise.

Les autres finirent par s'asseoir avec elle.

« Si on extrapolait, réfléchit-elle à haute voix, on pourrait peut-être dire que le Cercle des Géants a été construit conjointement par nos deux peuples.

– Pourquoi pas ? admit Berse'Ktir. Cela semble compliqué au vu de ce que disent nos historiens, mais après tout, pourquoi pas ?

– Donc, si je suis ton raisonnement, il utiliserait indifféremment les pouvoirs de nos deux peuples, hasarda Grander'Tyl.

– Ce qui nous amène à… s'impatienta Sente.

– À faire des tests », conclut Sylve en se relevant.

Elle retourna à grands pas vers le tumulus central et s'arrêta devant l'entrée.

« Je vous conseille de ne pas regarder », dit-elle aux deux Fomoires.

Ils comprirent immédiatement ce que Sylve allait tenter et se tournèrent. L'Ondine ôta ses lunettes et ses yeux bleus projetèrent dans la pièce une lumière surnaturelle qui fit disparaître progressivement les ténèbres qui y régnaient. L'intérieur du tumulus s'offrit aux regards de Sente et de Sylve, dévoilant un spectacle étonnant.

« Alors ? Vous voyez quelque chose ? demanda fébrilement Grander'Tyl.

– C'est magnifique : le plafond est voûté, une carte du ciel est peinte dessus. Les murs sont couverts de schémas et de dessins. Sans doute les sillages et les principaux seuils. Tout est là ! » s'exclama Sylve.

L'Ondine réajusta ses lunettes, mais l'obscurité ne revint pas.

« Vous pouvez avancer sans danger. »

Ils entrèrent dans la salle qui mesurait une cinquantaine de mètres de circonférence. Sur le dôme du plafond s'étendait une surprenante voûte étoilée, où de fins traits jaunes reliaient entre elles les étoiles d'une même constellation. Sur les murs se succédaient avec régularité les dessins de chaque sillage, avec des caractères runiques indiquant très certainement les noms des seuils les constituant. En arrière-plan de ces schémas se trouvaient des fresques représentant des mégalithes, des dolmens, des cromlechs, des artefacts aux formes très diverses : croix, roues solaires, cairns, tous apparaissant au milieu de paysages grandioses, aussi bien sylvestres que montagneux, désertiques ou encore polaires.

Sylve s'immobilisa en même temps que le mage. Ils venaient de repérer, comme une promesse au milieu de ces peintures étonnantes, plusieurs vues de portes situées au bord de la mer. La mer s'alanguissant au soleil devant une tourelle surmontant un rempart, la mer battant une falaise surplombée d'un alignement de majestueux monolithes, la mer encore, enroulant ses vagues devant un mégalithe percé. Ils restèrent là de longues minutes, rapidement rejoints par l'astrologue. Sylve sortit alors de son sac le carnet que le bibliothécaire lui avait donné. Ils en comparèrent les croquis avec les peintures murales et en identifièrent un certain nombre.

« Celui qui a dessiné dans ce carnet avait commencé à recenser les seuils que l'on trouve dans un très large périmètre autour de Sráidbhaile, commenta Sylve. Il a sans doute parcouru des centaines de kilomètres.

– Nous savons maintenant que le tracé des sillages correspond au ciel des Perséides, résuma l'astrologue, mais nous n'avons aucun moyen d'établir la position géographique de ces sillages.

– Et nous ne savons toujours pas comment réactiver les seuils inactifs », ajouta Grander'Tyl.

Ils observèrent encore longuement tous les sillages et

les dessins en arrière-plan. Ils s'arrêtèrent notamment sur six représentations de seuils monumentaux, bien plus imposants que tous les autres. Tous achevaient le cheminement d'un sillage. Formés de blocs majestueux de plusieurs dizaines de mètres de haut, encadrés de verdure, ces portiques rectangulaires plus ou moins profonds laissaient souvent passer un fleuve.

Ils discutèrent un long moment dans la salle. Berse'Ktir déplia ses cartes et produisit des notes, Sylve leur montra le cartographe et les derniers déplacements du Voyageur. Ils comprirent que ce dernier avait sans aucun doute possible réactivé dix seuils du sillage de l'Hydre.

L'herboriste se leva et s'approcha de la fresque où elle identifia ce très long sillage et ses dix-huit seuils. Elle parcourut avec ses doigts les dix seuils que son mari avait traversés et garda l'index sur le dernier. À cet endroit, la fresque représentait une petite muraille circulaire surmontée d'une tourelle, il y avait aussi des dunes, une jetée et la mer. Elle inspira profondément, essayant vainement de sentir le sable et les embruns. Elle caressa le dessin. Le Voyageur se trouvait là, dans l'impossibilité de revenir. Comment allait-il ? Que faisait-il ?

Sente s'approcha de son amie.

« Il est si proche, murmura Sylve.

– Je sais.

– Et si loin en même temps.

– Nous allons trouver le moyen, lui promit la pisteuse. Nous venons juste d'arriver.

– Tu as raison. Allons bousculer ces seuils », décida Sylve.

À peine avaient-elles quitté la salle que les ténèbres envahissaient à nouveau le tumulus. Ils se rendirent à quatre dans le couloir où convergeaient tous les sillages et se placèrent devant le monolithe de l'Hydre. La constellation s'y trouvait gravée, des traits fins reliaient les seuils, représentés par des trous parfaitement ronds. Des billes bleu-noir obstruaient dix de ces orifices. Chaudes et souples au toucher, elles pulsaient lentement d'une lumière sombre, parcourue d'éclairs bleutés très fins.

Sylve posa sa main sur la pierre, mais elle ne ressentit rien. Elle chercha en se concentrant à retrouver cette impression de flottement qu'elle avait éprouvée à chaque passage par un seuil, mais rien n'y fit, le monolithe restait solide et froid.

« Et si nous utilisions encore la vision des Ondines ? suggéra Sente.

– Directement sur la pierre ? s'étonna Sylve.

– Je peux toujours essayer. »

Les deux Fomoires se reculèrent et se tournèrent, tandis que Sente ôtait ses lunettes et dirigeait l'intense lumière de ses yeux vers le monolithe. La surface de la pierre se trouva brillamment éclairée, mais il ne se passa d'abord rien de notable. Soudain, l'orthostate sembla vibrer dans l'air environnant, comme le ferait un mirage, l'intensité de la lumière augmenta brutalement et Sente poussa un long hurlement puis tomba au sol, inanimée, les yeux grands ouverts et inertes.

Sylve se précipita vers elle : la pisteuse respirait faiblement, mais elle semblait juste évanouie. Son amie lui remit ses lunettes et appela le mage qui s'agenouilla pour l'ausculter rapidement.

« Je pense qu'elle n'a rien, la guérisseuse nous en dira davantage. »

En relevant la tête, Sylve remarqua avec stupeur que l'orifice du seuil qui menait au sillage de l'Hydre avait retrouvé son cœur noir palpitant. Elle croisa le regard de l'astrologue qui avait également compris : ils avaient réussi. Restait à savoir à quel prix.

Ils emmenèrent Sente à l'ombre d'un arbre du voyageur dont les palmes s'alanguissaient en éventail de part et d'autre de son tronc central. La guérisseuse, une vieille Fomoire aux cheveux longs et blancs qui cascadaient autour d'un visage ridé et souriant, s'agenouilla auprès de Sente, posa une main sur son front et l'autre sur son ventre. Elle se pencha en avant pour écouter la respiration de la pisteuse, puis se redressa.

« Tout va bien, elle est juste épuisée. Je ne sais pas exactement ce qui s'est passé là-bas, mais c'est comme si la pierre lui avait pris trop d'énergie vitale d'un seul coup.

– Elle va se remettre ? s'inquiéta Sylve.

– Bien sûr. Il va lui falloir rester alitée quelques jours, mais tout ira bien. Emmenons-la sous mon taud, elle y sera mieux installée. »

La tente de la guérisseuse offrait en effet tout le confort d'un habitat léger. La toile, tendue par trois coins à des arbres, descendait au sol sur le dernier coin, tandis que des perches en rehaussaient le centre, permettant à d'éventuelles pluies de ruisseler librement. Des peaux obstruaient les côtés habituellement exposés aux intempéries.

Devant le taud s'étendait un vaste velum garni de petits tabourets monoxyles, un système ingénieux pour tailler dans une seule pièce de bois une chaise pliante complète.

« Je vais la réveiller. »

La guérisseuse caressa doucement les cheveux de Sente tout en chantonnant, et la mélodie les rasséréna tous. L'Ondine frémit et commença à s'agiter. Entendre la vieille femme et la voir ainsi s'occuper de son amie rappela à Sylve sa grand-mère décédée, la mère de son père, une guérisseuse aux gestes doux et aux paroles apaisantes. Il n'y avait pas de si grandes différences entre les Fomoires et les Ondins.

« Nous sommes tous les peuples des rivages, lui dit la vieille femme avec un sourire.

– Nous l'avions oublié, avoua Sylve, mais je compte bien ne plus me détourner de ma route.

– Qu'est-ce qui s'est passé ? grommela Sente.

– L'orthostate t'a pris trop d'énergie d'un coup. Il va te falloir un peu de temps pour te remettre.

– J'ai l'impression qu'il m'est tombé dessus. Je crois que je ne me suis jamais sentie aussi faible.

– Il faudra que nous fassions plus attention à l'avenir.

– C'est clair ! murmura Sente en se rendormant.

– Elle va beaucoup dormir pendant deux ou trois jours, expliqua la guérisseuse. Je vais veiller sur elle.

– Merci beaucoup », dit Sylve.

Puis elle se tourna vers le mage et l'astrologue qui attendaient non loin.

« Nous y retournons ? »

Les deux Fomoires ne se demandèrent pas pourquoi l'Ondine reprenait son sac à dos ; elle fit ce geste presque machinalement, mais en entrant dans Gilgal Refaim, elle savait exactement ce qu'elle voulait accomplir. Et lorsqu'ils se retrouvèrent devant la pierre, ni le mage ni l'astrologue n'eurent le temps de prononcer une parole, ni d'esquisser un geste : l'Ondine posa sa main sur la pierre et disparut. Elle ne vit pas que juste après son passage, la petite bille bleu-noir s'évapora, comme aspirée par la roche.

10.

Parfums éclos d'une couvée d'aurores

« Parfums éclos d'une couvée d'aurores
Qui gît toujours sur la paille des astres,
Comme le jour dépend de l'innocence
Le monde entier dépend de tes yeux purs
Et tout mon sang coule dans leurs regards. »

Paul Éluard

Il y eut d'abord une riche odeur d'iode, puis les bruits du ressac, les oiseaux qui se disputaient, et enfin, une fois ses yeux habitués à l'intense luminosité du soleil qui descendait sur l'horizon, une fois chassés les mirages de chaleur sur le sable, au bout de la jetée, la mer.

Et cette vision la terrassa.

Sylve tomba à genoux et pleura.

Elle pleura à gros sanglots, sans pouvoir se maîtriser, comme l'on court à corps perdu, sans vouloir s'arrêter. Puis elle cria, elle hurla, le visage tendu vers le ciel. Elle offrit aux rivages sa plainte et son défi, affirmant le retour du peuple de la déesse.

Lorsqu'elle se releva, elle comprit qu'elle se trouvait au sommet de la tourelle qu'elle avait remarquée sur la fresque. Un escalier de pierres enfoncées dans le mur descendait en colimaçon jusqu'au chemin de ronde du petit rempart circulaire. Plus loin derrière elle, l'immense forêt qui l'avait vu naître ; devant elle, les dunes, l'estran découvert, puis la mer.

Non loin de la ligne des vagues, une silhouette claudiquait dans les rayons du soleil, regardant dans sa direction.

Sylve dévala l'escalier de la tourelle, puis celui du rempart, elle glissa sur les dunes et courut parmi les flaques salées jusqu'à cet humain qui boitillait vers elle.

Son Voyageur se tenait devant elle, hâve, mais les yeux toujours aussi profondément bleus, pleins du bonheur de la retrouver. Ils s'étreignirent longuement. Il retrouva dans les cheveux de Sylve cette odeur de sauge dorée qui l'avait ramené à la réalité lors de son arrivée près du rempart. Elle caressait les longs muscles noueux de son mari, éprouvant la concrétude de l'instant. Il se trouvait bien là, devant elle, effaçant les pointillés hasardeux du cartographe, chassant les attentes inquiètes, à dérouler fébrilement les rouleaux dans son atelier.

« J'avais dit que je te retrouverais, glissa-t-elle à son oreille.

– Je t'attendais. Je me suis égaré, ensuite je me suis affaibli, et puis les artefacts m'ont pris le peu de forces qui me restait.

– Je sais, mais nous allons prendre le temps de revivre.

– Sur vos rivages.

– Sur nos rivages », le corrigea-t-elle.

Puis elle se déshabilla et courut se jeter en riant dans les vagues. Il admira un instant Sylve qui nageait, sa chevelure étincelant dans le couchant. Il grava cette image dans sa mémoire, puis il la rejoignit. Ils profitèrent de la mer jusqu'à ce que la nuit tombe. Elle goûta l'eau salée, se roula dans le sable humide, se laissa aller et venir au rythme des vagues qui se brisaient sur la plage, elle se sécha dans les derniers rayons du soleil pour retourner ensuite dans les écumes. Leurs corps se retrouvèrent dans la plénitude d'un crépuscule flamboyant, environnés d'immensité. Et lorsque les étoiles commencèrent à poindre, ils se dirigèrent vers le fortin où le Voyageur avait installé son campement. Ils se blottirent l'un contre l'autre devant le feu et s'endormirent.

Il se réveilla seul. Le soleil inondait la cour intérieure. Une sueur froide lui parcourut le dos à l'idée d'avoir peut-être succombé à un fantasme. Son esprit divaguait parfois ces derniers temps. Mais il leva la tête et aperçut Sylve debout sur le rempart, offrant son visage à la brise marine. Il se redressa, rassuré, et se tourna vers l'escalier, mais elle l'avait devancé et descendait. Rayonnante, comme éclairée de l'intérieur, elle semblait presque plus grande, plus droite, et une énergie vibrante l'auréolait.

« Tu es magnifique, lui dit-il en l'enlaçant, à nouveau ému de la voir là, devant lui.

– Le vent, le soleil, la mer, toi ; il ne me manque rien.

– Nous avons réussi.

– J'ai l'impression de rêver, lui confia-t-elle.

– Moi aussi, dit-il en grimaçant pour déplacer son genou.

– Alors, ce genou ? Tu me racontes ?

– Comment es-tu arrivée jusqu'ici ? rétorqua-t-il.

– Mais comme toi, plaisanta-t-elle, en passant par les seuils.

– Comment vont les autres ?

– Tu me racontes d'abord, je soigne ton genou en même temps et je te dirai tout ensuite, commanda-t-elle.

– J'ai voyagé neuf mois, j'ai réussi à retrouver la mer, je suis mourant, et je n'ai toujours pas le dernier mot ?

– C'est ça, conclut Sylve.

– Tout change et rien ne change », grommela-t-il.

Pendant que le Voyageur décrivait son périple à l'Ondine, elle déballa sa trousse de secours et fit un cataplasme pour le genou de son mari. Puis elle prépara une première tisane dans laquelle elle versa un peu du contenu d'une fiole que lui avait donnée Dûrsil.

« Qu'est-ce que c'est ? demanda-t-il.

– Un élixir régénérant, aussi bien physique que psychique. Ça va te faire un bien fou.

– C'est toi mon élixir, je me sens déjà mieux.

– Hâbleur », s'amusa-t-elle.

Elle laissa ensuite infuser une seconde tisane, fortifiante celle-là, un mélange d'herbes et de racines, élaboré et enchanté par Vàatta. L'effet des deux boissons ne se fit pas attendre et le Voyageur se trouva immédiatement revigoré. Il ne sentait plus aucune douleur à son genou, et son esprit se débarrassa des dernières brumes de son périple.

« Tu dois continuer à faire attention à ton genou : l'élixir masque la douleur, ce qui te permet le repos, mais la blessure est toujours là. Le cataplasme va accélérer la guérison, c'est tout.

– C'est déjà bien mieux, c'est incroyable ! Je me sens plus léger, plus fort et en même temps presque euphorique.

– C'est normal avec ces boissons régénérantes : ton esprit a du mal à comprendre cette soudaine embellie, il le manifeste par une joie excessive. C'est pour cela qu'il faut rester vigilant et ne pas faire n'importe quoi. Moi, c'est de te retrouver qui m'a revitalisée, et puis avec la mer juste là, je me sens une force toute nouvelle.

– Et tu es radieuse, toute entourée de joie de vivre. »

Sylve l'embrassa en riant et narra ensuite par le menu toutes les aventures de Sente, de Quentil et les siennes.

« Et je ne comprends pas pourquoi personne n'arrive sur cette plage, conclut-elle. Ils auraient dû me suivre.

– Comment cela ?

– Sente est parvenue à réactiver ce seuil, et je pensais qu'ils viendraient à leur tour, expliqua-t-elle.

– Tu veux que nous retournions là-bas ?

– Non », dit-elle en extirpant le carnet de croquis de son sac, ainsi que les notes qu'elle avait prises dans le tumulus.

Elle ouvrit le fin manuscrit à la couverture toilée, juste à la page où s'esquissait au crayon l'immense seuil de pierre qui débouchait au bord de la mer.

« Incroyable ! Il est immense. Où va-t-il ? demanda le Voyageur.

– C'est exactement la question que nous nous sommes tous posée. Ce seuil a l'air gigantesque, bien plus grand que tous les autres. Nous avons relevé cinq autres reproductions de tels monuments. Il ne s'agit pas là de simples artefacts fixés au sol, ou de monolithes plus ou moins imposants. Ce sont des constructions titanesques.

– Et tu veux aller voir celle-la de plus près, compléta son mari.

– Exactement : elle se situe à deux seuils de nous, au bout du sillage de l'Hydre. Nous pouvons y être dans dix minutes.

– Avec toi, j'irais au bout du monde.

– Alors, en route », dit-elle d'un air décidé.

Par précaution, ils emmenèrent leurs sacs et tout leur équipement. Sylve rédigea un message au cas où Sente ou même les Fomoires viendraient à passer le seuil et déboucheraient sur les remparts. Puis, ils se présentèrent devant l'artefact qui avait amené le Voyageur jusqu'au fortin. Une simple pierre gravée d'un arbre et d'une rivière. Il la contempla un moment, se souvenant de son arrivée, désorienté, fatigué, perdu entre songe et réalité.

« Je ne savais plus ce que je faisais, murmura-t-il. J'étais tellement fatigué.

– Je sais, mais nous sommes ensemble maintenant.

– C’est de repenser à ce que tu m’avais dit qui m’a aidé à reprendre pied.

– Qu’est-ce que je t’avais dit ? le questionna-t-elle.

– Tu m’avais dit… »

Il hésita et passa sa main sur son crâne.

« Tu m’avais dit : “Explore, mais ne recherche pas un mythe.” Et j’ai fait le contraire.

– Tu es très fort, tu sais ? Tu as réussi à rester dans le réel et tu m’as attendue.

– Mais est-ce que je saurai à nouveau réactiver un seuil ? J’ai peur qu’il me prenne encore trop d’énergie, que je ne puisse pas le supporter.

– Nous sommes ensemble, et j’ai quelques enchantements qui devraient aider.

– Alors, essayons. »

Le Voyageur appliqua une main sur la gravure, se concentra et retrouva cette impression de flottement qu’il éprouvait lorsqu’il passait à travers les arbres. Il sentit très distinctement que l’artefact lui prenait une parcelle d’énergie pour se restaurer, comme l’avaient fait les autres, quelques semaines auparavant. Mais les choses avaient changé. Il savait maintenant très clairement où il allait et quel but il poursuivait. Il faisait partie de l’avant-garde ondine. Sylve et lui préparaient la venue de tout un peuple sur des rivages devenus réalité. Il n’avançait plus droit vers l’ouest, au milieu de paysages inconnus, bercé d’espoirs, en conservant au fond du cœur l’inquiétude de ne jamais retrouver ce bonheur qu’il avait laissé à Sráidbhaile.

Sûr de lui, certain de son pouvoir, il aboutit face à un monolithe assez plat, dressé vers le ciel, au centre d’un cercle d’une dizaine d’autres monolithes. Sylve se matérialisa juste à côté de lui.

« Tu as réussi ! s’écria-t-elle. Tu es génial ! Tu passes par les arbres, tu renfloues les vieux artefacts, tu es incroyable !

– Eh oui, je suis ton réparateur de vieilles pierres, se rengorgea-t-il.

– C'est magnifique ! » s'extasia-t-elle.

Ils firent quelques pas hors du cercle de pierres, celui-ci se trouvait lui-même au centre d'un alignement mégalithique en forme de croix pointée vers la mer qui bruissait quelques centaines de mètres plus loin. Le site s'élevait sur une langue de terre d'une cinquantaine de mètres de large, bordée par deux abers encombrés de bois flottés, où poussait une flore vigoureuse et étonnante qui s'accommodait à merveille des étendues salées. Sylve reconnut les hauts bosquets à plumets des roselières, les touches jaune éclatant des iris faux-acore, le bleu tendre des lavandes de mer et, surgissant des prairies maritimes qui descendaient jusqu'aux berges, les tiges d'une orchidée blanche striée de rouge, l'épipactis des marais.

Un vent du large, constant et tenace, soufflait avec la marée haute qui clapotait de part et d'autre du promontoire, et, lorsqu'ils parvinrent à son extrémité, ils virent que le dernier monolithe se tenait ruisselant à plusieurs dizaines de mètres de la côte, environné d'embruns. Ils profitèrent quelques minutes du spectacle des vagues dansant autour du menhir, puis retournèrent vers le seuil. Cette fois, le Voyageur n'hésita pas : il le franchit d'un pas, immédiatement suivi par Sylve.

Ils apparurent au centre d'un alignement de trois mégalithes gris et couverts de lichens, enfoncés dans le sable, au sommet d'une dune large et ronde, piquée de graminées, de panicauts et d'achillées. En contrebas, le vallonnement sablonneux s'apaisait jusqu'à une plage immense et plate, qui donnait, plusieurs centaines de mètres plus loin, sur un petit golfe. Au bord de cette échancrure, se dressait un cube de pierre immense et anguleux, de plusieurs dizaines de mètres de haut. Une langue d'eau bouillonnante en sortait et s'épandait dans cet étrange estuaire qui restait à flot malgré les marées.

Ils descendirent vers la plage, foulant les liserons et les euphorbes maritimes, puis se dirigèrent vers le seuil monumental. Un petit porche à la base du cube menait à un escalier qui grimpait dans l'obscurité granitique. Ils débouchèrent sur une dalle parfaitement lisse, à l'exception de profondes fissures dans lesquelles le vent avait accumulé feuilles et brindilles, formant un compost d'où herbes folles et petits buissons tiraient leur subsistance. Un vent puissant leur coupa le souffle et les fit reculer de quelques pas. Ils se serrèrent l'un contre l'autre et regardèrent le spectacle stupéfiant qui s'offrait à eux.

À l'ouest de la dalle, une trentaine de mètres en contrebas, la mer bouillonnant sous le flot continu qui se déversait du cube. À l'est, le chaos des dunes colonisées par de petits arbres torturés, qui laissaient ensuite la place à une forêt de conifères, embroussaillée et impénétrable. Ils s'avancèrent jusqu'au bord ouest de la dalle et contemplèrent le fleuve qui sortait du portique et se jetait dans le golfe. Ils coururent de l'autre côté et virent qu'il n'y avait aucune trace d'un cours d'eau, juste une langue de sable qui descendait des dunes et se glissait sous le portique.

Ils remarquèrent, sur le côté nord, une ouverture dans le roc qui donnait sur un autre escalier permettant de plonger dans les profondeurs de l'édifice. Les marches, très larges, usées et glissantes, s'enfonçaient tout droit dans la dalle. Passé quelque deux mètres d'épaisseur de granit, ils parvinrent à l'intérieur du portique, à plusieurs dizaines de mètres du sol. Solidement fixés au mur, les degrés continuaient leur descente jusqu'à un chemin dallé qui longeait le fleuve. Interdits, ils se tournèrent en tous sens. En vain, ils ne virent plus aucune trace des dunes. À l'ouest, le fleuve se jetait dans la mer ; à l'est et en amont, il sortait d'une étendue de forêts inondées et de marécages.

Ils suivirent le chemin dallé qui faisait le tour du côté nord de l'édifice, mais quoi qu'ils fassent, ils débouchaient toujours sur la mer à l'ouest et sur le fleuve et les marais à l'est. Autre fait étonnant : s'ils abordaient l'escalier par l'ouest, et remontaient au sommet du portique, la dalle leur dévoilait la mer et les dunes. À l'inverse, s'ils grimpaient par l'est, ils pouvaient contempler la mangrove et la forêt.

L'intérieur du monument ne recelait qu'une réalité, celle du fleuve passant de la forêt à la mer en s'engouffrant dans le portique comme dans une gorge, en franchissant par là même plusieurs centaines de kilomètres. Mais le sommet de la dalle laissait apparaître indifféremment les deux réalités du monstre de granit.

« Ce truc a le don d'ubiquité, constata le Voyageur.

– Comment ça ?

– Souviens-toi de ce que disait Krûll à propos de la petite montagne, la Roche-Licorne. Il avait fait un jeu de mots. Il avait dit que la roche de cet inselberg était une roche ubiquiste et qu'elle favorisait les divagations sur les réalités parallèles. Je pense que ce mégalithe monstrueux existe effectivement dans deux endroits à la fois. Il est posé au beau milieu de cette espèce de forêt inondée et il se dresse en même temps dans ce petit golfe. Je vais installer notre maison au pied de ce seuil, promit le Voyageur. J'aurai un bateau et je pourrai aller de la forêt à la mer comme je veux.

– C'est fou ! Qui a pu bâtir un tel portique ?

– Des titans, des géants ? hasarda le Voyageur. Et d'où vient ce fleuve ?

– J'ai peut-être une réponse, et ça ne me plaît pas beaucoup, dit Sylve. Je pense que ce marécage est celui des Abattis Cotticas ; ils s'étendent en aval de Nar-î-Nadin. Je soupçonne Zeneth d'avoir eu vent de l'existence de ce seuil, peut-être par les Fir Bolgs. Son monstre lui taille un chemin jusqu'au seuil, pour débarquer ici.

– Il est très fort, constata le Voyageur.

– Tous ceux qui ont vu l'Avaleur de Mangroves en frissonnent encore, du coup, il faut que je vérifie un truc », dit soudainement Sylve.

Elle se dirigea vers l'escalier, l'aborda par l'est et en grimpa les marches quatre à quatre. Une fois au sommet du seuil, elle sortit la longue-vue de son sac et visa le Gosier de la Forêt. Elle commença par la pointer plein est, puis balaya lentement l'horizon, au ras de la canopée.

« Qu'est-ce que tu cherches ? lui demanda le Voyageur intrigué, car il ne voyait rien que la cime des arbres à perte de vue.

– J'ai trouvé ! s'écria-t-elle au bout de quelques secondes. Regarde par toi-même », ajouta-t-elle d'un air lugubre.

Le Voyageur orienta la longue-vue dans la direction que l'Ondine lui indiquait et comprit rapidement ce qu'elle avait remarqué. Grâce au grossissement des oculaires, il pouvait distinguer par intermittence, parfois cachés par des arbres plus grands que les autres, deux ballons et un peu de fumée noire.

« Tu penses que ce sont les aérostats qui défendent la machine ?

– Ça ne peut être que ça. Nous sommes bien au beau milieu du Gosier.

– À ton avis, ils sont à quelle distance ?

– Je n'en ai aucune idée, répondit-elle. Plusieurs dizaines de kilomètres sans doute. Et puis, ils sont aussi ralentis par le labyrinthe des Abattis Cotticas. Ce n'est pas pour rien qu'ils essaient de couper à travers.

– Toujours est-il qu'ils se rapprochent, déplora le Voyageur.

– Nous devons rentrer au plus vite.

– Déjà, soupira le Voyageur.

– Dès que mon peuple se sera installé sur ces rivages, nous aurons tout le temps de reprendre notre vie », répliqua Sylve.

Une fois arrivés au fortin, Sylve reprit la direction de la tourelle, mais échoua à emprunter le seuil. Elle se concentra plusieurs fois, sans succès.

« Voilà pourquoi ils ne sont pas parvenus à me suivre : le seuil n'est plus actif, expliqua-t-elle. Sente n'a pas donné assez d'énergie pour une complète réactivation.

– Décidément, tu ne vas pas pouvoir te passer de moi, s'enorgueillit son mari.

– Tu le sais bien. Tu es prêt à revoir des Fomoires ? »

Il ne répondit pas tout de suite. Il embrassa l'horizon du regard, emplit son esprit du paysage côtier, inspira profondément pour garder avec lui les odeurs d'iode et de sable chaud, puis il prit la main de Sylve dans la sienne.

« Passons ensemble », dit-il en réactivant le seuil.

11.

Mais les vrais voyageurs sont ceux-là seuls qui partent

> « Mais les vrais voyageurs sont ceux-là seuls qui partent
> Pour partir, cœurs légers, semblables aux ballons,
> De leur fatalité jamais ils ne s'écartent
> Et, sans savoir pourquoi, disent toujours : Allons ! »
>
> *Charles Baudelaire*

Il pleuvait à verse dans le couloir découvert de Gilgal Refaim. Une pluie droite, froide et cinglante, qui les surprit et leur coupa le souffle. Sylve garda serrée la main du Voyageur et l'emmena rapidement à l'abri du dolmen qui marquait l'entrée du Cercle des Géants. En arrivant, ils tombèrent nez à nez avec le mage Grander'Tyl.

« Te voilà ! s'écria-t-il. Que s'est-il passé ? Nous avons vu les deux derniers seuils du sillage de l'Hydre apparaître.

– Il y a bien plus grave. Je dois voir le Guide et je dois aussi repartir chez moi.

– Certains des tiens sont là, lui apprit Grander'Tyl.

– Comment ça ?

– Ils étaient inquiets de ne pas vous voir revenir, alors ils sont arrivés ce matin. Ils sont auprès de Sente. »

Une tension palpable régnait sous le velum, devant le taud de la guérisseuse. Face à face, assis très droits sur des petits bancs, s'entreregardaient en silence le Guide, encadré de deux Gardiens, Stritch, Dûrsil et Quentil. On n'entendait que la pluie tombant sur la toile et les ruissellements d'eau. Sylve prit immédiatement la mesure du blocage ; heureusement, l'apparition du Voyageur détourna l'attention.

« Enfin, vous êtes là ! » s'écria Quentil en se redressant.

Il les prit tous les deux dans ses bras et les serra un long moment.

« Tes amis se demandaient si nous ne t'avions pas fait disparaître, intervint le Guide.

– Je suis désolée de vous avoir tous laissés sans explications, mais j'ai des nouvelles importantes que je devrai ensuite délivrer aussi à mon peuple. Mais tout d'abord, comment va Sente ?

– Je vais bien », répondit l'intéressée d'une voix faible.

Sylve passa la tête entre deux tentures et vit que Sente se reposait, toujours allongée, la guérisseuse non loin d'elle.

« Trop de tensions pour qu'elle soit tranquille », gronda la vieille femme en la chassant de la main.

Sylve retourna auprès du reste du groupe.

« Nous t'écoutons, dit le Guide.

– Nous connaissons maintenant le chemin vers la mer, mais l'Avaleur de Mangroves nardenyllais et les Fir Bolgs n'en sont plus qu'à quelques jours.

– Vous tous qui l'avez déjà rencontré, que pensez-vous que ce Zeneth va faire ? les questionna le Guide.

– Il va revendiquer le plus de terres possible pour se les accaparer et, s'il le peut, bloquer les accès à la mer, supposa Quentil.

– Alors nous nous battrons, affirma le Guide d'une voix posée.

– Et il va s'approprier le seuil gigantesque que nous avons découvert, ajouta le Voyageur.

– Tu m'étonnes qu'il nous ait donné nos terres ! cracha Dûrsil.

– Il avait bien d'autres projets, siffla Stritch. Nous laisser au milieu de la forêt devait aussi faire partie du plan.

– Il faut mettre le village au courant et prendre rapidement une décision, dit Quentil.

– Accepteriez-vous de continuer à discuter avec nous ? Peut-être même de prendre des décisions communes ? demanda Sylve au Guide et aux deux Gardiens.

– Je propose de nous retrouver à Bois-Obscur après-demain, à midi, répondit le Guide. Nous aurons eu le temps de parler avec nos peuples respectifs. »

Quentil choisit de rester auprès de Sente.

« J'ai pris l'habitude de ne pas la laisser seule quand elle se blesse, blagua-t-il. Et puis, j'en ai assez des débats. Vous vous en sortirez très bien sans moi », glissa-t-il à Sylve.

L'herboriste prit cette confidence comme une marque de confiance. Après tout, Quentil avait déjà très largement donné de sa personne et méritait bien de se laisser porter un peu.

Les abords du monolithe penché avaient pris des allures de camp retranché : deux campements d'une quinzaine de guerriers chacun surveillaient le seuil, et plusieurs chevaucheurs de dragons patrouillaient autour de la clairière. Tous convergèrent vers eux pour prendre des nouvelles, soulagés de les voir revenir sains et saufs. Rassurés par Sylve, ils prirent immédiatement le chemin du village, ne laissant qu'un seul des deux campements.

Le retour ne fut pas de tout repos pour Sylve et pour le Voyageur. Ils durent raconter plusieurs fois leur histoire, certains ne se lassant pas d'entendre les descriptions des rivages, des dunes, de la mer, et il y avait toujours une question supplémentaire, ou la nécessité d'une précision de plus. Tous s'émerveillaient à chaque mention de l'océan, et cet élan fit oublier au couple la fatigue du trajet. Leur méfiance, même à l'égard des Fomoires, passa au second plan, tant l'euphorie grandissait dans leurs rangs. Ils s'imaginaient s'installer autour du fortin ou à l'ombre du seuil monumental, et profiter de splendeurs dont certains n'avaient même jamais rêvé. La certitude de ne pas avoir besoin d'errer pendant des années dans la forêt à la recherche de l'océan amplifiait cet enthousiasme. Pour les plus hardis d'entre eux, et il s'en trouvait quelques-uns, la promesse de voyager facilement grâce aux seuils les grisait, et ils se voyaient déjà parcourir des déserts ou gravir des montagnes.

Les chevaucheurs de dragons qui les avaient précédés avaient annoncé leur arrivée et une foule compacte patientait, accompagnée du conseil des anciens au grand complet. Surprise, Sylve estima que tout le village les attendait devant l'immense banyan dont les racines et les branches ceinturaient le village : des femmes et leurs nourrissons, des enfants, de jeunes hommes et des vieillards. La petite place ne pouvait contenir toute cette foule qui s'étalait jusque dans la rue principale et sur la grande route.

Une puissante clameur s'éleva, nourrie d'applaudissements et de cris de joie, puis les gens commencèrent à scander : « Un peuple en marche ! » Sylve et le Voyageur ne s'attendaient pas à recevoir un tel accueil. Entre l'imminence du débarquement des Nardenyllais, les projets de vengeance des Fir Bolgs et les improbables relations qu'ils tissaient avec le peuple fomoire, ils n'avaient pas imaginé que leur découverte allait insuffler une telle liesse.

Le groupe de marcheurs s'immobilisa, et tout en martelant leurs noms, ils formèrent bientôt un cercle autour du couple revenu d'explorations incertaines. Des guerriers coururent au poste de garde où ils récupérèrent deux tables qu'ils installèrent en guise d'estrade pour Sylve. Cette dernière n'hésita pas et se dressa face à la foule.

« Nous avons réussi ! » triompha-t-elle.

Un tonnerre d'applaudissements accueillit ces quelques mots. Elle se tenait très droite devant eux, les mains tendues vers le ciel, rayonnant d'une énergie nouvelle, sûre de la force qu'ils iraient puiser aux rivages.

« Ce soir, nous fêtons notre retour chez nous. Rien ne pourra nous arrêter : la caravane était prête, nous avions déjà pris notre décision. Il n'y aura pas de retour en arrière », asséna-t-elle.

Elle fixa un moment Vàatta qui se tenait au premier rang et lui adressa un geste de connivence.

« Et les Fomoires ? lança une femme.

– Et les Nardenyllais ? cria une autre voix.

– Ce soir, nous ne penserons qu'à nous ! répéta Sylve. Demain matin, nous prendrons des décisions. Mais il est normal que je vous dise ce que je sais. Cela tient en peu de mots, mais chacun de ces mots est important. Nous avons bien retrouvé la mer et nous pouvons nous y rendre en quelques heures seulement. Les Fomoires nous ont aidés et sont prêts à discuter encore avec nous : nous les revoyons après-demain, à midi. Je sais que cela peut vous faire peur, mais n'oubliez pas que nous les avons vaincus plus d'une fois. En plus, je suis allée chez eux, et j'ai vu leur campement : ils sont beaucoup moins nombreux que nous, et eux aussi sont acculés. En revanche, les Nardenyllais et leur machine infernale sont à quelques jours de la mer. Ils se sont alliés avec les Fir Bolgs qui ont juré de se venger de nous. Voilà ce que je peux vous dire.

– Où sont Sente et Quentil ? l'interrompit un Ondin.

– Nos amis vont bien, annonça Sylve. Quentil veille Sente qui a perdu beaucoup d'énergie en cherchant à utiliser un seuil. Sa vie n'est pas en danger. »

Des murmures de soulagement montèrent de la foule :

certains avaient imaginé que Quentil et Sente servaient d'otages aux Fomoires.

« Maintenant, pour ma part, je vais aller célébrer ce moment en ne pensant à rien d'autre qu'au bonheur qui nous est tous accordé. »

Torv bondit alors sur la table, manquant de la faire tomber, et hurla à tue-tête :

« Ce soir, nous fêtons l'océan ! Mais ce soir, nous faisons aussi nos adieux à Sráidbhaile et nous remercions notre banyan protecteur. Alors, retrouvons-nous tous ici, devant le village, pour chanter et danser.

– N'oubliez pas les grillades et la bière ! » surenchérit Dûrsil.

On descendit des tables sous des rires et des tonnerres d'applaudissements. De nombreux villageois se pressèrent autour du jeune couple pour leur glisser un mot de remerciement, pour dire au Voyageur leur joie de le revoir, ou encore juste pour leur donner une tape amicale sur l'épaule, en signe de fraternité. Sylve, suivie du Voyageur et encadrée de ses amis, fendit lentement la foule pour se diriger vers les anciens qui observaient la presse se disperser.

« C'est incroyable », dit Laminel en prenant Sylve dans ses bras.

La vieille femme pleurait de joie et garda un long moment la jeune femme contre elle. Déneth donna une longue accolade au Voyageur : « Je suis content de te revoir entier. Nos conversations me manquaient », dit-il, visiblement ému.

Les autres membres du conseil des anciens ne savaient pas quelle attitude adopter et hésitaient à intervenir. Ils avaient tout fait pour ne pas prendre parti, ce qui n'avait satisfait personne et avait même provoqué une forme de colère.

Finalement, le Voyageur rompit un silence qui devenait embarrassant.

« Un nouveau monde s'offre à nous. Les distances ne seront plus une entrave, et ceux qui resteront à Sráidbhaile ne seront pas coupés du reste des Ondins.

– Ce que vous avez accompli est fabuleux, dit Sinth. Cela va au-delà de tout ce que j'aurais pu imaginer.

– C'est bien le problème : le manque d'imagination, grinça Sylve.

– Tu as raison d'être en colère. Je pense que le conseil doit se renouveler et j'annoncerai demain que je le quitte, leur signala-t-il.

– Je ferai de même, renchérit l'athlétique Balàr. J'assisterai notre peuple dans son installation au bord de l'océan. J'aviserai ensuite. Il est peut-être temps pour moi de voyager et de m'émerveiller à nouveau.

– Idem pour moi, ajouta sobrement Haliger.

– Je pense que nous nous posons tous des questions, mais pour l'instant, soyons plus attentifs aux besoins de ceux qui nous entourent, tempéra Laminel. Nous avons beaucoup de travail.

– Ce soir, nous célébrons notre changement de vie. Nous verrons tout le reste demain matin », affirma Sylve.

Ils avaient à peine fini de parler que des villageois revenaient déjà de chez eux avec des tables, des chaises et des victuailles. Sylve et le Voyageur comprirent qu'ils n'auraient pas la possibilité de rentrer à la maison. La soirée commençait seulement et tous voulaient trinquer avec eux.

Ils retrouvèrent une Vàatta soulagée de constater que sa petite-fille allait bien. La vieille Ondine ne s'attarda pas et rentra se reposer en marmonnant :

« Ce n'est plus de mon âge. M'inquiéter comme ça, danser, rassurer les gens… »

Cette nuit-là, la population de Sráidbhaile se laissa aller à une joie sans limites. Des familles entières participèrent à la liesse générale, et petits et grands profitèrent du moment. Sylve alla rassurer l'équipe de Sente sur l'état de santé de son amie et leur promit de retourner la voir au plus vite ; puis très tard dans la nuit, Sylve et le Voyageur rejoignirent l'équipe de Stritch. Installés à l'écart, ils avaient des mines soucieuses et parlaient peu, comme s'ils avaient perdu de vue ce qui faisait le bonheur de tous.

« Vous avez l'air bien pensifs, commenta Sylve en s'asseyant.

– Ça nous est retombé dessus pendant la fête : il a suffi d'un toast mal placé, gronda Torv.

– Explique.

– L'un d'entre nous a levé son verre à notre forêt, dit lentement la pisteuse Linssa. Sauf que nous abandonnons notre forêt.

– Nous la laissons aux Nardenyllais et à leurs machines, appuya Halliv.

– Et tous ceux qui y vivent subiront leurs agressions, continua Dûrsil.

– Comme cette drée qu'ils ont abattue, ajouta Silahé.

– Doucement ! intervint Sylve. Personne n'a dit que nous devions partir sans nous retourner. Après tout, cette terre est maintenant à nous et nous pouvons y séjourner quand nous voulons. Qui a dit que nous autoriserions les Nardenyllais à faire ce qu'ils veulent ?

– Pour ma part, confia le Voyageur, il est inenvisageable que je laisse le Dômaine derrière moi.

– Mais une fois aux rivages, n'irons-nous pas encore plus loin, jusqu'aux limbes, chercher les Tuatha dé Dana ? demanda Torv.

– Quoi ? » s'étrangla Sylve.

Comme elle restait bouche bée, son étonnement finit par amuser le reste de la troupe. Il y eut des rires nerveux, puis des rires francs, soulagés.

« Qui a parlé de ça ? se renseigna le Voyageur.

– Certains en ont parlé ce soir. Après tout, nous sommes le peuple de la déesse, chercha à se justifier Torv.

– Jamais je ne quitterai les rives de cette terre, certifia le Voyageur. Tout ce qui me fait rêver est déjà là : ma femme, le Dômaine, les enchantements, vous tous. Pourquoi vouloir en plus prendre la mer ?

– Nous laissons ça à d'autres rêveurs. Nous en avons assez fait, ajouta Sylve. Je ne cherche pas à retrouver les rivages blanchis où nous attendraient nos anciens dieux.

– Jamais je n'abandonnerai la forêt, s'engagea le Voyageur. J'ai fui une cité de fer et d'acier qui n'a de cesse de regagner les territoires que le Dômaine lui avait pris. Ses habitants n'ont rien appris et continuent à forer la terre et à brûler les arbres. Lorsque je vous entends parler des habitants de Nar-î-Nadin, je me dis qu'ils commettent les mêmes erreurs et qu'ils ne cherchent qu'à asservir la nature. Je crois que nous devons nous dresser devant de tels projets.

– Ils ne nous laissent pas trop le choix, n'est-ce pas ? demanda Stritch.

– En effet, pour habiter près de la mer, il nous faudra sans aucun doute affronter les Nardenyllais et les Fir Bolgs, supposa Sylve.

– Nous n'avons jamais levé d'armée et nous ne nous sommes jamais battus sur un champ de bataille, s'inquiéta Halliv.

– Et nous ne sommes pas très nombreux à savoir réellement nous battre, constata Torv.

– Nous n'en sommes pas là. Il y aura d'autres choses à voir avant, intervint le Voyageur. Pour l'instant, je vais aller me reposer quelques heures. Les journées à venir promettent d'être intenses. »

L'assemblée du matin réunit à nouveau énormément de monde, à tel point que la tenue de la réunion échappa à Sylve et à ses compagnons. Des questions fusaient de partout, mêlant inquiétudes irrationnelles, détails organisationnels et problématiques politiques. Ils ne voyaient pas comment contenir les débats et parvenir à des décisions avec autant de participants. Sinth finit par se lever pour prendre la parole. Tous se turent, car même si les villageois ne faisaient plus aussi facilement confiance aux anciens, ils continuaient de les respecter. Le vieil Ondin proposa de travailler avec un conseil du village élargi à Vàatta, le bibliothécaire, Sylve, le Voyageur, Quentil, Sente, Stritch et Silahé. Vàatta demanda à ce que le mage Gwendal siège aussi, elle estimait important de faire entendre la parole de celui qui s'opposait à nombre de leurs propositions. Sinth promit une assemblée générale chaque soir pour présenter les principales orientations et les solutions envisagées.

La plupart des habitants de Sráidbhaile acceptèrent ce mode de fonctionnement et retournèrent vaquer à leurs occupations. Cependant, la méfiance de certains ne céda qu'après de longs pourparlers et la promesse de ne pas se laisser influencer par les anciens. Sinth ne prit pas ombrage de ces accusations ouvertes et attendit patiemment que Sylve et ses amis parviennent à se faire entendre.

Le conseil élargi gagna ensuite la grande salle du village où ils s'installèrent pour le reste de la matinée. Ils ne se réunirent pas très longtemps et débattirent peu. Les événements ne leur laissaient que peu de choix : il fallait tout d'abord définir avec les Fomoires les termes du passage par Gilgal Refaim, puis ceux de leur installation au bord de l'océan. Tout reposait sur ces négociations, et les premiers contacts que Sylve avait eus avec le Guide avaient de quoi les rassurer.

Ils parlèrent peu des Nardenyllais et des Fir Bolgs, car ils souhaitaient avant tout s'occuper du déplacement du peuple ondin. Ils tombèrent d'accord sur l'envoi d'éclaireurs près du seuil géant afin de mesurer l'approche de l'Avaleur de Mangroves et, si possible, d'anticiper le débarquement des Nardenyllais. Ils évoquèrent même la possibilité de former une équipe constituée de Fomoires et d'Ondins.

Ils convinrent que seuls quelques membres du conseil élargi iraient à la rencontre des Fomoires le lendemain midi. Sinth, Haliger, Laminel, Déneth, Sylve et le Voyageur se rendraient sur place, et comme certains faisaient peu confiance à leurs ennemis jurés, Torv, Silahé et Dûrsil serviraient de gardes du corps.

En vue de déplacements de plus en plus fréquents vers Bois-Obscur, un groupe d'ouvreurs de routes commencerait le jour même à réaménager la piste qui menait de la grande route au rocher penché, en passant par Sourde-Saule, pour que des chevaux et des animaux de bât puissent l'emprunter, diminuant ainsi le temps de trajet.

Ils partirent tous dans l'après-midi, parcourant la première portion de l'itinéraire, la grande route, à cheval. Ils purent continuer ainsi jusqu'au hameau de Sourde-Saule où ils rattrapèrent les ouvreurs de routes. De là, ils durent poursuivre à pied et arrivèrent tard dans la nuit à la clairière de Bois-Obscur.

Le campement n'avait cessé de s'agrandir et ils n'eurent aucune difficulté à s'y établir. Des toiles tendues entre les arbres et rehaussées avec des poteaux protégeaient les dormeurs de la pluie et de la rosée, des bâches étendues au sol permettaient une relative isolation contre l'humidité. Pendant qu'ils s'installaient et ajustaient au mieux leurs couchages, Sinth se plaignit du manque de coopération de ses articulations, Laminel gronda qu'elle avait passé l'âge de dormir par terre, ce à quoi Déneth répliqua avec humour qu'ils faisaient là un excellent exercice d'humilité. Après la chaleur de la journée, une fraîcheur humide et piquante saisit les sous-bois, les obligeant à s'enrouler dans leurs couvertures. Sylve se pressa contre le Voyageur en riant, car la situation lui rappelait certaines de leurs excursions et avait un goût d'échappée belle. Non loin des dormeurs, des guerriers bavardaient en montant la garde autour d'un feu de camp.

Les bruits de la forêt et les premiers rayons du soleil les réveillèrent. Sinth se redressa en grommelant et se dirigea droit vers les gardes qui avaient du café de prêt, conservé au chaud contre le foyer. Il marcha ensuite jusqu'au seuil pour l'observer, suivi par Laminel et Déneth. Le Voyageur les rejoignit.

« Quand tu es arrivé au village et que ton don a commencé à être connu de tous, je me suis souvenue de ces histoires de seuils et je suis allée à la bibliothèque, où j'ai retrouvé ce vieux carnet. J'avoue que je n'ai pas su quoi faire de tout cela. J'ai tout rangé et je me suis dit que la vie allait continuer », expliqua Laminel.

Elle parlait avec lenteur, tout en caressant le monolithe incliné qui sortait de terre. Elle semblait fatiguée, comme si elle avait vieilli de plusieurs années en quelques jours.

« Nous avions presque tous fait ce lien, intervint Sinth, et nous avons choisi de ne rien dire.

– C'est pour cela que Déneth me questionnait souvent le matin, avant que je parte herboriser ? demanda le Voyageur.

– C'est vrai, répondit Déneth.

– En fait, tu me surveillais, constata le Voyageur avec amertume.

– Je suis désolé, mais, oui, j'avais un œil sur toi. Mais très rapidement, j'ai compris que tu n'étais pas une menace, et peut-être même une chance pour le village. Je ne savais pas encore jusqu'à quel point.

– Paradoxalement, c'est Zeneth qui t'a permis de découvrir une autre facette de ton don, remarqua Sinth. Tu es un ouvreur de seuils.

– C'est mon réparateur de vieilles pierres ! » leur confia Sylve, qui venait de se joindre à eux.

Elle s'approcha de Laminel et lui posa la main sur l'épaule :

« Que se passe-t-il ? Tu sembles épuisée.

– Trop de choses m'échappent ces derniers temps ; et moi-même, je commence à me sentir étrangère à ce temps.

– Que veux-tu dire ?

– Mes pouvoirs sont mouvants, Sylve.

– C'est l'Appel ?

– J'ai plus de cent ans, je dois maintenant penser à trouver ma place au sein de la nature.

– Tu ne verras pas les rivages ? s'inquiéta la jeune Ondine.

– Sans doute pas de mes yeux, mais ce n'est pas grave. Je vais vous laisser négocier avec les Fomoires et j'espère suivre mon peuple vers l'océan. Ensuite nous verrons. Je suis contente de vous avoir accompagnés jusqu'ici, je vais vous attendre en profitant de ces bois où je ne me suis pas souvent promenée.

– Comme tu voudras », répondit Sylve.

La matinée s'écoula lentement et une certaine nervosité gagnait les membres de la délégation. Seule Sylve restait assez sereine car elle n'avait pas senti de duplicité chez le Guide, mais plutôt un pragmatisme affirmé qui leur permettrait sans aucun doute de trouver un terrain d'entente.

Un peu avant midi, ils se réunirent autour du seuil et commencèrent à traverser un à un. Le Guide les attendait avec Quentil dans les couloirs de Gilgal Refaim et, après les avoir salués, il les emmena vers un large dais, monté pour l'occasion, où patientaient les quatre Gardiens. Quentil les rassura rapidement sur l'état de santé de la pisteuse : elle demeurait faible, mais parfaitement consciente et impatiente de pouvoir se lever.

La délégation ondine vit immédiatement que les Fomoires levaient le camp : certaines tentes ne comportaient plus que leurs tauds, les tissus et les bâches qui obstruaient les côtés avaient disparu, des ballots ficelés jonchaient le sol.

De nombreux curieux les observaient depuis le campement et des enfants s'amusaient à passer en courant pour voir de plus près ces terribles Ondins dont ils entendaient parler depuis toujours. Sinth grimaça en voyant qu'ils devaient s'installer sur des coussins ou des tabourets autour d'une table basse très longue, chargée de boissons et de victuailles. Le Guide présenta les Gardiens et expliqua qu'ils parlaient au nom de tous les Fomoires. Sinth nomma chaque membre de la délégation ondine. Le Guide les invita ensuite à se sustenter avant d'entamer les discussions. Tous se servirent chichement et le repas débuta en silence. Déneth loua les mets et posa de nombreuses questions sur la cuisine fomoire, puis il mit tout le monde à l'aise en se resservant et en remerciant son estomac qui lui permettrait de goûter de nombreuses fois à chaque plat. Timidement, les langues se dénouèrent et les conversations roulèrent sur de nombreux sujets, en évitant soigneusement d'évoquer les morts et les escarmouches passées.

Insensiblement, ils en vinrent à s'entretenir des seuils et des sillages, de la découverte du Cercle des Géants. Le Guide demanda alors le silence et prit la parole.

« Je ne parlerai pas longuement, ce n'est pas mon habitude. Nous, les Fomoires, sommes ici avec vous dans l'espoir de nous mettre d'accord autour de trois choses : l'utilisation de Gilgal Refaim, l'installation au bord de l'océan et l'attitude à adopter envers les Nardenyllais et les Fir Bolgs. Et vous, Ondins ? Que venez-vous chercher ici ?

– Exactement les mêmes choses que vous, énonça Sinth d'une voix claire. Nous ne souhaitons pas revenir sur nos discordes et nous n'avons aucun compte à régler avec vous. J'espère qu'il en est de même pour le peuple fomoire.

– Mon peuple voue une haine aveugle envers les Ondins depuis toujours, expliqua placidement le Guide. Cette inimitié est écrite dans nos légendes et elle abreuve l'esprit de nos enfants. Nous ne pourrons pas refaire l'histoire, mais nous pouvons nous appuyer sur des préoccupations communes pour avancer ensemble.

– Vous êtes étonnamment détaché de cet antagonisme, remarqua Sinth.

– C'est mon rôle, je suis celui qui doit voir les choses différemment. Les Gardiens prennent en compte l'intérêt général et sont les porte-parole de notre peuple.

– À voir votre campement, vous vous préparez à partir, intervint Haliger.

– Comme vous, je présume. Ce qui amène une quatrième question : faut-il surveiller Gilgal Refaim ? Et qui le fera ? s'interrogea le Guide.

– C'est un enjeu stratégique de premier plan, souligna Haliger.

– En effet, et je dois vous faire un aveu : nous ne vous avons pas attendus et nous avons envoyé un groupe de guerriers surveiller le seuil géant. »

La nouvelle n'avait rien d'étonnant non plus. Que les Fomoires surveillent un ennemi potentiel relevait davantage de la prise de précautions que de la duplicité. Les Ondins ne relevèrent pas et proposèrent que trois de leurs guerriers aillent rejoindre les éclaireurs fomoires. Ils débattirent ensuite des autres questions. Ils admirent tous qu'il ne fallait pas laisser le Cercle des Géants sans surveillance ; ils devaient continuer à l'occuper pour éviter que leur ennemi ne puisse se déplacer à sa guise. Un camp permanent, tenu par une force conjointe, verrait le jour près de Gilgal Refaim. Le Guide leur avoua que de nombreux Fomoires voulaient se rendre au plus vite sur le littoral. Par superstition, certains acceptaient mal la proximité de l'étendue mégalithique ; d'autres, nomades dans l'âme, n'attendaient que le signal du départ, car leur sédentarité leur pesait depuis bientôt deux années.

« Nous sommes un peuple d'explorateurs et de conquérants. Nous voulons aller toujours plus loin et découvrir d'autres territoires, leur expliqua la gardienne Mor'Wen. Nous connaissons trop bien le Dômaine et nous y tournons en rond depuis bien trop longtemps. Je ne sais même pas si nous resterons sur ces rivages que vous venez de découvrir.

– Mor'Wen a raison, continua Bû'Lgûl la pisteuse, il est fort possible que nous construisions des nefs, comme nos ancêtres le faisaient, et que nous repartions pour d'autres voyages. »

Le Guide ne souhaitait pas précipiter leur départ, mais il ne voyait aucune raison de le retarder davantage. Il envisageait de gagner l'océan dès le lendemain, et proposa de se servir du fortin comme point d'appui d'où partirait une frontière ouest-est, les Fomoires allant s'installer au sud de cette frontière.

La délégation ondine ne voyait pas les choses du même œil.

Haliger, en diplomate avisé, avait compris tout de suite que le positionnement de cette frontière les désavantageait. Certes, elle cédait aux Ondins la possession du seuil géant, mais elle leur laissait aussi affronter seuls les ennemis qui en surgiraient. Il se pencha vers ses voisins pour leur faire part de ses réflexions. Silahé n'écoutait plus la conversation, elle examinait attentivement le camp fomoire, suivait des yeux les enfants qui passaient en riant, essayant de voir ce qui se tramait sous la tente. Sinth et Déneth prêtèrent attention à Haliger, puis ils tinrent conseil quelques minutes pendant que le reste des convives écoutait Sylve décrire le fortin. Bû'Lgûl la pisteuse s'interrogea sur l'identité de ceux qui auraient pu habiter là, mais aucun indice ne pouvait les mettre sur la voie.

Avec de nombreuses précautions oratoires, Sinth demanda aux Fomoires s'ils viendraient leur prêter main-forte, quand bien même le champ de bataille se trouverait autour du mégalithe, en territoire ondin. Les quatre Gardiens échangèrent des regards hésitants.

« Les Fomoires ne se battent pas pour d'autres, affirma la guérisseuse Jim'Rena avec raideur.

– Je comprends cela. Nous devons alors trouver un autre découpage des territoires », avança Sinth.

Les Gardiens se tournèrent vers le Guide, qui haussa les épaules, attendant d'autres réactions. Quentil remarqua que Silahé se raidissait. Il posa sa main sur la sienne, l'invitant à temporiser ses réactions. Sylve se resservit à boire avec des gestes saccadés.

À la surprise de ses compagnons, Torv, de son ton rocailleux, proposa une autre voie qu'il énonça en regardant le Guide droit dans les yeux.

« Je parlerai de guerrier à guerrier. Nous devons affronter ensemble les Nardenyllais et les Fir Bolgs devant ce cube. Nous détruirons l'abomination de métal qui les précède, nous les repousserons au fond du Gosier, en leur imposant de rester sur leurs terres. »

Torv s'arrêta quelques instants et promena son regard sur l'assemblée. Il tapa du poing sur la table et se leva.

« Et c'est ce champ de bataille qui nous servira de frontière ! Là où nous aurons scellé une alliance dans le sang ! »

Le Guide se redressa lentement, les regards se durcirent et tous se tinrent prêts à toute éventualité. Les Gardiens hochèrent simplement la tête, comme s'ils savaient déjà ce que leur chef allait dire.

« Tu as raison : nous ne nous cacherons pas. »

Le Guide ouvrit alors largement le poing ; d'un geste vif, il s'entailla la paume avec son poignard et le tendit à Torv qui fit de même, avant d'échanger une poignée de main sanguinolente. Ondins et Fomoires concluaient ainsi un pacte de sang, où la guerre déciderait du cours de l'histoire.

Les membres de la délégation ne s'insurgèrent pas contre cette décision soudaine, soulagés en somme que les deux combattants aient tranché. La question géographique réglait aussi le sort des Nardenyllais et des Fir Bolgs ; la carte s'imposait au territoire.

L'heure des comptes avait sonné et les réalités des préparatifs d'une guerre prenaient le pas sur toute autre préoccupation. Déneth estima que deux mille personnes pouvaient physiquement combattre, mais sur ces hommes et femmes, Ondins et Ondines, seulement quatre à cinq cents savaient réellement se battre. Les autres n'avaient jamais pris part à un combat, ils chassaient sans doute et maniaient l'arc, mais comment réagiraient-ils en pleine bataille ? Bien moins nombreux, les Fomoires, un millier d'individus en tout, disposaient tout de même de deux cents guerriers et guerrières, presque la totalité de la population adulte et active. Le Guide expliqua fièrement que tout Fomoire savait se battre.

En tout et pour tout, les deux peuples réunis pourraient constituer une armée de sept cents conscrits aguerris qui pouvaient partir immédiatement. Un petit millier de villageois ne rejoindraient leurs positions qu'une fois appelés et armés.

Silahé estima que si les Nardenyllais rassemblaient toutes leurs forces, ils déverseraient sur les plages jusqu'à trois mille hommes, pour la plupart des mercenaires entraînés.

« Nous nous chargerons de les transformer en trois mille statues ! objecta Sylve. Le rivage sera sinistre après la bataille ! Ces mercenaires devront combattre les yeux fermés pour éviter le pouvoir des Ondines !

– Ne sous-estimons pas nos adversaires pour autant, tempéra Silahé. Zeneth et ses multipotentialistes ont accumulé une somme de connaissances capable de se mesurer à notre magie.

– Et il y a les Fir Bolgs, avança Sinth, ils ont l'air puissants.

– Quoi qu'il en soit, il ne faut pas tarder, préconisa Silahé.

– Nous devons avancer en ordre, sans préjuger de notre force. Il faut aller sur place au plus vite et préparer les camps », conclut le Guide.

12.

Tels que la haute mer contre les durs rivages

« Tels que la haute mer contre les durs rivages,
À la grande tuerie ils se sont tous rués,
Ivres et haletants, par les boulets troués,
En d'épais tourbillons pleins de clameurs sauvages. »

Charles Leconte de Lisle

Les eaux mouvantes des Abattis Cotticas sortaient en lents bouillons du titanesque cube de granit. Immédiatement brassées dans celles du golfe, elles mêlaient leurs tourbillons turbides aux eaux claires de l'océan qui s'engouffraient par le nord-est dans la mer intérieure, avec la force de la marée montante.

Les Nardenyllais avaient partiellement dégonflé et descendu les deux aérostats pour permettre le passage du seuil à leur monstre. Les ballons se redéployèrent ensuite, et leurs nacelles se garnirent à nouveau de soldats armés d'arbalètes lourdes et de servants pour les balistes.

L'Avaleur de Mangroves prit position au beau milieu du golfe, face au courant du fleuve, ses roues à aubes battant l'eau avec une lenteur menaçante, juste assez pour le maintenir en place. Dans des grincements d'apocalypse qui résonnèrent sur l'eau, les dispositifs mécaniques qui hérissaient la barge changèrent d'agencement. La chaîne de la drague se redressa et ses godets commencèrent à tourner le long du bras articulé en crissant. En passant dans la cale, ils se chargeaient d'une pâte fumante et rougeoyante. Les chaudières sifflaient bruyamment, tous les manomètres au rouge, signalant ainsi que le monstre se trouvait prêt à combattre.

Dans le même temps, une flottille de chalands aux étraves plates, assemblés en convois de six embarcations, sortait du seuil, traversait le golfe vers la côte sud-ouest. Seuls les deux bateaux de tête avaient une voilure, un gréement rudimentaire carré au tiers, consistant en des toiles rectangulaires tendues sur une vergue et maniées avec deux cordages, un assemblage que les équipages affalaient facilement, juste avant de s'immobiliser pour débarquer les troupes. Les matelots piquaient droit sur le rivage avec toute la toile disponible, avant d'amorcer un virage lent et, profitant de l'erre ainsi acquise, ils longeaient la côte et présentaient les larges esquifs attachés en file indienne, à quelques mètres des plages. Des centaines d'hommes se déversaient sur la côte et partaient immédiatement rejoindre leurs phalanges en trottinant, tandis que les embarcations s'éloignaient et allaient s'ancrer au milieu du golfe.

Elles n'en devenaient pas pour autant inutiles car chaque train de gabarres transportait aussi une catapulte ou une baliste. Pendant que le débarquement se poursuivait, les matelots réorganisèrent l'appariement des navires pour constituer des pontons flottants très stables, sur lesquels des servants préparaient leurs machines de guerre.

Au milieu de cette flotte de transport de troupes, se distinguaient une dizaine de bateaux très fins, équipés de moteurs à vapeur et de roues à aubes. Ils se positionnèrent derrière les gabarres immobiles, et d'épaisses fumées blanches signifièrent que leurs chaudières montaient en pression. De nombreux mécaniciens s'affairaient sur les ponts, déroulant des câbles et fixant des manches à air directement sur les cheminées des chaudières. La vapeur gonfla rapidement des ballons qui s'élevèrent au-dessus des embarcations. Un vent frais emmenait des odeurs de vase et d'iode jusqu'aux observateurs impassibles de cette incursion.

Le Guide, le Gardien, Silahé et le Veilleur surveillaient ces mouvements de troupes, debout sur la large dune ronde, au sud du golfe, devant les trois dolmens d'où sortaient des guerriers ondins et fomoires qui s'empressaient de rejoindre leurs positions au sud-ouest du golfe. Ils regardaient, impuissants, les forces nardenyllaises se déverser au nord-ouest de l'étendue salée.

Khal'Er, le sorcier aveugle, avait pris place un peu plus loin devant eux, les mains posées sur les épaules de ses deux apprentis, ses yeux blancs grands ouverts. Plusieurs mages l'entouraient et se préparaient en murmurant.

Une file ininterrompue de guerriers se matérialisait entre les trois mégalithes. Ils descendaient de la dune tout en regardant leurs adversaires qui s'installaient. Contrairement aux Nardenyllais, ils portaient des équipements disparates : haches, épées courtes ou longues, armures en cuir ou en acier, piques, javelines. Ils se ralliaient en groupes compacts, avec leurs compagnons d'armes, et non en ligne de bataille, certains accompagnés d'animaux : loups, cerfs et ours. Des rapaces survolaient la plage. De nombreux Fomoires dépassaient cette foule hétéroclite de plusieurs têtes. En derniers, vinrent une cinquantaine de chevaucheurs de dragons et des Ondins montés sur de petits chevaux des halliers.

Plusieurs dizaines d'Ondines, dont Sylve, Sente et Stritch, se tenaient devant les guerriers amassés sur la plage. Elles fixaient la mer, humant la brise, goûtant avec avidité les fragrances salées qui se déposaient sur leurs lèvres. Elles s'emplissaient d'une énergie océane qu'elles comptaient bien déverser sur les soldats qui s'amassaient au loin.

Les sept cents guerriers fomoires et ondins avaient pris position.

Il faudrait résister au premier assaut, et espérer l'arrivée rapide de renforts.

Une rumeur grossissante couvrit les piétinements et les cliquetis des armes. Elle se mua progressivement en vociférations de part et d'autre : du côté nardenyllais, les ordres répétés d'une ligne à une autre, du côté des Fomoires et des Ondins, des hurlées d'injures et de provocations. Soudain, deux guerriers fomoires immenses, un homme et une femme, torse nu, tatoués jusqu'au sommet de leurs crânes rasés, attachés l'un à l'autre par une chaîne, se détachèrent de leur armée et avancèrent vers les lignes ennemies. Leurs compagnons ponctuèrent chacun de leurs pas d'un ahanement guttural, jusqu'à ce qu'ils s'immobilisent, à un jet de flèche, défiant les archers ennemis. Le silence se fit. Deux traits jaillirent des lignes nardenyllaises, entamèrent une parabole parfaite et vinrent se ficher dans les poitrines offertes des deux Fomoires.

Ils ne cillèrent pas et tournèrent lentement sur eux-mêmes, montrant à tous les pennes logées dans leurs chairs sans qu'une goutte de sang perle. Ils brisèrent les hampes, tandis que leurs blessures se résorbaient sur les fers. Les vociférations reprirent, alors que des dizaines de tirs accueillaient cette démonstration de force. Les deux Fomoires chargèrent de concert, le corps bientôt hérissé de hampes en bois, rapidement suivis du reste de leur armée, les Ondines filant en tête.

Le chef des Fir Bolgs sauta sur le toit de la cabine de commandement et aboya quelques syllabes en brandissant une lance. Partout autour de lui, sur les nacelles et sur les embarcations, d'autres hommes aux corps luminescents lui répondirent. Puis il bondit devant les chaudières et y apposa les mains. Les élémentaires enfermés hurlèrent, les vapeurs condensées se ruèrent dans les tuyaux de cuivre, accélérant l'action des mécanismes, et les godets de l'Avaleur de Mangroves projetèrent leurs premiers feux grégeois.

Les boulets flamboyants se précipitèrent vers les Ondins et les Fomoires qui couraient. Dans le même temps, les balistes, les catapultes et les archers lâchèrent une première nuée meurtrière. Avec un grondement, une vague de chaleur passa au-dessus des forces de la forêt et avala les boulets embrasés : Khal'Er et les mages entraient eux aussi dans la bataille, déployant les arcanes de leurs pouvoirs. Tous les projectiles ennemis furent consumés par le nuage de feu qui balaya le ciel et s'installa en tournoyant au-dessus des gens de la forêt pour les protéger.

Les phalanges nardenyllaises s'élancèrent à leur rencontre au pas de charge, poussant à leur tour une immense clameur de défi.

Les Ondines s'arrêtèrent soudain et toutes ôtèrent leurs lunettes en même temps, balayant le champ de bataille d'une lueur surnaturelle. Les premiers rangs ennemis stoppèrent net, les visages se tordirent de douleur et de surprise tandis que les corps se raidirent et s'immobilisèrent. En quelques secondes, les soldats se pétrifièrent, les statues s'enfoncèrent de guingois dans le sable et s'écroulèrent en se brisant. Les rangs suivants hésitèrent, tentèrent de s'arrêter malgré la poussée des autres, basculèrent par-dessus les statues et furent pétrifiés à leur tour. Le chaos menaçait de s'installer. Plusieurs Fir Bolgs s'agrippèrent alors aux filins qui retenaient les aérostats et grimpèrent en quelques secondes jusqu'aux nacelles. Une fois positionnés en surplomb du champ de bataille, des éclairs irradièrent de leurs corps incandescents, plongèrent vers les Ondines et les frappèrent aux yeux. Ces arcs grésillants les soudèrent aux Hommes-foudre. Elles hurlèrent de douleur : leurs ennemis aspiraient goulûment cette énergie qui développait un halo fabuleux autour d'eux. Certaines guerrières parvinrent à remettre leurs lunettes, rompant ainsi le charme, mais d'autres tombèrent au sol, inanimées.

Les Nardenyllais poussèrent une clameur et reprirent leur assaut, foulant les débris de centaines de statues. D'autres couples de Fomoires enchaînés faisaient le vide autour d'eux ; ils tournoyaient, se retenaient à la chaîne que l'autre tirait pour donner une impulsion supplémentaire au bond suivant, le tout en une danse stupéfiante qui fauchait plusieurs ennemis à chaque figure. Les Fir Bolgs qui se tenaient en hauteur commencèrent à poursuivre les danseurs de leurs éclairs, brûlant bon nombre d'Ondins au passage. Frappés par la foudre, des corps s'embrasaient en une fraction de seconde : ils glapissaient brièvement, entre terreur et douleur, et ils s'affaissaient misérablement. De la fumée s'éleva du champ de bataille et une forte odeur de chair brûlée s'imposa aux combattants qui continuèrent de lutter au milieu de cette géhenne.

Les chevaucheurs de dragons passèrent en rasant les rangs ennemis et piquèrent vers les Fir Bolgs qui foudroyaient les rangs ondins depuis les airs. Ils leur jetèrent des javelines, les obligeant à se détourner de la bataille au sol. Blish et Vive tournoyaient l'une auprès de l'autre, spiralant jusqu'à leurs cibles qu'elles abattaient d'un large mouvement de sabre. Elles fondaient aussi sur les barges et les nettoyaient des servants des catapultes.

En réponse, les Fir Bolgs détachèrent certains des ballons qui surplombaient les cheminées des embarcations les plus fines. Libérés de leurs entraves, ils errèrent au hasard au-dessus des bateaux, gênant l'évolution des dragons qui durent éviter ces obstacles mouvants. Cette tactique porta ses fruits et brisa l'élan de la contre-attaque. Les chevaucheurs de dragons en payèrent le prix fort, car les tirs en provenance des nefs abattirent plusieurs d'entre eux. Ils s'écrasèrent au sol, emportant indifféremment dans leur mort des soldats des deux camps. Pour finir, les troupes aériennes reçurent l'appui des mages ondins et fomoires ; et dans les airs, une bataille magique débuta.

Sur les plages, les troupes s'exterminaient dans un fracas de fin du monde, les Fomoires et les Ondins s'enfonçaient profondément dans les rangs nardenyllais, au risque de se faire contourner : ils cherchaient à fendre l'armée ennemie en deux pour l'affaiblir. Les guerriers fomoires opéraient un véritable massacre au beau milieu des soldats nardenyllais, tandis que les groupes ondins tenaient bon et progressaient obstinément. Un flottement s'installa parmi les lignes nardenyllaises car les combattants se sentaient attaqués de toutes parts par des ennemis multiples : l'énergie pétrifiante des Ondines, les chevaucheurs de dragons, et toutes les bêtes que les armées de la forêt avaient amenées avec elles.

Mais, malgré les corps entassés, les carcasses calcinées, les dépouilles démembrées, les armées de Zeneth comptaient toujours largement le double de combattants.

Alors l'Avaleur de Mangroves s'approcha lentement du rivage, projetant toujours ses feux grégeois. Arrivé à la plage, il sembla sur le point de s'échouer, mais ses roues à aubes descendirent lentement jusqu'à accrocher le fond pour hisser la barge monumentale sur le sable, où elle se mit à glisser de plus en plus rapidement vers les combattants. À l'avant, ses bras articulés autour de la chaîne à godets brandissaient des scies circulaires qui entamèrent de funestes mouvements de balancier. Sur les côtés, les deux toboggans de cuivre télescopiques se déployèrent assez haut, les cuves de fonte qui les encadraient produisirent un ronflement, tandis que l'Avaleur de Mangroves traversait les rangs nardenyllais et percutait les premières lignes fomoires. Le grondement s'intensifia et une douche de projectiles incandescents jaillit des toboggans et s'abattit sur les belligérants.

Les armées nardenyllaises se réorganisèrent en pince autour du monstre rugissant qui se rua sur les guerriers de la forêt. Les Fir Bolgs se rassemblèrent sur la barge et empêchèrent quiconque d'y prendre pied pendant qu'elle opérait une triste hécatombe dans les rangs fomoires et ondins.

Ces derniers tinrent leurs lignes le plus vaillamment possible, mais les scies fauchaient impitoyablement tous ceux qu'elles trouvaient devant elles.

Suivies de quelques combattants aguerris, Silahé et Stritch décidèrent d'aborder le monstre de front avec leurs hommes. Elles s'élancèrent en zigzaguant entre les éclairs et les passages sifflants des scies, jusqu'à se trouver devant le ventre de la machine : elles cherchaient à se rapprocher des mécanismes pour les endommager. Un bond formidable permit à un Ondin de se porter à la hauteur d'un bras articulé qui réarmait son mouvement de faux. Le guerrier virevolta dans les airs et trancha deux tuyaux qui laissèrent échapper en chuintant une intense fumée blanche. Mais dans le même temps, un Fir Bolg s'avança et posa les mains à la base du bras qui retombait inerte. Un grésillement parcourut les tuyaux qui s'animèrent et se ressoudèrent, comme sous l'action d'une forge surnaturelle. Les mécanismes se redressèrent et les scies plongèrent à nouveau vers les combattants, rattrapèrent l'Ondin alors qu'il se réceptionnait au sol : elles le coupèrent en deux dans des gerbes de chair et de sang. Les membres de la petite équipe durent battre en retraite car ils ne pouvaient pas tenir leur position face aux scies, aux éclairs et aux boulets enflammés qui balayaient l'avancée de l'Avaleur de Mangroves. Ce dernier continuait à progresser, chassant ses adversaires les plus rapides, les autres passant sous la barge qui les broyait. Les soldats de Zeneth contenaient les Fomoires et les Ondins, les obligeant à affronter l'Avaleur de Mangroves qui opérait un véritable carnage. L'issue de la bataille basculait inexorablement.

Regardant de tous côtés, Sylve comprit que le combat prenait une vilaine tournure. Plus loin, elle distinguait Torv et Dûrsil qui tentaient sans succès de percer le flanc gauche de l'armée nardenyllaise pour échapper au monstre. Pour chaque soldat que Torv tuait de son épée longue, il en venait dix. Le guerrier couvert de sang ahanait, abattant sa lame sans répit, et, le corps meurtri de toutes parts, hurlait sa rage et sa soif de combat. Derrière lui, Dûrsil multipliait les sorts de protection et de régénération, déviant les projectiles, entourant ses frères d'armes d'une aura défensive qui ralentissait les coups, relevant ceux qui, épuisés et blessés, glissaient à terre. Mais la pression nardenyllaise ne décroissait pas. Dans le fouillis des corps qui s'agrippaient, il fallait une attention de tous les instants pour distinguer ses amis de ses ennemis. Lorsqu'un mourant happa la cheville de Torv et que le guerrier chuta lourdement en avant, il laissa le mage à découvert. Un carreau mieux ajusté que les autres, plus véloce aussi, vint alors se ficher sous la pommette de Dûrsil. Malgré le fracas de la bataille, Torv entendit distinctement le craquement de l'os, et le râle. Le temps qu'il pût se dégager et se relever, le mage avait déjà rendu l'âme. Un bref instant, le hurlement de Torv couvrit les tumultes, puis il repartit combattre.

Sylve réprima un sanglot et leva les yeux ; par un hasard funèbre, elle aperçut Vive tomber du ciel en tournoyant, un long carreau de baliste l'ayant empalée à son dragon pour une dernière étreinte.

L'Ondine héla Blish qui piqua adroitement vers elle : le dragon l'attrapa violemment sous les bras et l'arracha aux combats pour aller la déposer à l'arrière-garde.

« Restez près de moi », ordonna-t-elle.

Sylve farfouilla dans ses poches et en sortit un sachet d'herbes sèches qu'elle mâcha précipitamment. Saisie de tremblements, elle s'affaissa au sol. Blish et son dragon ne s'inquiétèrent pas outre mesure et maintinrent leur surveillance.

Descendant la dune à grandes enjambées, le Guide rejoignit la bataille. Lorsqu'il arriva à la hauteur de Sylve, cette dernière se relevait lentement. Elle ne portait plus ses lunettes, et ses yeux révulsés fixaient un autre plan. Des chuchotements et des bruissements s'agitèrent autour d'eux, et l'air se troubla. Le Guide suivit des yeux les mouvements invisibles, puis attrapa la hache qu'il portait dans le dos et lança un long hurlement de défi. Son corps s'auréola d'une lumière sombre et il marcha vers l'Avaleur de Mangroves, suivi de près par l'Ondine.

Autour de cette dernière, les murmures devinrent des cris, puis des rugissements de colère et de défi. Les lèvres de Sylve remuaient sans qu'aucun son en sorte. Une fois la première ligne atteinte, un vent soudain s'éleva, des élémentaires se matérialisèrent en brumes grises, changeantes, qui allèrent tourbillonner autour des chaudières où leurs frères prisonniers s'agitaient. Le Guide fit tournoyer son énorme hache à double tranchant et la projeta en avant : elle fila vers les cordages qui retenaient le premier aérostat et les tranchèrent net avant de revenir dans sa main. Libéré, le ballon s'éleva dans les airs, emportant son armement et ses servants.

Le guerrier fomoire bondit ensuite sur la barge. Plusieurs Fir Bolgs le prirent pour cible et le submergèrent d'éclairs. Frappé de toutes parts, le Guide recula de quelques pas et s'immobilisa, la peau grésillante, englouti par une épaisse fumée. Un Fir Bolg fonça sur lui en brandissant un lourd marteau de forgeron. Le Guide dévia le coup avec le manche de sa hache et d'une seule main saisit l'Homme-foudre à la gorge, qu'il serra vivement, tandis que des décharges d'énergie passaient du corps qui convulsait jusque dans son bras ; il y eut un craquement et le Fomoire jeta le corps blafard et désarticulé sous la barge qui continuait à avancer. D'autres se ruèrent vers le géant rugissant qui s'avança sans hésiter. La violence de ses coups faisait le vide autour de lui, mais il y avait toujours un adversaire pour se glisser sous sa garde, ou pour essayer de le foudroyer. Cette lutte acharnée devint rapidement une cohue indescriptible : le pont de l'Avaleur de Mangroves se couvrit de sang et de chairs que des éclairs carbonisaient. Le corps zébré de nombreuses blessures, le Guide ne reculait pas. Il aboya deux syllabes incompréhensibles et l'aura sombre qui l'accompagnait prit soudain plus de densité et le grandit davantage. Il souleva son énorme hache d'une seule main, arracha une masse de guerre à l'un de ses assaillants et se jeta avec une nouvelle ardeur dans la mêlée.

En quelques passes d'armes, il écarta ses adversaires et fondit vers la première chaudière sur laquelle il abattit violemment son arme qui creva la machinerie dans un fracas d'acier et de vapeur. Les élémentaires convoqués par Sylve entrèrent dans le ventre de la machine et brisèrent les charmes qui empêchaient leurs frères de s'enfuir. Tous en ressortirent en tourbillons furieux, porteurs d'orages et zébrés d'éclairs. Leur fureur enveloppa l'Avaleur de Mangroves et en chassa les Fir Bolgs qui refluèrent en désordre. Certains rejoignirent les troupes au sol, d'autres regagnèrent les nacelles des ballons qui restaient fixés aux cheminées des petits vapeurs.

Le Guide détruisit les bras articulés et, alors que la machine tanguait dans des grincements sinistres, il sauta à terre, hurlant aux guerriers de la forêt de s'éloigner.

Les élémentaires opérèrent un dernier passage par la cale, détruisant ses œuvres vives, puis ils entourèrent Sylve et l'emmenèrent à l'abri sur la dune. Dans le même temps, l'Avaleur de Mangroves s'affaissa et s'immobilisa, la coque éventrée. Son ventre crevé vomissait des charbons ardents, une eau noirâtre se répandait sur la plage, et la lave bitumineuse qui imbibait les feux grégeois coulait de ses tuyaux percés. Une épaisse fumée anthracite s'échappa et noya les restes du monstre, forçant les combattants à s'écarter sous peine d'asphyxie.

Mais la haine des Fir Bolgs leur donnait une énergie inépuisable : ils déversèrent leur foudre sur les premières lignes fomoires et ondines, forcèrent le Guide lui-même à reculer avec le reste des troupes. Et, sous leur impulsion, les Nardenyllais se regroupèrent, reformèrent leurs rangs, et se préparèrent à contre-attaquer.

Sylve sortit lentement de sa transe et parcourut du regard la désolation des plages. Partout, des corps écorchés, brûlés, transpercés s'entassaient, parfois encore gémissants, gênant les combattants qui luttaient dans des mares de sang. Clairsemés, éprouvés, les rangs des guerriers de la forêt peinaient à se réorganiser, et même s'ils avaient vaillamment combattu, ils luttaient toujours à un contre deux. Ils avaient payé le prix fort et ne tiendraient plus très longtemps. De loin en loin, des héros sanguinolents regroupaient autour d'eux des soldats hagards, des Ondines épuisées et des mages au regard vide.

Les renforts ondins ne seraient jamais prêts à temps pour leur apporter une aide significative. L'espace entre les trois monolithes demeurait désespérément vide.

Le fracas des combats reprenait de plus belle.

Soudain, un grand sourire s'épanouit sur le visage de Sylve : son Voyageur, suivi de Quentil et de Sente, apparut sur le seuil ; vint ensuite un Nain recouvert d'une armure noire et serrant dans ses mains gantées de cuir un volumineux marteau de guerre. Il s'élança immédiatement vers les combats. D'autres Nains ne cessèrent de se matérialiser et une véritable vague de cuir et d'acier se déversa sur la plage.

Sylve se précipita dans les bras du Voyageur. Il portait une armure de cuir et tenait une lourde arbalète à la main.

« Te voilà entière ! s'exclama le Voyageur. Je n'ai pas cessé de penser à toi, à la bataille.

– Juste à temps », souffla-t-elle.

Il la serra un peu plus fort en la soulevant légèrement de terre.

« Les Nains ont mis un temps fou à s'équiper, expliqua le Voyageur, j'ai cru que nous ne partirions jamais.

– Et nous voici à nouveau tous les quatre, dit Quentil qui les rejoignait, accompagné de l'Ondine à la main de bois.

– Allons-y ! gronda Sente en dégainant ses deux lames.

– Soyez prudents », lança Sylve alors que tous dévalaient la dune.

Les deux Ondines rallièrent rapidement les premières lignes ; Quentil et le Voyageur, quant à eux, allèrent prêter main-forte aux archers et aux arbalétriers.

De leur côté, les Nains se séparèrent en deux groupes d'une centaine de guerriers qui renforcèrent les ailes des troupes de la forêt pour s'enfoncer comme des coins dans les armées nardenyllaises. Devant la violence de l'assaut, ces dernières entamèrent un repli stratégique, tandis que les embarcations chargées de balistes et de catapultes à boulets chaînés se rapprochaient des plages, sans aucun doute pour opérer des tirs plus précis et plus meurtriers.

Au même instant, avec des criaillements aigus et vindicatifs, une dizaine de drées surgirent du seuil monolithique, opérèrent un large virage menaçant et firent un premier passage au-dessus des embarcations et des machines de guerre de Zeneth, soufflant leurs cristaux de glace et figeant à jamais hommes, catapultes et balistes. La mer même gelait en larges plaques où s'immobilisaient les gabarres, les noyés, ou encore ceux qui avaient tenté de fuir en se jetant à l'eau.

Les drées avaient suivi de loin l'Avaleur de Mangroves et ses balistes meurtrières. Elles avaient attendu leur heure. Elles venaient maintenant, par-delà le seuil, se venger et clamer leur suprématie sur l'espace aérien du Dômaine. Elles s'éloignèrent pour revenir à l'assaut et anéantir un à un les bateaux de la flotte de Zeneth.

À terre, adossés au golfe et à la mer, les soldats nardenyllais réorganisèrent leurs lignes, galvanisés par les Fir Bolgs qui formèrent un dernier carré. Ils se trouvèrent face au Guide, aux Ondines, et au mur impénétrable des boucliers de Nains. Tous s'entreregardèrent quelques secondes, le temps de reprendre leur équilibre, d'affermir leurs armes dans leurs mains tremblantes, d'essuyer la sueur et le sang qui coulaient sur leurs yeux, de respirer bruyamment dans une odeur poisseuse de viscères et de cendres, de lancer quelques coups d'œil sur la droite et la gauche, de jauger ce qui pouvait encore être sauvé. Puis ils se jetèrent les uns sur les autres avec sauvagerie.

Dans cette lutte sans merci, les Nains firent rapidement reculer des Nardenyllais épuisés ; le Guide et ses troupes, eux, balayaient les derniers Fir Bolgs. Les Ondines purent à nouveau utiliser leurs pouvoirs. Lorsqu'elles pétrifièrent les premiers soldats, ce fut la débandade. Des troupes de Zeneth s'engagèrent à même la glace pour s'enfuir : certaines finirent par la traverser et par se noyer, tandis que les archers ondins abattaient les autres. Des gabarres tentèrent de remonter le courant pour repasser le seuil, mais les drées n'en laissèrent passer aucune et les eaux du golfe se refermèrent sur la flotte de Zeneth.

Le reste de l'armée du Dômaine ne poussa aucun cri de victoire. Hébétés, tous regardaient la désolation qui les entourait. Ils marchaient dans une boue de sable, de sang et de poussière en titubant de fatigue, essayant de ne pas piétiner les cadavres et les corps fumants. Ils soutenaient leurs blessés, ils grimaçaient de douleur. Ils n'avaient pas pleinement conscience que la bataille avait pris fin : leurs oreilles bourdonnaient encore des hurlements de leurs amis qui avaient agonisé et des ennemis qu'ils avaient éventrés. Ils cherchaient juste à quitter ce champ de souffrances.

Délaissant les rangs des archers, Quentil et le Voyageur gagnèrent le front à la recherche de leurs amis. Plus ils avançaient, plus ils croisaient des combattants harassés et blessés qui se dirigeaient vers le seuil aux trois monolithes.

Ils retrouvèrent Sente et Sylve au milieu du champ de bataille. Les deux Ondines avaient participé au dernier corps-à-corps et arboraient un air farouche. Elles avaient remis leurs lunettes et reprenaient leur souffle. Stritch, Torv et Halliv les rejoignirent. Ils échangèrent tous de longues accolades silencieuses. Ils ne dirent rien. Une fois que Silahé fut là, Sylve se contenta d'un laconique :

« Nous sommes là et nous n'oublierons jamais nos compagnons. »

Non loin, le Guide se tenait debout au milieu des débris métalliques de l'Avaleur de Mangroves. Lorsqu'ils s'approchèrent de lui, il se tourna vers Sylve. Sa hache dégouttait de sang, mais son corps ne portait plus aucun stigmate du combat. Elle l'observa un moment alors que les élémentaires murmuraient autour d'elle. Leur colère retombée, ils tournoyaient et l'air vibrait de leur présence. Les alliés de l'Ondine se préparaient à retourner aux fleuves et aux rivières. Quant aux esprits des nuées maintenant libérés de la machine, ils enveloppèrent le Guide et Sylve d'un grand vent en chuchotant leurs remerciements. La tête renversée en arrière, Sylve inspira profondément, laissant ses cheveux flotter librement. Le Guide ouvrit largement les mains pour sentir la caresse des entités qui voltigeaient autour d'eux. Pour finir, elles se regroupèrent au-dessus de leur groupe et disparurent brusquement. L'immense Fomoire s'étira, laissant craquer les articulations de ses épaules et de son dos. Sylve le fixait de ses lunettes réfléchissantes.

« Et maintenant, que ferez-vous, Ondins ? demanda-t-il.

– Nous nous établirons sur la côte, au nord de ce champ de bataille, en respectant nos engagements. Et vous ? répondit Sylve.

– Nous allons nous installer près du fortin. Mes éclaireurs disent qu'il y a un aber très profond un peu plus loin, l'endroit idéal pour construire un port.

– J'espère que vous y trouverez la tranquillité, souhaita le Voyageur.

– Nous verrons. Pour le moment, nous devons enterrer nos morts car nous avons payé un lourd tribut pour reconquérir nos rivages.

– Pouvait-il en être autrement ? l'interrogea le Voyageur.

– Sans doute pas : les épopées s'écrivent toujours en lettres de sang.

– Un cycle se clôt, affirma Sylve. De quoi sera fait notre avenir ? Nous libérerons-nous des mythes ?

– "Le Temps scintille et le Songe est savoir", récita le Voyageur.

– Encore un poème d'humain, avança Sylve.

– Ils sont la preuve vivante que tout peut coexister, dit le Voyageur en souriant. Profitons de cette harmonie retrouvée, même si ce n'est qu'une trêve.

– Je ne sais pas si mon peuple est fait pour la quiétude, hasarda le Guide. Toujours est-il que nous te devons beaucoup, Voyageur.

– Tout ce que j'ai pour moi, c'est d'être assez têtu et d'avoir une femme tout aussi têtue. Pour le reste, le Dômaine m'a bien aidé et le hasard a fait le reste.

– Votre Destin est très particulier, insista le Fomoire.

– Ils sont uniques, tous les deux ! intervint Quentil. Avec eux, tout se mêle : les âges mythiques, quelques restes de l'ère des cités humaines, et notre temps, entre rêve et magie.

– Nous verrons quel chemin choisira d'emprunter chaque peuple, dit le Guide. Pour nous, rien n'est tracé.

– Commençons par reconstruire, proposa Quentil en saisissant Halliv par la main.

– Une parole pragmatique, approuva Stritch.

– Nous rendrons hommage à nos morts, ensuite je viendrai m'installer sur la dune, en lisière de forêt, annonça Torv, le regard perdu vers l'horizon. Une nouvelle vie s'ouvre à nous. »

Sur le sommet de la dune, de nombreux villageois arrivaient et s'immobilisaient, saisis par le spectacle qui s'offrait à eux. Ils découvraient, dans une unique vision, l'océan dont ils avaient tant rêvé, et le chaos indescriptible des mêlées qui avaient pris fin. Amenées par le vent du large, des odeurs nauséabondes les agressaient et certains hésitèrent longuement avant de descendre vers les plages pour aider les blessés. Les secours s'organisèrent.

13.

La pénombre du soir devenait ténèbres

> « La pénombre du soir devenait ténèbres, tandis qu'il se tenait debout au Havre ; et comme il regardait la mer grise, il ne vit plus qu'une ombre sur les eaux, et elle se perdit bientôt à l'ouest. Il resta là bien avant dans la nuit, n'entendant plus que le soupir et le murmure des vagues sur les rives de la Terre du Milieu, et leur son lui allait au plus profond du cœur. »
>
> *John Ronald Reuel Tolkien*

Les chemins qui allaient du village à Bois-Obscur avaient pris des allures de grande route. Chargés comme des mulets, les villageois les plus aventureux multipliaient les allers-retours afin de s'installer au plus vite car ils avaient déjà dressé des abris de fortune entre mer et forêt. D'autres, plus prudents ou plus timorés, préféraient d'abord construire une maison sur leurs nouvelles terres avant d'envisager tout déménagement.

« C'est pas le jeune Findùlas qui porte cet énorme sac à dos ? »

À l'entrée du village, assis sur le banc à l'ombre du figuier-brume, Déneth et Sinth devisaient en regardant les nombreuses allées et venues.

« C'est lui, répondit Sinth. Mais il a bien grandi. Je crois me souvenir qu'il s'est marié l'année dernière.

– Tu as raison ! J'avais complètement oublié : avec la petite-fille de Misshug, une blondinette qui passait son temps à voler des fruits dans le verger de Balàr.

– C'est ça, mais c'était il y a quinze ans, répliqua Sinth en riant, parce que depuis, elle a eu deux garçons. Et puis avec Findùlas, ils ont leur propre verger maintenant. Enfin, ils avaient, parce qu'ils m'ont dit qu'ils allaient emménager près de l'océan.

– Je ne me suis pas vu vieillir, constata Déneth.

– Tout va très vite ces derniers temps : nos jeunes connaissent un changement sans précédent.

– C'est sûr. Alors c'est décidé ? Tu restes au village ? demanda Déneth.

– Oui, avec Haliger nous allons aider ceux qui refusent de s'en aller : trop vieux pour repartir de zéro ou trop attachés à ce coin de forêt. Et puis il y a ceux qui ont finalement décidé de ne plus partir, parce que l'océan n'est qu'à quelques jours de marche d'ici.

– Un point de vue qui se défend, reconnut Déneth.

– Au fond, moi non plus, je ne parviens pas à abandonner notre banyan ou notre figuier. »

Sinth se tut quelques secondes et tourna la tête vers la palissade vivante. Il caressa le tronc du figuier-brume qui les ombrageait, détachant quelques poussières d'écorce qui diffusèrent autour d'eux un parfum fruité. Machinalement, il frotta la paume de sa main sur sa cuisse, tout en psalmodiant : « Sráidbhaile ciorclaigh le Crann Mór Ard, notre village entouré d'un grand arbre.

– Ce ne sera pas simple pour moi non plus, avoua Déneth. D'ailleurs, je compte bien revenir souvent piller tes réserves de liqueur d'orange amère.

– Tu me ramèneras de la salicorne et de la criste-marine, il paraît que c'est un délice.

– Compte sur moi. »

Alors que le crépuscule s'avançait, les deux vieillards observèrent pendant quelques minutes les derniers voyageurs qui rentraient au village. Les bruits de la forêt s'estompaient pour laisser place aux stridulations des grillons et aux mélopées des dendrobates.

Ils se levèrent et se dirigèrent vers les portes qu'on allait bientôt fermer.

« Et pour Balàr ? s'enquit Déneth.

– Il est bel et bien parti. Il a dit vouloir prendre la route pour redécouvrir le monde. Il a très mal pris toute cette histoire : il estime ne pas avoir été assez perspicace, pas assez à l'écoute non plus.

– Il y a du vrai, approuva Déneth.

– Je ne le blâme pas : j'ai été un peu long à la détente moi aussi, reconnut Sinth.

– Je trouve Laminel toujours très mystérieuse sur ce qu'elle va entreprendre, dit le vieux charpentier.

– Elle se prépare à abandonner sa maison, et elle se destine à un long voyage. Peut-être nous en dira-t-elle plus ce soir.

– Notre dernier conseil, dit Déneth.

– Nous nous devions de le tenir », appuya Sinth.

En direction de la place centrale du village, ils se joignirent à de nombreux villageois qui se rendaient à la réunion du conseil, le plus souvent en famille. Les habitants arboraient de francs sourires et l'on sentait bien qu'ils avaient oublié leurs rancœurs et leurs inquiétudes. Pourtant, certains portaient le deuil, mais ils affrontaient la tristesse de l'absence avec le soutien de toute la communauté, une douleur partagée qui ne s'arrêtait à aucun clivage. Il flottait dans l'air une sérénité qu'ils n'avaient plus connue depuis plusieurs mois et qui avait des vertus apaisantes. Quelques rares maisons avaient déjà leurs fenêtres occultées, et le dessin de deux vagues sur la porte signalait que les occupants avaient abandonné leur logement pour émigrer vers l'océan.

Pour l'occasion, on avait dressé une estrade en bois assez haute pour que tous puissent voir les orateurs. Laminel et Haliger avaient déjà pris place. Sinth et Déneth traversèrent la foule tout en saluant chacun. Aux premiers rangs, ils retrouvèrent Sylve, le Voyageur et tous leurs compagnons. Le conseil des anciens prit place et ils attendirent encore quelques minutes. Les villageois s'entassèrent sur une esplanade bientôt noire de monde. Chacun se plaça du mieux qu'il put, cherchant à avoir la meilleure visibilité possible ; les plus jeunes vinrent s'asseoir par terre devant le conseil, les parents juchèrent les tout-petits sur leurs épaules. Le brouhaha devint murmures, puis tous se turent lorsque Sinth se leva lentement pour prendre la parole.

« Bonsoir à tous et bienvenue à ce dernier conseil de Sráidbhaile. Je ne serai pas long et je parlerai au nom de tous les anciens. Il était important que nous nous réunissions une fois encore, afin de garder à l'esprit que nous sommes un seul et même peuple. Il fallait que nous nous retrouvions ensemble, côte à côte, pour ressentir ce souffle unique qui nous anime : le souffle des Tuatha dé Dana, une énergie qui nous vient de la mer et de la forêt. Certains iront s'installer sur nos rivages, d'autres resteront dans la forêt, mais cela ne nous affaiblit pas, cela ne nous divise pas. Nous restons le peuple de la déesse, entièrement dévoué à la nature. Je ne remercierai jamais assez ceux qui ont tout osé pour nous entraîner loin de nos habitudes. Le Voyageur, bien sûr, qui a abandonné sa cité pour bouleverser notre village, Sylve qui l'a retrouvé et qui a identifié les seuils, sa grand-mère à la patience légendaire, et leurs onze compagnons qui les ont toujours soutenus : la Naine à la main de bois, le timide hydraulicien, les layonneurs de l'impossible. »

Au fur et à mesure de l'énumération, les premiers rangs commencèrent à se pousser du coude en rigolant. Alors que Sinth continuait à citer des noms, certains se signalèrent en levant la main et en riant, Torv salua d'un air comique sous les applaudissements.

Sinth fit une pause de quelques secondes, le temps que le silence revienne.

« La vie continue, nos lignées ne s'éteindront pas, et nous n'oublierons jamais ceux qui sont tombés. Fâlmur, notre bibliothécaire, aidé de plusieurs autres érudits, a commencé à réfléchir à la manière de garder leurs noms bien vivants dans notre mémoire collective. Je le laisse nous dire quelques mots. »

Assis au troisième rang, le bibliothécaire se leva. Toujours hirsute, la voix mal assurée, il essaya de parler le plus fort possible.

« La première chose que nous ferons, ce sera de compiler le plus de témoignages possible. Nous verrons par la suite quelle forme prendra notre hommage, toutes les idées sont les bienvenues. Je souhaitais surtout vous dire que je resterai à Sráidbhaile pour continuer à m'occuper de la bibliothèque. J'aspire à en faire un haut lieu de la connaissance, mais aussi un espace de savoir partagé. Dans cette optique, nous ouvrirons toutes nos archives, ce qui ne manquera pas d'attirer de nombreux érudits. »

Fâlmur se rassit précipitamment à côté du Veilleur qui lui tapota l'épaule pour le féliciter de sa décision. Sinth reprit la parole.

« C'est le moment de parler du futur de notre communauté. Haliger et moi-même resterons au village car nous voulons aider à ce qui ressemblera à une refondation. Mais nous abandonnons nos charges de conseillers et ceux qui restent éliront un nouveau conseil. Ensuite, il nous faudra repenser notre fonctionnement, revoir nos priorités. Tout ceci finalement est très motivant et nous permettra d'évoluer car nos points de vue ont changé. Nous sommes tous à la croisée des chemins et chacun fait un choix. Balàr est parti explorer notre forêt, il ne nous a rien dit de plus. Misshug a choisi de rester, comme le Veilleur, le Gardien et le mage Gwendal.

– Et les Fomoires ? lança une voix dans la foule.

– Et les Nardenyllais ? » ajouta une autre.

Sinth parvint à identifier ceux qui l'avaient interpellé ; il s'agissait de villageois qui n'avaient jamais souhaité quitter le village. Il perçut nettement que l'auditoire se faisait plus attentif : les habitants se sentaient directement concernés par ces questions, et il ne pouvait en nier l'importance. Il préféra se montrer extrêmement clair ; il ne voulait plus mentir ou s'exprimer par demi-vérités.

« Pour les Fomoires, je leur fais confiance. Nous avons passé un accord et je sais qu'ils se sont installés assez loin au sud du champ de bataille. Concernant les Nardenyllais, je ne sais pas du tout ce qu'il en est. Sente ? Silahé ? Vous auriez des informations ?

– Rien de très précis, fit Silahé en se levant. Les Nardenyllais ont subi un énorme revers et il leur faudra beaucoup de temps pour reformer leurs armées, si c'est la voie qu'ils comptent emprunter. Il est possible qu'ils aient encore de gros soucis : les drées font des allers-retours réguliers entre le Gosier et les plages en passant par le seuil géant. Pour quoi faire ? Aucune idée. Nous avons décidé d'envoyer une petite équipe pour les surveiller.

– Tu peux ajouter que nous avons la pleine maîtrise des seuils et de Gilgal Refaim, intervint le Voyageur. C'est un atout crucial : nous pouvons déplacer des troupes presque instantanément. Je pense que pour l'instant, ils ne peuvent plus lutter.

– Nous devons rester vigilants, mais ne retombons pas dans la crainte : tout ceci est rassurant, conclut Sinth. Un nouvel équilibre voit le jour et un nouveau rôle pour notre peuple. Laminel m'a demandé de lui laisser le mot de la fin, je lui cède la parole.

– Merci, Sinth, dit Laminel en se levant à son tour. Vous l'avez tous deviné : je ne reste pas avec vous, ni au village, ni près de l'océan. Je crois que notre heure est venue, une mission nous échoit : protéger ce qui nous entoure et nous fait vivre. Avec Vàatta, nous avons décidé d'entamer notre dernier voyage avant l'Appel, d'explorer les sillages et de voir si d'autres dangers menacent notre équilibre. »

Sylve se tourna vers sa grand-mère qui se tenait derrière elle.

« Tu ne m'avais pas parlé de ça.

– Je ne te dis pas tout.

– Ben voyons. Et tu m'aurais dit au revoir au moins ?

– Ne te vexe pas. Ça s'est fait très vite. Et puis, on ne s'est pas beaucoup vues ces derniers jours, s'excusa Vàatta.

– C'est un beau projet, s'immisça le Voyageur.

– Ne te mêle pas de nos disputes ! » s'exclama Sylve.

Elle se rendit compte qu'elle avait parlé assez fort et que de nombreuses personnes les regardaient, amusées par la scène.

« Nous en reparlerons », souffla-t-elle à sa grand-mère, et elle reprit brusquement sa place.

Pendant leur discussion, Sinth mettait un terme au rassemblement en invitant tous ceux qui le souhaitaient à festoyer dans la clairière en bordure du village. Plusieurs villageois se dressèrent alors pour acclamer le conseil des anciens. Sinth, Laminel, Déneth et Haliger avaient les larmes aux yeux. Ils descendirent de l'estrade et se mêlèrent aux habitants qui venaient les remercier ou simplement échanger avec eux.

Le petit matin trouva Sylve, le Voyageur et leurs onze compagnons affalés autour des vestiges des festivités, un tas de braises qui ne les protégeait plus de la froideur de la rosée. Halliv s'était assoupie, blottie contre Quentil, Silahé et Sente se tenaient dos à dos, on distinguait çà et là des villageois endormis. Quelques lambeaux de brume recouvraient la clairière, masquant les reliefs des réjouissances.

« Je me suis souvent demandé si le village avait changé. C'est la seule chose qui pouvait parfois me faire regretter mon choix : la certitude de ne jamais revoir Sráidbhaile, dit Silahé.

– Une sacrée décision, commenta Torv.

– Et le jour où je reviens, il faut repartir.

– Et ce n'est pas fini, ajouta Sente à moitié endormie.

– Comment ça ?

– Je t'emmène voir les Montagnes d'Argent. Nous devons sécuriser les seuils qui nous lient aux Nains, expliqua Sente.

– J'ai toujours rêvé de voir la Faille des Drées. Denterneth m'en a souvent parlé avec beaucoup d'émotion, acquiesça Silahé.

– C'est un endroit magnifique, témoigna Quentil. Nous, nous allons commencer par profiter de l'océan, essayer de nous installer. »

Durtal et Thurnir se levèrent en grognant. Ils étirèrent leurs membres engourdis et se déplacèrent avec précaution. Ils se remettaient des séquelles de la bataille : l'un boitillait, l'autre avait le bras en écharpe. Ils jetèrent des branches sur les braises. Au bout de quelques minutes, alors que tous se redressaient dans un concert de plaintes étouffées, le feu recommença à fumer et à crépiter.

« Ce sont les adieux ? » lança la jeune Blish dont le dragon s'approchait en volant, tandis qu'elle ajustait son sac à dos.

– Certainement pas ! Notre compagnie se disperse, c'est tout, la reprit Sylve. Nous avons tous à faire, mais nous nous retrouverons pour fêter notre installation sur nos rivages.

– J'ai hâte, répondit la chevaucheuse. Je file vers le monolithe du golfe et je commence à en explorer le versant qui donne sur les Abattis Cotticas. On se retrouve là-bas, les gars ?

– On arrive, on arrive, gronda Henns. Nous ne volons pas, nous. »

Autour du feu, leurs silhouettes se mouvaient lentement, fantômes pris entre la fumée des branchages et le brouillard du matin. Ils avaient préparé leurs sacs la veille afin de partir rapidement et éviter d'autres adieux. Les premiers rayons du soleil caressaient la cime des plus grands houppiers qui bordaient la clairière, réveillant des volatiles qui s'élançaient en criaillant. Ils s'acheminèrent tous ensemble vers la grande route.

Stritch, Torv et Linssa avaient décidé de s'enfoncer un peu en territoire nardenyllais, au moins jusqu'au duché des Nochers. De là, ils pourraient embarquer sur le Vhûn Gris et descendre vers le Gosier. Les autres emprunteraient le chemin vers Bois-Obscur, pour ensuite filer vers Gilgal Refaim. Sente et Silahé iraient vers les Montagnes d'Argent, en suivant de nouveaux sillages. Sylve, le Voyageur, Quentil et Halliv participeraient à l'installation du nouveau village ondin, à quelques kilomètres au nord de l'énorme monolithe, appelé maintenant par tous le Seuil des Drées.

Ils récupérèrent des chevaux à l'entrée du village et partirent sans se retourner. Arrivés à la bifurcation vers Trouble-Rives, ils se contentèrent d'un large salut de la main à Stritch, Torv et Linssa qui passèrent le pont et entamèrent leur périple.

Bois-Obscur était devenu un important relais qui gérait les allées et venues constantes des Ondins. Des charrettes se préparaient à partir pour Sráidbhaile, et un éleveur proposait un service de prêt de chevaux.

Ils saluèrent ceux qu'ils connaissaient ; puis, rompus à l'exercice, ils approchèrent du magnifique monolithe penché encadré des séquoias-laves, et ils s'engagèrent vers Gilgal Refaim.

Le soleil éclairait les allées mégalithiques et réchauffait les pierres. Une odeur agréable de silex flottait dans l'air. Ils parcoururent rapidement les couloirs jusqu'à la sortie des alignements circulaires.

Les abords du Cercle des Géants avaient bien changé. Le campement fomoire avait disparu et à la place logeait une garnison des plus hétéroclites, composée d'Ondins, d'humains, de Nains et de Fomoires. Des tours de guet encadraient l'étendue monolithique, des chicanes et un poste de garde tenaient l'entrée des allées couvertes. Des Nains avaient dressé de grandes tentes de peaux parfaitement rondes, maintenues par des lattes cintrées d'un alliage de fer durci par écrouissage, en les étirant dans leurs forges. À côté de cette prouesse technique, l'on trouvait des cabanes de branchages ou des tentes simples. Certains des nouveaux occupants avaient opté pour un campement de style fomoire : des tauds accrochés aux arbres et des pans de tissus pour isoler du vent.

La petite troupe se présenta devant les sentinelles, un Fomoire immense et une Ondine à l'air revêche que seule Silahé reconnut.

« Sitelle ! Comment es-tu arrivée ici ?

– Par hasard, grogna l'Ondine, j'ai suivi le vieux Denterneth. Et me voilà à faire le planton avec ce tas de muscles. »

Le Fomoire baissa la tête vers elle, arborant un rictus, entre sourire et grimace.

« Tu vois, conclut Sitelle.

– Quand avez-vous quitté Nar-î-Nadin ? demanda Silahé.

– Après la mise à l'eau de leur abomination, le vidame nous a laissé trois jours pour vider les lieux. Même le monastère. Tout le monde. Un sacré bâtard, celui-là. Heureusement, Denterneth a affrété plusieurs gabarres à destination des Montagnes d'Argent et il nous a tous emmenés.
– Notre peuple lui doit une fière chandelle.
– C'est sûr. Ensuite, Sente et le Voyageur sont venus nous chercher et j'ai rejoint la bataille avec les autres Nains.
– Je suis contente de te voir saine et sauve.
– Moi, je suis bien contente de ne pas finir ma vie chez les vieilles du monastère. Ici, je vais me faire de nouveaux amis.
– Ne rêve pas trop, vieille Ondine, les interrompit le Fomoire.
– Tu vois, il me parle, commenta Sitelle, faisant mine d'ignorer son compagnon de garde.
– Denterneth est par là ? demanda Silahé.
– Sous la grande tente. »

Juste à la sortie de Gilgal Refaim, un sculpteur de Sráidbhaile travaillait sur une stèle de la taille d'un homme, où il avait reproduit une partie des constellations célestes. Il avait commencé à tracer sur la pierre les liens entre Gilgal Refaim et certains sillages, et quelques indications géographiques, comme le Seuil des Drées, les Montagnes d'Argent ou encore Nar-î-Nadin. Tous contemplèrent en silence l'œuvre d'art naissante. Sylve s'avança et pointa du doigt un rond entouré de plusieurs cercles concentriques.
« De quoi s'agit-il ? demanda-t-elle.
– Si j'ai bien écouté le récit du Voyageur, répondit l'Ondin en souriant, c'est le premier seuil qu'il a découvert, sur le sillage de l'Hydre. »
Le Voyageur s'approcha d'un peu plus près et réfléchit quelques instants.

« Je pense que c'est bien ça. Ensuite, j'ai passé plusieurs seuils jusqu'au fortin.

– Un sacré périple ! s'exclama Quentil en suivant du doigt une ligne imaginaire reliant le village au seuil.

– C'est une idée fantastique de graver tout ceci dans la pierre, nota Sente.

– Des stèles marquaient les limites de notre territoire, elles nous enfermaient, expliqua l'artiste. Celle-ci nous rappellera que l'espace du Dômaine s'ouvre à nous.

– C'est très beau, merci beaucoup », dit Sinth.

La petite troupe se dirigea vers une grande toile tendue entre les premiers arbres, à la lisière de la forêt. À l'intérieur, ils trouvèrent Denterneth, Berse'Ktir, et Grander'Tyl.

« Mes amis ! s'exclama le vieux Nain, toujours vêtu de son imposante armure noire.

– Alors, c'est vous qui avez hérité du commandement de Gilgal Refaim, constata Silahé.

– Que veux-tu ? Il fallait bien un vieux bonhomme rompu à toutes les subtilités des négociations pour tenir une telle place. Je dois surveiller cette espèce d'éboulis de pierres magiques. On ne sait même pas par quel bout des gens peuvent arriver. Et je fais ça avec des guerriers qui ne se sont pas toujours entendus.

– Je ne m'inquiète pas pour vous, lui dit Silahé en riant.

– Parce que tu n'as pas rencontré les quelques érudits qui étudient tout ça : une sacrée brochette qui nous regarde de haut. Un de mes gars va perdre patience et en trucider un.

– Pas facile de vieillir tranquillement dans ces conditions.

– Je ne te le fais pas dire. Bref, laissons là mes petits soucis. J'imagine que vous ne faites que passer ?

– Je vais vers les Montagnes d'Argent avec Sente.

– Vous vous joignez aux Nains qui vont explorer le sillage qui traverse les Montagnes d'Argent ?

– Exact, répondit Sente.

– Pas de repos pour les braves ! fit remarquer Denterneth.

– C'est ça, convint Silahé, mais pourquoi s'arrêter ? Le monde est tellement vaste, il y a tant à voir. Moi qui me voyais vieillir à Nar-î-Nadin, je profite de cette seconde chance qui m'est offerte.

– Elle a raison, ajouta Quentil. Avec ces seuils, un pan immense de notre monde s'ouvre à nous. Nous aurons les rivages comme campement, et le Dômaine à explorer.

– Quel poète ! commenta Denterneth. Et vous autres ? dit-il en se tournant vers Sylve et le Voyageur.

– Nous allons vers la mer, répondit ce dernier.

– Je me permets d'intervenir, les coupa Berse'Ktir. Le Guide souhaite que Sylve et le Voyageur viennent à sa rencontre. »

Les six compagnons s'entreregardèrent, mais Sylve ne leur laissa pas le temps de se questionner.

« Où se trouve-t-il ? s'enquit-elle.

– Près du fortin, avec le reste de notre peuple.

– Nous irons voir le Guide et nous vous rejoindrons ensuite », dit-elle à Quentil et Halliv.

Comme la soirée s'avançait, ils se dirent adieu rapidement et retournèrent à l'intérieur du Cercle des Géants. Quentil et Sente disparurent après avoir touché le monolithe qui les emmènerait vers le sillage de la Drée. Serrés l'un contre l'autre, Sylve et le Voyageur restèrent un moment immobiles devant leur seuil, goûtant l'étrange silence qui les enveloppait, l'odeur de roche et de terre, de lichen aussi. La pénombre se faisait de plus en plus dense et ils observèrent les sombres petites billes bleutées qui palpitaient sur le roc. L'immense sillage de l'Hydre scintillait devant eux, avec ses dix-huit seuils, comme autant de promesses de voyages.

Un léger vent frais les accueillit au sommet de la tourelle. Devant eux, la mer battait la plage en vagues régulières et au loin, le soleil se couchait dans des teintes orangées. Derrière eux, une lune parfaitement ronde entamait sa course et commençait à diffuser une lumière dorée sur le rempart circulaire. En contrebas, ils trouvèrent plusieurs guerriers fomoires qui montaient la garde et qui les avaient reconnus.

« Où est le Guide ? leur demanda Sente.

– Suivez le rivage. Nous sommes installés derrière la prochaine avancée rocheuse », leur répondit une des sentinelles.

Sylve et le Voyageur les saluèrent et laissèrent le fortin derrière eux. Ils marchèrent en silence, suivant le haut du talus de l'estran. Sylve frissonna, serra fortement la main du Voyageur et s'arrêta. Il se tourna vers elle en l'interrogeant du regard : elle fixait la ligne bleutée de l'horizon, colorée des ultimes brumes orangées du crépuscule.

« C'est incroyable, murmura-t-elle.

– Nous n'avons pas eu le temps de réaliser ce qui nous arrivait, admit-il. Et ce soir, nous dormirons au creux des dunes.

– Tu m'as offert une nouvelle vie, dit-elle en se blottissant contre lui.

– Tu m'as recueilli au pied du pommier-cajou, tu m'as retrouvé au bord de l'océan, je me serais perdu plus d'une fois sans toi.

– C'est vrai », acquiesça-t-elle d'un ton espiègle avant de reprendre leur marche.

Quelques centaines de mètres plus loin, ils gravirent la pente douce d'un promontoire rocheux et découvrirent l'aber où les Fomoires avaient décidé de s'établir. En contrebas, un bras de mer s'avançait jusqu'à la forêt dont ils distinguaient à peine la lisière. Il y avait probablement une rivière qui débouchait là. Les Fomoires avaient installé leurs tauds, et plusieurs feux de bois crépitaient, autour desquels des enfants jouaient et des adultes bavardaient. Ils s'approchèrent du Guide dont ils reconnurent de loin la haute stature qui se découpait devant un des brasiers. Celui-ci les salua en souriant et les invita à le suivre vers le rivage. Ils avancèrent jusqu'aux flots, marchant sur le sable humide, entre les flaques laissées par la marée descendante. Face au jusant qui emmenait les vaguelettes et l'écume toujours plus loin, le Guide écarta largement les bras.

« Jamais je n'aurais cru voir l'océan de mon vivant. En nous offrant ceci, vous scellez la paix entre nos peuples. Il était important que je vous le dise au nom des miens.

– J'en suis heureuse, dit simplement Sylve.

– Je n'imaginais pas non plus parler un jour de paix avec les Ondins, ajouta le Guide avec un rire étrange, roulant et guttural.

– De ça aussi je suis heureuse, répliqua Sylve. Et maintenant, qu'allez-vous faire ?

– Nous ne resterons pas longtemps. Juste le temps de construire nos havres. Puis nous fabriquerons des vaisseaux et nous partirons vers les îles, enfin nous chercherons les limbes.

– Pourquoi ?

– Je te retourne la question, Ondine. Tu appartiens à la déesse, ce monde n'est plus le tien depuis longtemps. Pourquoi rester ?

– Tu te trompes : depuis que nous avons débarqué sur ces rivages, il y a des centaines d'années, c'est notre monde. Notre peuple se compose d'autant d'humains que d'Ondins, nous avons trouvé une harmonie.

– Mon peuple se languit sur cette terre. Il n'y a rien ici pour nous : ni défis, ni grandeur, ni honneur. Chaque route, chaque seuil étrique ce monde. Tout se rapetisse et me semble vain.

– Je vois bien ce que tu veux dire, je connais cette mélancolie, mais je refuse de la faire mienne. Nous nous fixerons entre mer et forêt et nous les protégerons.

– Un choix étrange.

– Peut-être. »

La pénombre du soir devenait ténèbres, et comme ils regardaient la mer grise, ils entraperçurent une lueur, sans doute le reflet de la lune sur une vague plus haute que les autres.

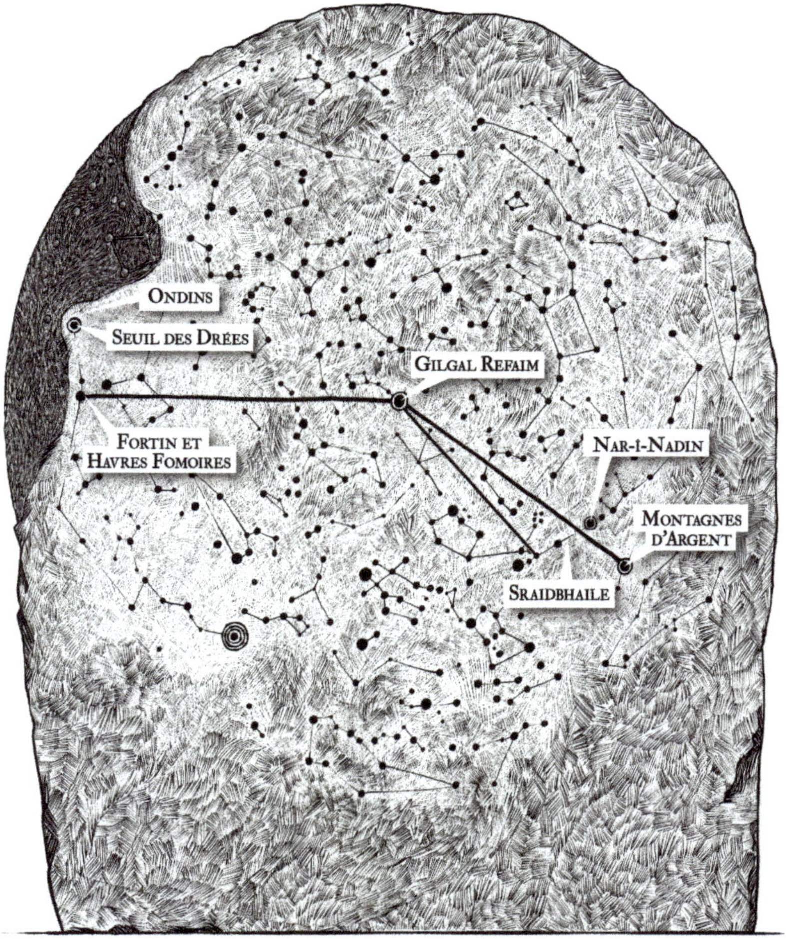
Ondins
Seuil des Drées
Gilgal Refaim
Fortin et
Havres Fomoires
Nar-i-Nadin
Montagnes
d'Argent
Sraidbhaile

ARCHITECTURE MÉGALITHIQUE : LEXIQUE

Mégalithe : monument formé d'un ou de plusieurs blocs de pierre.

Monolithe : bloc de pierre de grande dimension.

Menhir, ou peulven : monolithe isolé.

Orthostate : dalle monolithique posée verticalement. Elle peut délimiter les parois d'une pièce ou être les piliers d'un portique.

Table : dalle posée horizontalement.

Trilithe : deux orthostates soutenant une unique dalle.

Dolmen : plusieurs trilithes disposés côte à côte, ou bien des tables soutenues par des orthostates. Une allée couverte est un long dolmen.

Cairn : entassement de pierres, petit ou grand.

Alignement mégalithique : menhirs disposés en rangs.

Cromlech : menhirs disposés en rond.

Tertre : pièce recouverte de terre.

Tumulus : pièce recouverte de pierres et de terre.

Galgal : pièce recouverte d'un entassement de pierres.

ET PARCE QU'UN ROMAN NE S'ÉCRIT PAS SEUL,
DES REMERCIEMENTS

Merci à Sophie, Silène Edgar en littérature, pour m'avoir relu, botté le derrière, encouragé et servi de garde du corps lors des Utopiales.

À Benoît, pour mon premier retour de lecteur et ses précieuses remarques ; j'ai fait au mieux pour apporter des réponses aux questions que tu as soulevées.

À Anne-Laure, ma femme, qui devine toujours quand je pars pour le Dômaine, qui sait ce que je cherche à exprimer, et qui m'aide à côtoyer des émotions qui me grandissent.

À Gilles Dumay, qui a sursauté en s'apercevant que je venais de commettre une suite, qu'il fallait accélérer et me faire une petite place dans sa programmation.

Aurélien Police, je suis compliqué et je ne sais pas toujours ce que je veux, mais tu as fait avec. Tu fais un travail magnifique.

Merci à Philippe Gady pour les deux cartes. L'idée de la stèle gravée est juste géniale.

Merci à ma petite sœur Pauline, qui m'a fait un super tampon pour mes dédicaces.

TABLE

Robert Jackson Bennett
American Elswhere (prix Shirley Jackson)

Franck Ferric
Le Chant mortel du Soleil

Peter A. Flannery
Mage de bataille, tomes 1 et 2

Kameron Hurley
Les étoiles sont légion

Neal Stephenson
Anatèm, tomes 1 et 2

Sam J. Miller
La Cité de l'orque

Tom Sweterlitsch
Terminus

Jean-Michel Ré
La Fleur de Dieu
Les Portes célestes (*La Fleur de Dieu*, tome 2)
Cosmos incarné (*La Fleur de Dieu*, tome 3)

Sue Burke
Semiosis

Shaun Hamill
Une cosmologie de monstres

Gauthier Guillemin
Rivages

C. Robert Cargill
Un océan de rouille

Derek Künsken
Le Magicien quantique

À PARAÎTRE

Peng Shepherd
Le Livre de M

Adam-Troy Castro
Émissaire des morts (prix Philip K. Dick)

Léafar Izen
La Marche du levant

Nick Harkaway
Gnomon, tomes 1 et 2

Composition : Nord Compo
Impression : CPI Bussière en mars 2020
Éditions Albin Michel
22, rue Huyghens, 75014 Paris
www.albin-michel.fr
ISBN : 978-2-226-45006-7
N° d'édition : 23939/01 – N° d'impresion : 2049667
Dépôt légal : avril 2020
Imprimé en France